FRANCESCO MATTESINI

UNA GUERRA NAVALE FALLIMENTARE

LE OPERAZIONI DELLA REGIA MARINA ITALIANA NEL MEDITERRANEO
NEL PERIODO 10 GIUGNO 1940 – 31 DICEMBRE 1941

La corazzata italiana *Littorio*

ROMA 2024

Francesco Mattesini, nato ad Arezzo il 14 aprile 1936, residente a Roma dall'estate 1951, ha prestato servizio, tra il febbraio 1958 e il luglio 1999, presso il IV Reparto dello Stato Maggiore dell'Esercito. Studioso ed esperto di guerra aeronavale, ricercatore abile e meticoloso, già attivo collaboratore del Giornale d'Italia per il quale ha curato la rubrica "Verità Storiche", ha scritto, svelando molti retroscena, numerosissimi articoli di carattere politico-militari su quotidiani e stampa specializzata, ed ha pubblicato, negli anni '80, con editori privati, i volumi "La battaglia d'Inghilterra"; "Il giallo di Matapan"; "La battaglia aeronavale di mezzo agosto"; e con coautore, ma soltanto per la parte politica, il Prof. Alberto Santoni, "La partecipazione tedesca alla guerra aeronavale nel Mediterraneo", alla seconda edizione, (2005), di cui ha curato tutta la parte della ricerca, operativa, statistica e grafica. Collaboratore dell'Ufficio Storico della Marina Militare, dal quale ebbe l'incarico di effettuare una severa e precisa revisione storica dei libri pubblicati negli anni 1950-1980, Mattesini ha pubblicato "La battaglia di Punta Stilo"; "Betasom. La guerra negli Oceani"; "La battaglia di Capo Teulada", "L'Operazione Gaudo e lo scontro notturno di Capo Matapan"; "La Marina e l'8 Settembre", in due tomi; e i primi quattro volumi della collana "Corrispondenza e direttive tecnico operative di Supermarina" (1939-1941), oltre a 60 saggi per il Bollettino d'Archivio dell'Ufficio Storico della Marina Militare. Contemporaneamente, per l'Ufficio Storico dell'Aeronautica, Mattesini ha realizzato la collana in due volumi (quattro tomi), "Le direttive tecnico operative di Superaereo 1940-1943", e il volume "L'attività aerea italo-tedesca nel Mediterraneo, gennaio-maggio 1941". Nel 2019-2020 Mattesini ha pubblicato "Luci e ombre degli aerosiluranti italiani Agosto 1940 – Settembre 1943"; "La battaglia aeronavale di mezzo-agosto" rielaborata e aggiornata; "Punta Stilo 9 luglio 1940, 80° anniversario della prima battaglia aeronavale della storia"; "L'agguato di Matapan"; "La battaglia aeronavale di Mezzo Giugno"; "Il Giallo di Capo Bon"; "8 Settembre 1943. Dall'Armistizio al mito della difesa di Porta San Paolo"; "Il Blocco di Malta e l'Esigenza "C.3". È socio da moltissimi anni della Società di Storia Militare (SISM) e della Associazione Italiana Documentazione Marittima Navale (AIDMEN), per le quali ha prodotto diversi saggi, e molti altri nella sua pagina del sito Academia Edu. Per Luca Cristini editore a oggi ha al suo attivo venticinque titoli, tra cui nella serie Storia: "La notte di Taranto dell'11 novembre 1941", "La battaglia di Creta maggio 1941", "La guerra civile spagnola e la Regia Marina italiana", "Testimonianze di guerra nell'estate del 1944 a Castel Focognano" "L'attacco dei sommergibili tedeschi e italiani nei mari delle Indie occidentali (1942)", "Gli aerosiluranti italiani e tedeschi nella Seconda guerra mondiale", "Betasom 1940-1943. I sommergibili italiani in guerra negli oceani", e molti altri.

LICENSES COMMONS

This book may utilize part of material marked with license creative commons 3.0 or 4.0 (CC BY 4.0), (CC BY-ND 4.0), (CC BY-SA 4.0) or (CC0 1.0). We give appropriate attribution credit and indicate if change were made in the acknowledgments field. Our WTW books series utilize only fonts licensed under the SIL Open Font License or other free use license.

La gran parte delle immagini qui riprodotte provengono dagli archivi pubblici italiani di esercito, marina e aviazione, dove l'autore ha prestato servizio per tanti anni, o da fonti di libero utilizzo per raggiunto status di pubblico dominio. Related all the British navy or RAF image of the book the expiry of Crown Copyrights applies worldwide because: It is photograph taken prior to 1 June 1957 and/or It was published prior to 1970 and/or It is an artistic work other than a photograph or engraving (e.g. a painting) which was created prior to 1970.

For a complete list of Soldiershop titles please contact Luca Cristini Editore on our website: www.soldiershop.com or www.cristinieditore.com. E-mail: info@soldiershop.com

Titolo: UNA GUERRA NAVALE FALLIMENTARE
Di Francesco Mattesini. ISBN code: 9791255891956 prima edizione: Dicembre 2024
Lingua: Italiano - Cover & Art Design: Luca S. Cristini
Pubblicato da Luca Cristini Editore, via Orio, 33/D - 24050 Zanica (BG) ITALY

INTRODUZIONE

Il libro è stato realizzato dall'Autore, Francesco Mattesini, sulla base delle *introduzioni* della sua collana *Direttive tecnico operative di Superaereo*, consistente in due volumi, ciascuno di due tomi, prodotti per conto dell'Ufficio Storico della Marina Militare, che coprono il periodo 1939-1941.

Si tratta di un'esposizione di documenti scelti (392 nel primo volume e 585 nel secondo volume), in cui vi sono inseriti gli argomenti essenziali e importanti, per l'interesse degli storici e degli studiosi, senza menomarne troppo il contenuto, allo scopo di dare la visione di un quadro d'insieme molto dettagliato.[1]

I documenti, che non sono inseriti in questo libro di dimensioni piuttosto ridotte e che ne riporta soltanto l'Introduzione che è stata considerevolmente aggiornata dall'Autore, sono presentati nel testo della scrittura fedele in cui furono originati, per non alterarne la forma. Oltre ad essere stati selezionati dal copioso carteggio di Supermarina, custodito nell'Archivio dell'Ufficio Storico della Marina Militare, sono stati integrati con elementi di grande rilevanza elaborati da Superaereo, da Superesercito e dal Comando Supremo, reperiti dall'autore negli archivi degli Uffici Storici degli Stati Maggiori dell'Aeronautica e dell'Esercito.

Ciò ha permesso di riunire gran parte degli scambi di corrispondenza svoltisi tra i vari comandi delle Forze Armate italiane e dell'alleato germanico che poi servirono per compilare i promemoria, gli studi operativi, e le più importanti direttive di carattere navale o strettamente legate alla guerra aero-navale.

Presentata per la migliore comprensione degli avvenimenti in successione degli argomenti il più possibile cronologica, la documentazione prescelta consente pertanto di seguire in modo abbastanza particolareggiato e senza omissioni di iniziative e di informazioni di qualche importanza, gran parte dell'attività strategica e operativa guidata da Supermarina di propria iniziativa e su direttive del Comando Supremo, a cui per delega del Duce, Ministro della Guerra, spettava la direzione delle operazioni delle Forze Armate italiane.

Nell'opera sono riportati, come è logico, non solo gli avvenimenti di carattere operativi, spesso dal contenuto alquanto delicato, legati all'esclusiva responsabilità di Supermarina, ma anche parte di quelli di competenza delle varie organizzazioni tecniche, in particolare degli Ispettorati, che dipendevano da Maristat, e dei Comandi di Squadra e di Dipartimento Navale, a cui competevano: difesa delle Basi; organizzazione dei collegamenti; difesa del traffico navale commerciale; vigilanza foranea; difesa delle coste metropolitane e dei possedimenti; costruzioni Navali; addestramento, ecc..

Come vedremo nel quadro dell'esposizione politica che condusse all'inizio della guerra, dal punto di vista della preparazione bellica il materiale presentato nel primo volume, copre il periodo maggio 1939 - dicembre 1940. Esso inizia con gli avvenimenti che portarono al convegno italo-tedesco di Friedrichshafen, nel quale furono discusse, nel giugno del 1939, le modalità di collaborazione nella comune guerra navale entro i rispettivi settori operativi.

Il lavoro si sviluppa poi attraverso l'esposizione dell'organizzazione di Supermarina e delle principali direttive di guerra compilate in base alle varie ipotesi di guerra, e la

---

[1] Francesco Mattesini, *Corrispondenza e Direttive tecnico operative di Supermarina – Scacchiere Mediterraneo"* (vastissima raccolta di lettere e documenti). Volume I, tomo 1° (maggio 1939 – luglio 1940), tomo 2° (agosto 1940 – dicembre 1940), Ufficio Storico della Marina Militare, Roma, 2000. Volume II, Tomo 1° (gennaio 1941 – giugno 1941), tomo 2° (giugno 1941 – dicembre 1941), Ufficio Storico della Marina Militare, Roma, 2002.

diramazione delle direttive trasmesse ai vertici delle varie Forze Armate, per ordine del Duce, dal Capo di Stato Maggiore Generale, maresciallo d'Italia Pietro Badoglio.

Quindi, a partire dal 10 giugno 1940 si entra nel periodo in cui l'Italia, conformemente a quanto era stato stabilito con la Germania, condusse autonomamente la sua *"guerra parallela"*. Essa ebbe termine soltanto alla fine dell'anno, dopo sette mesi di conflitto disastroso in terra in aria ed in mare con la richiesta di aiuto, avanzata da Mussolini ad Hitler, di forze aeree e terrestri, prontamente concesse dal Führer per tamponare le falle apertesi nel Mediterraneo con l'attacco degli aerosiluranti inglesi dell'11 novembre contro la base di Taranto, e soprattutto con la disastrosa ritirata dell'Esercito in Albania, verificatosi dopo il disgraziato attacco alla Grecia.

In questa esposizione generale, la condotta di Supermarina, e per riflesso di tutta l'organizzazione della Regia Marina, è trattata in modo che il lettore possa seguire, quasi giornalmente, quale fu l'evoluzione della situazione strategica e i problemi che affliggevano l'Alto Comando Navale, che era stato costretto ad entrare in guerra, contro due delle marine più potenti del mondo (la britannica e la francese), senza aver potuto raggiungere un potenziale organico e di scorte soddisfacenti. Lacune a cui si aggiunsero non poche indecisioni ed anche errori di natura strategico tattico, che aggiungendosi allo scarso affiatamento con l'Aeronautica, resero ancora più difficile la condotta delle operazioni che contribuissero a fronteggiare, con buone prospettive di successo, la lotta sui fronti marittimi del Mediterraneo.

Il secondo volume, anch'esso su due tomi comprende il periodo dell'anno 1941. Esso fu caratterizzato, inizialmente, dall'intervento del X Fliegerkorps, la grande unità aerea germanica offerta da Adolf Hitler a Benito Mussolini per ristabilire la sfavorevole situazione strategico-operativa creatasi per gli italiani, negli ultimi due mesi del 1940, in Mediterraneo in Albania e nel Nord Africa, in seguito alla incontenibile offensiva scatenata in terra, in aria e in cielo dalle forze dell'impero britannico.

I documenti presi in esame puntualizzano chiaramente la situazione geo-strategica di quell'anno, che condizionò lo sviluppo delle operazioni navali e delle comunicazioni marittime tra la Metropoli e gli scacchieri oltremare, soprattutto quello della Libia che, a partire dall'aprile, finì per rappresentare il principale fronte bellico italiano.

Da sinistra. A bordo di una unità navale il Presidente del Consiglio e Duce del Fascismo Benito Mussolini, in divisa militare per la sua carica onorifica di Primo Maresciallo dell'Impero, concessagli dopo la conquista dell'Etiopia dal Re d'Italia, Vittorio Emanuele III, discute con il Sovrano. Mussolini aveva chiesto, poco prima dell'interventi dell'Italia in guerra, di essere nominato Comandante delle Forze Armate, ma il Re gli aveva assegnato, con decreto temporaneo, il Comando delle Forze Armate Operanti. Il vero Capo delle Forze Armate e guida della Nazione restava, e lo fu per tutta la guerra, Vittorio Emanuele III.

Il 2° volume puntualizza altresì le difficoltà tecnico operative e logistiche che la Regia Marina dovette superare per contrastare la flotta britannica e per mantenere aperte le rotte di traffico con l'Africa Settentrionale, in un continuo mutamento della situazione strategica, terrestre e marittima. In Italia si passò, infatti, dallo sconforto più profondo dell'inverno, per le sconfitte subite in Grecia, in Cirenaica e nella battaglia navale di Capo Matapan, alla euforia della primavera, derivante dalla rapida riconquista della Cirenaica e dalla conquista della Jugoslavia, della Grecia e di Creta, in cui la *Wehrmacht* e la *Luftwaffe* dettero una grandissima dimostrazione di efficienza e di potenza. Infine, nel corso dell'estate, si arrivò ad un peggioramento della situazione strategica-operativa sempre più marcato, che avrebbe finito per determinare, nel campo navale dell'Asse, una crisi crescente, la quale raggiunse la sua fase più drammatica, sulle rotte per la Libia, negli ultimi due mesi del 1941.

I documenti, naturalmente, riflettono lo svolgersi di quegli avvenimenti, soprattutto per quanto riguarda le modalità dell'attività navale, collegata con quella dell'aviazione italiana e tedesca, che collaborarono attivamente con la Regia Marina nella protezione dei traffici marittimi, insidiati dal nemico, con ogni mezzo di natura aerea e navale, nelle stesse acque metropolitane del Tirreno e dell'Adriatico. Ma trattano anche, diffusamente, dell'attività offensiva intrapresa contro le posizioni avversarie, in particolare del contrasto ai grandi convogli di rifornimento britannici destinati a raggiungere Malta, che proprio nel corso del 1941 divenne il fulcro di ogni attività aero-navale britannica nel Mediterraneo centrale.

Napoli, Rivista Navale del 15 maggio 1939 in onore del Reggente Paolo di Jugoslavia. A bordo dell'incrociatore *Trieste*, da sinistra gli ammiragli Giuseppe Fioravanzo Capo di Stato Maggiore della Squadra Navale, e Vladimiro Pini Comandante della 2ª Squadra Navale, Benito Mussolini (Duce) Capo del Governo italiano e Ministro delle Forze Armate, l'ammiraglio Giuseppe Cavagnari Sottosegretario e Capo di Stato Maggiore della Regia Marina e Achille Storace Segretario del Partito Fascista.

Tutto ciò comportò, da parte della Regia Marina, di collaborare attivamente con l'Arma aerea per mantenere sotto costante vigilanza le coste dell'isola, e di controllare, con navi di superficie somergibili, unità insidiose e sbarramenti minati, le acque del Canale di Sicilia; settore quest'ultimo in cui occorreva anche agire intensamente per proteggere il proprio traffico marittimo diretto in Libia, ed insidiare quello nemico che vi transitava, per mezzo di saltuarie formazioni di navi da guerra e di convogli, fortemente scortati, provenienti da Gibilterra e da Alessandria.

1) La preparazione alla guerra

Fino al 1935 l'orientamento strategico e la preparazione bellica delle Forze Armate italiane era tutt'altro che orientato verso un eventuale conflitto con la Gran Bretagna. Tale ipotesi, affrontata a titolo puramente didattico negli studi degli Stati Maggiori delle Forze Armate e in quelli dell'Istituto di Guerra Marittima, venne ritenuta politicamente poco probabile e dal lato militare assurda, troppo grande essendo il peso del potere militare e soprattutto marittimo dell'Impero britannico.

Inoltre, l'Italia e Inghilterra avevano una lunga tradizione di amicizia, ragion per cui appariva allora poco probabile l'ipotesi che il Governo fascista, la cui sorte era guidata dal cavaliere Benito Mussolini con il sostegno del Re Vittorio Emanuele III, intendesse portare la nazione in un'avventura di guerra contro il Regno Unito, trascurando ogni più sensata considerazione sul rapporto delle forze e delle risorse militari ed economiche.

Pertanto le rivendicazioni italiane nei confronti della Corsica, del Nizzardo, della Savoia e della Tunisia, avevano reso ipotesi più probabile la possibilità di una guerra contro la Francia.

Lo stato di amicizia tra l'Italia e l'Inghilterra, che pure negli anni venti aveva incontrato periodi di attrito determinati dalle crisi della città di Fiume e dell'Isola greca di Corfu, cambiò radicalmente nel periodo 1935-1936 con l'inizio della guerra in Etiopia, a cui seguirono le sanzioni economiche punitive decretate contro l'Italia dalla Società delle Nazioni, e con l'intervento del governo fascista in Spagna in appoggio ai nazionalisti del generale Franco.

Inoltre con l'accentuarsi della rinnovata amicizia dell'Italia con la Germania, in parte determinata dalla gratitudine dell'aiuto ricevuto in campo economico durante il periodo delle sanzioni economiche, in parte determinata da motivi ideologici e di politica totalitaria, venne a crearsi l'Asse Roma-Berlino, i cui due governi legarono ancora più strettamente i loro destini firmando, il 6 novembre 1937, il Patto Anticomintern per la lotta contro il comunismo.

Da questi avvenimenti fu ricavata la giusta convinzione che una guerra contro il Regno Unito era divenuta ipotesi altamente probabile e da quel momento gli stati maggiori delle Forze Armate italiane, la cui preparazione militare presentava gravi lacune in tutti i settori, furono sollecitati a studiare e preparare piani per rafforzare le guarnigioni nelle colonie, soprattutto in Libia.

Tuttavia, con la firma del "*gentlemen's agreement*" fra il Governo di Londra e quello di Roma, avvenuto il 16 aprile 1938, si era verificata una distensione politica che sembrava dovesse durare nel tempo per la conservazione della pace.

Ma i successivi avvenimenti, determinati dall'annessione all'Austria alla Germania, a cui seguì l'occupazione tedesca della Cecoslovacchia, pur mitigati dal patto di Monaco, rappresentarono elementi di gravi complicazioni internazionali che minacciarono seriamente di sfociare in un conflitto europeo.

Ne conseguì che alla fine del 1938 le Forze Armate del Regno d'Italia furono sollecitate da Mussolini a prepararsi in vista di una guerra a fianco della Germania, contro la coalizione franco-britannica, a cui probabilmente potevano affiancarsi la Grecia e la Turchia, mentre la Spagna, stremata da tre anni di guerra non ancora conclusa, avrebbe potuto assumere inizialmente uno stato di benevola neutralità in favore delle potenze dell'Asse, per poi schierarsi apertamente con Italia e Germania.

Dal momento che la conquista dell'Etiopia e le operazioni in Spagna, a cui avrebbe seguito nell'aprile del 1939 l'annessione all'Italia dell'Albania, avevano richiesto alla nazione sacrifici ingenti, finanziari e di mezzi, sarebbe stato necessario, per reintegrare l'armamento e le scorte, soprattutto dell'Esercito e dell'Aeronautica, colmare le gravi lacune esistenti nel campo militare, le più consistenti delle quali risiedevano: nell'artiglieria, quasi tutta da rinnovare; nei mezzi corazzati, praticamente inesistenti; in aerei, gran parte dei quali di deficienza qualitativa e in cui mancava la specialità di reparti aerosiluranti; in scorte di ogni genere.

In questo stato di fatto, in cui si doveva considerare che alla Marina sarebbero occorsi alcuni anni per raggiungere il massimo dell'efficienza, determinata dall'entrata in servizio delle quattro corazzate tipo "Littorio" (*Littorio, Vittorio Veneto, Impero, Roma*) e delle rimodernate *Doria* e *Duillio* che si sarebbero aggiunte alle già rimodernate *Giulio Cesare* e *Conte di Cavour*, i Capi militari erano convinti che l'Italia non sarebbe stata pronta ad entrare in un conflitto prima della fine del 1942. Su tale base fu concretata l'alleanza con la Germania, entrata ufficialmente in vigore il 22 maggio 1939, con la firma a Berlino del "*Patto d'Acciaio*", tra i ministri degli esteri Galeazzo Ciano e Joachim von Ribbentrop

Allo scopo di concretare tra le due nazioni una linea di condotta militare il più possibile convergente ai voleri del Duce (Benito Mussolini) e del Führer (Adolf Hitler), i Capi militari delle due Forze armate dell'Asse sentirono il bisogno di consultarsi, per discutere della strategia e della linea di condotta da seguire in un eventuale prossimo conflitto, a cui si pensava, con una certa preoccupazione, avrebbe potuto partecipare l'Unione Sovietica schierata nella coalizione franco-britannica.

Fu sulla base di queste esigenze che già ai primi di aprile del 1939 si erano incontrati ad Innsbruck il generale Alberto Pariani e il collega Wilhelm Keitel, per discutere i problemi inerenti ai rispettivi eserciti; in tale occasione le due delegazioni parlarono di argomenti tecnici e addestrativi, ma non operativi poiché secondo l'opinione delle due parti, non ve n'era bisogno. Inoltre Paviani dichiarò apertamente che l'Italia, dovendo attuare il programma di rinnovamento del materiale bellico, non poteva entrare in guerra prima del 1943.

Il 20 e 21 giugno 1939 - precedendo di qualche giorno l'incontro tra i capi dell'aviazione, generale Giuseppe Valle e maresciallo del Reich Hermann Goring, che nelle discussioni fu rappresentato dal Sottosegretario della *Lufthwaffe* Feldmarescialllo Herhard Milch -, si recò in Germania una delegazione della Regia Marina, guidata dal Sottosegretario di Stato e Capo di Stato Maggiore ammiraglio Domenico Cavagnari. L'incontro con i colleghi tedeschi, che erano guidati dal Capo della *Kriegsmarine*, Grande ammiraglio Erich Raider, si svolse nella deliziosa località di Friedrichshafen, sul lago di Costanza.

Sebbene lo scopo dell'incontro fosse stato quello di gettare le basi di una più stretta collaborazione operativa ed in quella strategico tattica, a questi intenti non corrisposero conclusioni altrettanto promettenti di immediati sviluppi nell'interesse delle due Marine, che poi erano nelle reali intenzioni dei due Capi delegazione, i cui contatti si svolsero in un clima di molta cordialità e reciproca comprensione.

Infatti data la natura di semplice correlazione, e non di cooperazione operativa, assunta nelle discussioni fra le due Marine, ognuna delle quali voleva essere responsabile nei propri settori di competenza, fu rinviata, di comune accordo, l'idea di costituire un Comando unico. Il tutto si concluse con il riconoscimento della necessità di adottare più fiduciosi contatti di carattere navale, limitati però a scambi di notizie sui rispettivi progressi tecnici e sui progetti di impiego.

In definitiva, a Friedrichshafen la delegazione della marina italiana ottenne di impiantare sicure comunicazioni fra i due Alti Comandi Centrali, mediante la mozione di cifrari operativi comuni; convenne sulla necessità di scambi di ufficiali in occasione delle grandi manovre navali per constatare il reciproco livello addestrativo raggiunto; trattò sulla costituzione di due Commissioni di Collegamento fra le due Marina; infine, fece presente l'opportunità di essere aiutata dalla Germania per accelerare la sua preparazione bellica, sotto forma di contributo industriale e di cessione di materie prime, nonché di artiglierie contraeree (cannoni da 88 mm) da impiegare nella difesa della basi navali.

Quanto al concetto prettamente operativo, l'ammiraglio Cavagnari fece presente che da parte della Regia Marina esso si sarebbe concretato nella formula di esercitare la massima pressione nel Mediterraneo Centrale, per mantenere il grosso delle Forze nemiche il più possibile frazionato fra i due bacini occidentale e orientale. Inoltre avrebbe svolto operazioni offensive nell'Oceano Indiano, con alcuni sommergibili e con tre incrociatori da 8.000 tonnellate (classe "Ciano", di prevista nuova costruzione (mai entrati in servizio), e partecipato alla guerra nell'Oceano Atlantico, inizialmente con dodici sommergibili, che il Grande ammiraglio Raeder, volendo evitare interferenze nei settori settentrionali assegnati alla *Kriegsmarine,* chiese che fossero dislocati a sud del parallelo di Lisbona.

Tuttavia a queste generiche conclusioni, ai successivi contatti mantenuti tramite gli addetti militari per la fornitura di armi e materiali, e ai nuovi scambi di opinioni avvenuti nel gennaio del 1940 tra il Sottocapo di Stato Maggiore della Regia Marina, ammiraglio Odoardo Somigli, e l'Addetto Militare germanico a Roma, capitano di vascello Werner Lowish, non fece seguito nessun piano di guerra marittimo in comune, che non fu neppure abbozzato. Ragion per cui il 10 giugno 1940, sette mesi dopo lo scoppio della Seconda guerra mondiale iniziata dalla Germania con l'invasione della Polonia, la Regia Marina entrò in guerra, prima del previsto, con norme che prescrivevano, secondo gli ordini del Duce fissati con la bellicosa direttiva n° 328 del 31 marzo, *"Offensiva in mare su tutta la linea, in Mediterraneo e fuori"*. Direttiva che aveva sollevato l'opposizione dell'ammiraglio Cavagnari.

Quest'ultimo, con promemoria del 14 aprile inviato al Capo del Governo, esprimendosi in modo estremamente prudente, affermò che agire offensivamente nel Mediterraneo, con le superiori flotte nemiche che ne controllavano le estremità, avrebbe significato strangolare l'attività della Marina e *"giungere alle trattative di pace non soltanto senza pegni territoriali"* per l'Italia, *"ma anche senza flotta e forse anche senza Aeronautica"*.

Supermarina, indirizzo telegrafico dell'Organo Operativo dell'Alto Comando della Regia Marina, fu costituito il 1° giugno 1940 con l'organizzazione dell'Ufficio Operazioni e Piani di Guerra del reparto Operazioni e Addestramento di Maristat.[2]

Questa necessità derivava dalla constatazione che, in tempo di guerra, il Capo di Stato Maggiore della Marina, per esplicare la funzione di comando che gli era attribuita, avrebbe avuto necessità di disporre di un'organo che potesse seguire con continuità le operazioni in mare e che, data la rapidità dello sviluppo delle operazioni stesse, esso potesse intervenire in ogni momento del loro andamento.

10 giugno 1940. Dal balcone di Palazzo Venezia (Roma) Benito Mussolini annuncia l'entrata in guerra dell'Italia contro Francia e Inghilterra.

---

[2] La normale sede di Supermarina era costituita da una serie di locali dell'edificio del Ministero della Marina (ubicato tra la via Flaminia e il Lungotevere delle Navi), a immediato contatto con l'Ufficio del Sottocapo di Stato maggiore. Nello stesso piano si trovava la Centrale Operativa (Salone), con gli uffici annessi. Altri locali si trovavano al piano inferiore, a cui si accedeva tramite una scala a chiocciola interna. Nei sotterranei del Palazzo Marina era stata approntata anche una sede protetta, in locali blindati, da utilizzare in caso di incursioni aeree.

L'immensa folla applaude la decisione del Duce. Lo stesso accadeva nelle altre piazze d'Italia. Riferì Winston Chuerchil: *"In italia prima della guerra vi erano 45 milioni di fascisti. Dopo la guerra vi erano 45 milioni di antifascisti. Ma l'Italia non aveva 90 milioni di persone"*.

2) L'organizzazione di Supermarina

Lo studio presentato dal comandante Castagna, che tra l'altro prevedeva di costituire la struttura dell'Alto Comando trasformando l'Ufficio Piani in Ufficio Operazione e Traffico, unificando gli uffici Naviglio di Superficie e Naviglio Subacqueo che passavano la branca operativa della loro competenza all'Ufficio Situazioni ,e mantenendo l'Ufficio Comunicazioni , però soltanto per ciò che riguardava i regolamenti e i cifrari.

Il 14 aprile 1935, presa per la prima volta in considerazione l'ipotesi di una guerra contro il Regno Unito, il tema di costituzione di un organo operativo centrale, nel frattempo accantonato, fu ripreso in esame nello stesso progetto elaborato dal capitano di vascello Luigi Castagna. Questi ne presentò la fattibilità l'11 giugno di quell'anno, in una riunione dei responsabili degli uffici inseriti nell'Ufficio del Capo di Stato maggiore presieduta dal Capo Reparto Servizi, contrammiraglio Guido Bacci. Pur approvando l'unificazione degli uffici Naviglio di Superfice e Naviglio Subacqueo, entrata in vigore all'inizio del 1936, non fu invece accettato il progetto di una riorganizzazione generale ai vertici della Marina. Furono approvate soltanto alcune indicazioni di massima che riguardavano la trasformazione dell'Ufficio Piani in Ufficio Piani di Operazione, dal quale sarebbero dipese tutte le unità in mare; trasformazione che fu sancita con Regio Decreto Ministeriale del 24 aprile 1936.

In seguito alla partecipazione dell'Italia alla guerra civile spagnola, in difesa del Governo Nazionalista e contro il Governo rosso Repubblicano, l'Ufficio Piani di Operazioni fu riorganizzato ed ampliato. Nell'agosto del 1937 mentre era in corso nell'intero Mediterraneo un'intensa attività della Regia Marina, esplettata con navi di superficie e sommergibili, per spezzare il traffico di rifornimenti sovietici e di altri paesi neutrali alla Spagna Repubblicana, l'Ufficio Piani di Operazioni elaborò uno studio di guerra nel quale veniva affrontata l'ipotesi di dover iniziare un conflitto tra Italia, Germania e Spagna Nazionalista alleate contro una coalizione di potenze, alleate alla Spagna Repubblicana, e comprendenti: Gran Bretagna, Francia e Unione Sovietica.

In questa situazione venne creato nell'ambito dell'Ufficio Piani un servizio Situazioni e Operazioni e la Sezione Mezzi Speciali, che gestiva i mezzi d'assalto, per i quali nel periodo più acuto delle relazioni con la Gran Bretagna, tra l'agosto e il settembre 1938, e che era stato in gran parte determinato dell'intensificarsi delle incursioni della Regia Aeronautica contro i porti di Barcellona e di Valencia, fu preparata un operazione eventualmente destinata ad'interrompere il Canale di Suez.

L'ufficio Operazioni di Guerra cambiò nuovamente la sua denominazione in Ufficio Operazioni e Piani di Guerra il 31 gennaio 1938, ed assunse un organigramma, poi risultato immutato fino al giugno 1940, suddiviso in due sezioni. La prima si occupava dei piani e delle direttive generali, la seconda della situazione delle Forze Navali e dell'emanazione degli ordini di operazione . Tutte le altre incombenze inclusa quella dei mezzi speciali, andò a dipendere al Capo del Reparto Operazioni e addestramento, dal quale l'ufficio piani faceva parte integrante.

Nel frattempo, nel gennaio del 1939 fu stabilito di assegnare al Comando Centrale la denominazione di Alto Comando della Regia Marina, con denominazione telegrafica, come detto, di Supermarina. Questa nel Marzo del 1940 venne ad assumere il seguente organigramma nell'ambito del Reparto Operazioni e Addestramento:

CAPO di S.M.
SOTTOCAPO di S.M.
CAPO REPARTO C.A. e UFFICIO A.C.M.

Operazioni e piani di guerra (ACM)   Impiego ed Eff. Della Flotta   Addes. della Flotta
Piani e ordini Operativi   Movimento non Operativo
Mezzi speciali
Situazione

Una volta decisa la costituzione di Supermarina, le sue attribuzioni furono schematicamente diramate il 3 gennaio 1939 dall'Ufficio Piani del Capo di Stato Maggiore della Regia Marina. Questi con lettera n° 115 Segreto dall'oggetto *"Denominazione del più elevato Comando della Marina in guerra"*, firmata dall'ammiraglio Cavagnari e diretta a tutti i Comandi di Squadra e di Dipartimento e ai Comandi Superiori di Marina, dei Possedimenti e delle Colonia, comunicava quanto segue:

"1. - La denominazione del più elevato Comando della Marina in Guerra è quello di "Alto Comando della Marina" (abbreviazione: A.C.M. - indirizzo telegrafico: Supermarina Roma).

Questa denominazione sarà adottata in tutte le pubblicazioni ed in tutti gli studi di preparazione alla Guerra.

2. - Analoghe denominazioni sono stabilite per il R. Esercito e per la R. Aeronautica.

3. - Ad evitare equivoci, d'ora innanzi non saranno più denominati genericamente "Alti Comandi" i Comandi in Capo delle Squadre e dei Dipartimenti".

In definitiva, Supermarina costituiva l'organo di Comando Operativo di cui si avvaleva il Capo di Stato Maggiore per la concezione e la condotta delle operazioni, come era stato previsto fin dal 1934 nello studio del capitano di vascello Luigi Castagna.

Alle dipendenze del Sottocapo di Stato Maggiore della Regia Marina, l'Organo Operativo era costituito dal Reparto Operazioni, con i suoi tre Uffici (Operazioni e Piani di Guerra, Traffico e Statistica Operativa) da un *Salone Operativo* e da una *Sala diramazione messaggi e avvisi*.

Per le necessità operative per le quali era stato creato il Reparto Operazioni era direttamente collegato con gli Uffici del Ministero e dello Stato Maggiore, e con i Comandi periferici della Regia Marina. Presso di esso risiedevano altresì gli ufficiali di Collegamento con l'Aviazione della Regia Marina, con Superaereo e, a partire dal novembre 1941, con il Comando Marina Germanica in Italia e con l'O.B.S., il Comando delle Forze Armate germaniche del fronte Sud che, istituito con direttiva del Führer, era guidato dal feldmaresciallo Albert Kesselring, considerato da Hitler il suo migliore comandante di aviazione. Il reparto operazioni manteneva poi il collegamento con il Comando Supremo e con gli altri Stati Maggiori delle Forze Armate italiane.

In base alle direttive di massima che gli erano impartite e alle istruzioni sulla situazione che gli pervenivano dagli uffici competenti di Maristat (Servizio Informazioni Segrete - S.I.S. - ecc.) e dalle sedi periferiche, e sulla base di ogni altro utile elemento, il Reparto Operazioni elaborava le disposizioni e gli ordini indispensabili per lo svolgimento delle operazioni.

Gli ordini, sanzionati dal Sottocapo di Stato Maggiore, venivano inoltrati al Salone Operativo, ove era seguita con continuità, sulla carta, la situazione esistente in Mare. Al Salone Operativo facevano altresì capo tutti i messaggi in arrivo e in partenza compresi quelli diretti ad altri Uffici del Ministero e dello Stato Maggiore la cui segnalazione poteva interessare le operazioni.

Il Salone Operativo era pertanto in condizioni di controllare ininterrottamente lo svolgimento delle operazioni in mare, di intervenire sul loro andamento secondo quanto esigeva la situazione in atto, e di provocare l'intervento del reparto Operazioni ogni qualvolta fosse stato reso necessario dalla importanza delle modifiche da apportare agli ordini. Per tale ragione i vari servizi che si svolgevano nel Salone Operativo erano disimpegnati in modo continuativo.

Per l'ulteriore inoltro degli ordini ricevuti alle autorità interessate, e per la distribuzione agli uffici competenti di Supermarina e di altri enti della Marina delle comunicazioni in arrivo, il Salone Operativo era collegato con la Sala Diramazione Messaggi, nella quale i servizi venivano svolti, a loro volta, con turno continuato.

Il duplice aspetto del Reparto Operazioni e Addestramento, che disponeva dell'Ufficio Operazioni e Piani di Guerra quale parte integrante di Supermarina e dell'Ufficio Impiego ed efficienza della Flotta che continuava ad essere considerato come componente di Maristat, finì per rappresentare un inconveniente, in quanto confondeva funzioni operative con funzioni organico-logistiche. Inoltre oberava di lavoro l'ammiraglio che dirigeva tutta quella organizzazione, il quale, oltre a dedicarsi alla pianificazione e partecipare all'attività del Salone Operativo, ove contribuiva alla stesura degli ordini di operazione, doveva seguire anche le questioni inerenti il naviglio e l'addestramento.

L'inconveniente sarebbe stato eliminato soltanto alla fine del 1942, creando presso Maristat il Reparto Naviglio ed Addestramento, che rappresentò un ente indipendente dal Reparto Operazioni di Supermarina.

Circa la definizione e le attribuzioni di Supermarina, contemplate per la prima volta nel Documento di Guerra (D.G. 1) del luglio 1938 e quindi ribadite nell'edizione del novembre 1940 esse furono esaurientemente spiegate, in forma sintetica, in un documento Operativo dello Stato Maggiore della R. Marina (Prot. n° 22897 del 28 agosto 1942). In tale documento, diramato a tutti gli ispettorati perchè ne tenessero conto nell'indirizzare la corrispondenza, era riportato testualmente:

"COSTITUZIONE
DELL'ORGANO OPERATIVO DELLO STATO MAGGIORE DELLA REGIA MARINA

Lo Stato maggiore della R. Marina in tempo di guerra comprende:

a) - UN GRUPPO OPERATIVO (SUPERMARINA)
b) - REPARTI E ISPETTORATI (MARISTAT)

1. -   Definizione e attribuzione del Gruppo Operativo (Supermarina)

Per disposizione del Duce, Comandante Supremo di tutte le Forze Armate operanti,[3] emanata nel maggio 1940, il Capo di Stato Maggiore della Marina, sulla base delle direttive che gli vengono impartite dal Capo di Stato maggiore Generale, esercita azione di Comando su tutte le Forze Navali e Marittime.

"Supermarina" è l'organo a disposizione del Capo di Stato Maggiore che traduce le superiori direttive in ordini e li dirama ai Comandi dipendenti.

"Supermarina" provvede:

- a impartire le direttive generali di operazione;
- ad emanare ordini di operazione per operazioni speciali;
  - a diramare le informazioni circa i movimenti delle nostre unità;
  - a diramare le informazioni circa i movimenti delle unità nemiche;
  - a designare il Comandante Superiore in mare;
  - a coordinare nel campo strategico l'azione in mare di reparti staccati;
- a promuovere, secondo le norme stabilite, l'intervento di reparti aerei di Armera, del

---

[3] In realtà il Comandante in Capo della Regia Marina era il Re Vittorio Emanuele III, il cui prestigio e il suo consenso presso il popolo italiano e nelle fedeli Forze Armate non era per nulla inferiore a quello del Duce. Il Sovrano era il Capo effettivo delle Forze Armate italiane, ed all'inizio della guerra aveva assegnato a Mussolini (Presidente del Consiglio, Ministro della Guerra, Primo Maresciallo dell'Impero, - a titolo onorifico – e Duce del Partito Fascista) la carica, però con decreto temporaneo, soltanto di Comandante delle Forze Armate Operanti, mentre il controllo effettivo degli organi militari restava nelle mani di Vittorio Emanuele III. Pertanto, potendo contare sulla maggior parte degli ufficiali delle Forze Armate devoti alla monarchia, il Re si trovava rispetto alla modesta Milizia Fascista in una botte di ferro. In queste condizioni vantaggiose egli aveva avvallato e firmato per un ventennio ogni decisione del Duce che portasse, con un ordine interno determinato dall'eliminazione dei partiti litigiosi che rendevano instabile la condizione politica, vantaggi prestigiosi all'Italia e alla Corona, arrivando per merito di Mussolini al Concordato con il Vaticano nel 1929, fino ad assumere, negli anni 1936 e 1939, con le conquiste militari, gli agognati titoli di Re d'Italia e d'Albania e Imperatore d'Etiopia.

Comando Supremo dell'A.S.I. e del Comando Superiore Forze Armate dell'Egeo, sia per azioni di sua iniziativa, sia in casi di emergenza;
- a promuovere, caso per caso in base ad accordi da predisporre, od in senso continuativo secondo direttive già concrete, l'intervento di reparti aeronavali alleati.

2. - Costituzione del Gruppo Operativo (Supermarina)

Fanno parte di Supermarina:
- Il Capo di Stato Maggiore della Marina con gli Ufficiali e il personale addetto;
- Il Sottocapo di Stato Maggiore della Marina con gli Ufficiali e il personale addetto;
- quattro Ammiragli Coadiutori con gli Ufficiali e il personale che fanno servizio con essi (da prelevare, per quanto possibile, tra gli Ufficiali ed il personale dell'Ufficio Operazioni e Piani di Guerra);
- il Capo del Reparto Operazioni;
- il Capo dell'Ufficio Piani ed Operazioni di Guerra, con gli Ufficiali e il personale distaccato agli Uffici Operativi del Comando Supremo.
- gli Ufficiali e il personale distaccato agli Uffici Operativi del Comando Supremo.

Il numero, il grado e le attribuzioni del personale di "Supermarina" sono specificati da apposita tabella.

3. -   Per quanto possibile, come è detto sopra, il servizio di guardia a Supermarina deve essere disimpegnato da Ufficiali dell'Ufficio Piani. Se non sono sufficienti, concordano a disimpegnare detto servizio anche altri Ufficiali di Maristat nel numero fissato dalla apposita tabella. In tal caso e per non arrecare intralcio ai vari Uffici, gli Ufficiali di Maristat si alterneranno nel servizio di guardia a Supermarina, a periodi di circa quattro mesi e compatibilmente con il buon andamento del servizio".

Per quanto riguarda l'organizzazione interna di Supermarina, e quindi gli incarichi di lavoro assegnati agli Ufficiali della Segreteria Operativa, al servizio di guardia e ai compiti di Ufficio, essa fu rielaborata con documento dell'8 dicembre 1940 Si tratta di un promemoria ad uso interno, che fu probabilmente compilato per far conoscere l'organizzazione dell'Organo operativo dell'Alto Comando Navale al nuovo Sottosegretario e Capo di Stato Maggiore della Marina, ammiraglio Arturo Riccardi.

Il 1° febbraio 1943, quando si presentò la necessità di decentrare da Roma gli Stati Maggiori delle Forze Armate, Supermarina si trasferì nella sede di Santa Rosa, sulla via Cassia, ove erano stati ricavati una serie di locali protetti in galleria, che oggi sono utilizzati come sede di Comando della Squadra Navale.

Supermarina cessò la sua attività il 13 settembre 1943, al momento dei tragici eventi seguiti all'armistizio dell'Italia. Ricostituitasi a Brindisi, in territorio occupato dagli anglo-americani, continuò ad operare fino al 5 ottobre, quando il Ministero della Marina si trasferì a Taranto.

* * *

Come si riscontra nell'organigramma inserito a pagina seguente Supermarina, quale ente esecutivo per la condotta delle operazioni navali, si inseriva nell'Ufficio di Stato Maggiore della Regia Marina, al vertice di una organizzazione nella quale, assieme ai Reparti Informazioni (I), Operazioni e Addestramento (OA), Mobilitazione-Difese-Servizi (MDS), vi erano gli Ispettorati Artiglieria e Munizionamento (IAM), Armi Subacquee (IAS), Servizio Genio Navale (ISGN) e Aviazione per la Marina (IAV), e gli Uffici Storico e Requisizioni.

Dei quattro ispettorati, quello dell'Aviazione era agli ordini di un Ufficiale Generale dell'Arma Aerea; tutti gli altri Enti erano retti da ammiragli.

Mentre i tre Reparti avevano nella loro organizzazione una sufficiente ripartizione di attribuzioni per funzioni e per argomenti, che permettevano loro di potersi occupare dell'impiego e contemporaneamente degli studi, gli Ispettorati, istituiti in epoca recente tra il 1938 e il 1939, si occupavano dell'importantissima branchia del progresso tecnico e di quello addestrativo.

"Con queste funzioni e con questa organizzazione di massima - ha scritto l'ammiraglio Giuseppe Fioravanzo a pagina 59 del Tomo I della sua opera *L'organizzazione della Marina durante il conflitto,* edita dall'Ufficio Storico della Marina - *Supermarina ha costituito per tutta la guerra un organo di Comando molto accentrato, in armonia - del resto - con la tendenza generale dello Stato totalitario"*.

Da ciò ne derivarono *"varie critiche e lagnanze"* per *"l'eccessiva invadenza di Supermarina, limitatrice delle iniziative dei Comandanti in mare"*, spesso espresse con validi motivi, altre volte immotivate, perché tutta la vasta e complessa condotta delle operazioni, che tra l'altro includeva il delicato argomento della pianificazione delle scorte aeree a navi e convogli, doveva per forza essere esercitato da un unico Ente accentratore.

Ciò era particolarmente importante dei riguardi dei collegamenti e dello scambio di informazioni, che arrivavano al Centro mediante messaggi degli informatori, intercettazioni radiotelegrafiche e radiogoniometriche, crittografia, traduzioni, ecc.. Si trattava in effetti di elementi delicati che non potevano essere trattati con sufficiente tempestività e precisione a bordo di una nave.

D'altronde nello stesso modo si comportavano anche i tedeschi e i britannici, anche se questi ultimi, per motivi derivanti dalla lontananza da Londra dei vari Comandi distribuiti in tutto il mondo, erano costretti a lasciare agli Ufficiali responsabili di settore un necessario grado di autonomia operativa e logistica.

Tuttavia l'Ammiragliato britannico interveniva autorevolmente, con proprie direttive, ma soprattutto con il proprio efficentissimo servizio di informazioni, che forniva quotidianamente tutte le notizie necessarie ad integrare la conoscenza sul nemico, che i Comandi locali ricevevano dalla ricognizione aerea. In questa integrazione delle informazioni utilissimo, e forse determinante per la vittoria degli Alleati, si sarebbe dimostrato l'ormai famoso servizio crittografico "Ultra", che era diretto dalla sede di Bletchey Park ubicata a nord di Londra.

Londra, Norfolk House in St. James Square. Ufficiali britannici pianificano la rotta di un importante movimento navale nella sala operativa dell'Ammiragliato.

3) Attribuzione e direttive di Supermarina

Come vedremo più avanti in dettaglio, le direttive strategiche, compilate tra il 1935 e il 1940 dall'Ufficio Piani dello Stato Maggiore della Regia Marina, erano contenute in una prima serie di documenti con caratteristica "Di.Na." (Direttive Navali-Aeree) seguite da un numero distintivo ciascuna dedicata ad 'un particolare gruppo di forze e servizi, e da una seconda serie di Documenti con caratteristica "D.G." (Documenti di Guerra), ciascuno dedicato ad'un particolare argomento operativo. Vi erano poi le "O.G." che riguardavano le norme per l'impiego dei sommergibili.

Il primo importante documento di carattere operativo, risalente al novembre 1938, fu il D.G. 10/A2. Esso contemplava, su richiesta degli Stati Maggiori dell'Esercito e dell'Aeronautica, un progetto di massima per il trasporto in Libia, a mezzo di convogli fortemente scortati, di un grosso contingente di truppe e di equipaggiamenti necessari oltremare, prima di una possibile entrata in guerra e nel periodo immediatamente successivo.

Dal momento che questo progetto, nato nel corso della crisi politica europea dell'estate del 1938, non entrò in vigore in seguito al miglioramento delle relazioni tra gli stati, che evitò lo scoppio del conflitto, il D.G. 10/A2, studio di notevole mole, questo volume, conteneva alcuni elementi di grande importanza, quali: celerità dei trasporti, impiego dei mezzi aerei e navali, possibilità dell'offesa nemica, nei riguardi della quale, per assicurare la traversata di ciascun convoglio, sarebbe occorso conseguire *"il temporaneo dominio del mare"* per la durata di ciascuna operazione.

Particolare importanza veniva poi data, nel documento, all'isola di Malta, la cui "*Occupazione*" era considerata necessaria per assicurare l'incolumità di una qualsiasi operazione in grande stile italiana, programmata per il rifornimento della Libia, dal momento che la sola neutralizzazione di quella piazzaforte, da assegnare all'Aeronautica, non avrebbe dato "*identico risultato*". Parole profetiche!

Dopo la D.G. 10/A2, che appariva come un vero e proprio piano di guerra. perché fissava obiettivi e direttive nei riguardi di un probabile imminente conflitto contro la Francia e l'Inghilterra, l'Ufficio Piani dello Stato Maggiore della Regia Marina procedette nel biennio successivo alla compilazione e all'aggiornamento degli altri più urgenti documenti di guerra, dei quali particolarmente importante era la Di. Na. n° 0 [Zero]. Essa conteneva le direttive generali e pertanto fissava le modalità di reazione ad eventuali iniziative nemiche, che dovevano concretarsi da parte italiana mantenendosi sulla difensiva a ponente e a levante e sull'offensiva e controffensiva nello scacchiere centrale del Mediterraneo.

La Difesa dei principali obiettivi del territorio metropolitano e delle linee di comunicazione con i possedimenti della Libia e dell'Albania, appariva come l'unico comportamento possibile ad una Marina nettamente inferiore a quella della coalizione nemica. Pertanto, si intendevano evitare scontri con forze decisamente prevalenti, e nel contempo cercare di logorare l'avversario con largo impiego di sommergibili e unità leggere e sottili, ed eventualmente intervenire in forze, contando sull'appoggio dell'Aeronautica, agendo per linee interne per impedire la riunione delle forze avversarie, attraverso il Canale di Sicilia.

Nella Di. Na. n° 0 non fu però fatto alcun cenno al problema di Malta, che pure la D.G. 10/A2 aveva ritenuto elemento fondamentale per mantenere i collegamenti con la Libia. Tuttavia, a partire dal maggio 1940, quando l'entrata in guerra era già stata fissata da Mussolini, fu iniziata la compilazione di un progetto tendente all'occupazione dell'isola che, sviluppato dall'ammiraglio Fioravanzo, fu ultimato a conflitto iniziato, il 18 giugno.

Essendo nel frattempo subentrata la presunzione di ritenere l'operazione superflua e quindi non necessaria, perché con la resa della Francia l'isola appariva ormai indifendibile, il piano fu abbandonato anche per le difficoltà presentetisi per deficienza di mezzi da sbarco, ed anche perché si fece affidamento sulla capacità dell'aviazione di neutralizzare quell'obiettivo che non presentava allora un grosso pericolo. A Malta mancavano del tutto i mezzi navali, salvo qualche sommergibile, ed i pochi aerei presenti sui tre aeroporti dell'isola erano privi di sufficiente autonomia per attaccare con successo i convogli italiani le cui rotte passavano a distanza di sicurezza.

Intanto erano stati compilati, su Direttive del Comando Supremo, piani di occupazione delle Baleari e di invasione della Jugoslavia da tenere presenti per ogni evidenza.

* * *

Vediamo adesso quale era il complesso e l'importanza dei Documenti e delle Direttive di Guerra su cui poteva valersi Supermarina per orientare le condotte delle operazioni navali, all'inizio della guerra.

Le Direttive per la condotta delle operazioni navali, compilate dall'Ufficio Piani e continuamente aggiornate tra il 1935 e il 1940, erano distinte, come detto, in tre gruppi:

1° - Le D.G., che riguardavano le direttive di massima per la condotta delle operazioni;

2° - Le Di.Na., concernenti le Direttive Navali-Aeree per l'impiego iniziale delle forze navali principali, dell'Aviazione Marittima, delle forze assegnate ai Comandi costieri, delle forze dislocate in Africa Orientale Italiana, per la condotta della guerra al traffico, per l'impiego coordinato delle forze navali ed aeree, per l'impiego delle forze destinate a contrastare sbarchi nemici ed attuare quelli di propria iniziativa, ecc..

3° - Le O.G. (Ordini Generali) concernenti le direttive per l'impiego dei sommergibili.

Al 10 giugno 1940 la situazione dei principali Documenti di Guerra prodotti dall'Ufficio Piani inclusi quelli non ancora abrogati o da sostituire con altra edizione più conforme alla situazione in atto, era la seguente:

- D.G. 0 - Studio sulla preparazione, edizione 28 ottobre 1938, di uso interno dell'Ufficio Piani;
- D.G. 1 - Comandi, Attribuzioni, Schemi servizi informativi, edizione 20 maggio 1940;
- D.G. 2 - Assegnazione dei mezzi. Dislocazione iniziale, edizione 11 maggio 1940;
- D.G. 3 - Operazioni in Alto Adriatico (Rafforzamento difesa di Zara), edizione 1° luglio 1938, non
  distribuito perché superato e da rifare dopo aver fissato i concetti direttivi;
- D.G. 4 - Operazioni in Basso Adriatico, distribuito il 1° dicembre 1934, ma da rifare perché superato;
- D.G. 5 - Organizzazione per la Difesa del Traffico Marittimo, distribuito il 1°
  febbraio 1935, ma da riesaminare ex nuovo perché superato;
- D.G. 6 - Servizio Comunicazioni;
- D.G. 7 - Direttive navi all'estero, ancora da compilare;
- D.G. 8 - Direttive per le operazioni in A.O.I., sostituito dalla Di.Na. 4;
- D.G. 9 - Direttive per le operazioni in Mediterraneo orientale;
- D.G.10 - Operazioni iniziali per il dispositivo del canale di Sicilia, distribuito il 13
  aprile 1939, ma da aggiornare;

- Memorandum per i Comandi in capo della Squadra e per il Comando Superiore in mare, distribuito il 13 agosto 1939 ed incluso nella D.G. 1, edizione 20 maggio 1940.

- Lettera circolare dall'oggetto. Distribuzione e conservazione dei Documenti di Guerra.

Di. Na. 0 - Concetti generali di azione in Mediterraneo nell'ipotesi di conflitto "Alfa Uno" edizione
  maggio 1940;
Di. Na. 1 - Direttive per le Forze Navali, edizione maggio 1940;
Di. Na. 2 - Direttive per l'impiego dell'Aviazione per la R. Marina, edizione 21 maggio 1940;
Di. Na. 3 - Direttive per l'impiego delle Forze assegnate ai Comandi Costieri, edizione aggiornata al 29
  maggio 1940;
Di. Na. 4 – Direttive per l'impiego delle Forze in A.O., edizione del 27 settembre 1939, da aggiornare;

D.G. 0. n° 8 - Impiego iniziale dei Sommergibili, distribuito il 13 settembre 1939;
D.G. 0. n° 8 bis - Impiego iniziale dei Sommergibili, distribuito il 14 settembre 1939;
D.G. 0. n° 8 ter - Impiego iniziale dei Sommergibili, distribuito il 10 ottobre 1939 solo a Maricosom.

Alcuni documenti, come avremo modo di segnalare, sulle "Direttive di Supermarina", sarebbero stati aggiornati negli anni seguenti, e distribuiti tra il secondo semestre del 1940 e il settembre del 1943, assieme ad altre disposizioni e direttive nel frattempo compilate dall'Organo Operativo dell'Alto Comando Navale, in seguito alle necessità e all'evoluzione della situazione politica, strategica e militare.

Dei Documenti di Guerra citati, il D.G. 1, era particolarmente importante, perché precisava le attribuzioni e le responsabilità dell'Alto Comando Marina (Supermarina) la cui prima edizione, datata 1° luglio 1938-XVI, aggiornata il 20 maggio 1940, fu poi sostituita, integrata in base all'esperienza dei primi mesi di attività bellica, da una nuova edizione diramata il 10 novembre 1940 che, continuamente aggiornata, rimase in vigore fino al 13 aprile 1943.

Nel D.G. 1, era fissato che a Supermarina spettava la condotta strategica della guerra e del traffico di rifornimento delle fonti operative oltremare, quest'ultimo sottratto alla responsabilità di Maricotraf in quanto considerato elemento *"militare"* e non *"commerciabile"*. La condotta tattica delle operazioni spettava invece ai Comandi di forze navali e costiere, che però agivano pur sempre sulla base delle direttive e degli ordini operativi di Supermarina.

Tra le direttive tattiche navali, elaborate per regolamentare le manovre evolutive e tattiche e per l'impiego in combattimento di tutti i tipi di unità, semplici e complesse, mancava purtroppo una direttiva tattica aeronavale, di importanza fondamentale per affiatare l'attività della Marina con quella dell'Aeronautica.

Esisteva soltanto un volume dell'oggetto *"Norme d'impiego per le azioni aeronavali"*, edizione 1934, che era stato aggiornato con strisce di correzione, e in cui veniva specificato: *"I reparti dell'Armata Aerea cooperano con le Forze Navali dopo aver preso preventivi accordi"*. Vi erano poi alcune norme d'impiego generiche di Superaereo, l'Organo Operativo dello Stato Maggiore delle Regia Aeronautica, diramate il 1° aprile 1940 nel Piano di Radunata n° 12 (P.R. 12) con il titolo *"Concorso dell'Armata Aerea alle operazioni della R. Marina"*, che furono allegate anche alla Direttiva Di. Na. 1.[4]

Anche nel riepilogo delle *"Direttive Operative"* del P.R. 12, trasmesso da Superaereo alle unità dipendenti e agli Stati Maggiori delle Forze Armate il 9 giugno 1940, si faceva cenno ad una collaborazione dell'Armata Aerea (Armera) con l'Arma navale soltanto riguardo all'intervento dei reparti da bombardamento, da sviluppare tramite accordi tra i Comandi Aeronautici con quelli della Marina. Nessun cenno era fatto ad una collaborazione fattiva nell'attività dell'esplorazione - che era affidato esclusivamente ai Reparti della Ricognizione Marittima - e alla scorta delle navi in mare.

---

[4] Per il Piano di Radunata n° 12 vedi Francesco Mattesini e Mario Carmelli, *Le direttive tecnico operative di Superaereo* (aprile 1940 - dicembre 1941), volume Primo, 1° Tomo, edito dall'Ufficio Storico dell'Aeronautica, Roma 1992, pagg. 15-136.

4) La preparazione della Marina tra il 1934 e il 1940 e la strategia di Supermarina nei primi sette mesi di guerra

La politica delle costruzioni navali della Regia Marina, seguita alla conferenza di Washington del 1921-1922, era stata improntata dal Grande ammiraglio Paolo Thaon de Revel e dall'ammiraglio Giuseppe Sirianni a mantenere la ottenuta parità con la Marina francese, che era considerata la principale antagonista dell'Italia nel Mediterraneo. Da ciò ne erano derivate scelte costruttive in cui furono privilegiati gli incrociatori, il naviglio leggero e i sommergibili, adeguandone le caratteristiche a quelle delle unità similari prodotte in Francia, che possedevano grande velocità ottenuta a scapito della protezione.

La Regia Marina mutò indirizzo con l'ammiraglio Domenico Cavagnari, che assunse la duplice carica di Sottosegretario di Stato e di Capo di Stato Maggiore nel 1933. Fu subito abbandonato il concetto delle costruzioni leggere e veloci, realizzate soprattutto per l'impiego della difesa del traffico marittimo e delle coste metropolitane, preferendo la dottrina della ricerca della grande battaglia navale quale evento risolutivo di un'operazione bellica. Ragion per cui, inseguendo questo mito in un epoca in cui la strategia navale si stava evolvendo radicalmente con l'era delle portaerei, fu subito avviata la costruzione delle quattro navi da battaglia tipo "Littorio" da 41.000 tonnellate, che univano alla potenza delle artiglierie grande protezione ed elevata velocità, e fu quindi iniziato il rimodernamento delle quattro corazzate tipo "Cavour", risalenti alla Prima Guerra Mondiale, aumentandone il tonnellaggio a 27.000 tonnellate, la velocità e la potenza dei cannoni, il tutto nell'intendimento di disporre in caso di guerra uno strumento decisivo e, in tempo di pace, un considerevole elemento di potenza.

Fu incrementata la costruzione dei sommergibili da impiegare nella guerra al traffico, anche nell'Oceano Atlantico, ma nel contempo fu penalizzata la realizzazione degli incrociatori pesanti e leggeri e del naviglio di scorta, sacrificati al programma di costruzione di dodici piccoli incrociatori veloci della classe "Capitani Romani". Poco prima dell'inizio della Guerra era stata anche decisa la costruzione di tre incrociatori da corsa della classe "Ciano", da 8.000 tonnellate, che l'ammiraglio Cavagnari intendeva impiegare contro il traffico nell'Oceano Indiano. Ma essi non superarono la fase del progetto per la difficoltà di reperire i fondi di bilancio necessari per produrli.

Soprattutto deleteri risultarono poi, nell'impostazione strategica studiata dalla Regia Marina tra il 1933 e il 1940, la mancata realizzazione di navi portaerei, che volutamente erano state sacrificate alla costruzione delle navi da battaglia, e la sottovalutazione sulle possibilità tecnologiche d'avanguardia sviluppate dal nemico, soprattutto nel campo dell'elettronica e degli armamenti più sofisticati. Anche nella tecnica del combattimento notturno i britannici avrebbero dimostrato una superiorità assoluta, determinata non solo da strumenti di rilevamento e di lancio migliori ma anche da una maggiore precisione nel tiro dell'artiglieria, a cui da parte italiana si aggiunsero in egual misura, e questo era ancora più grave, inaccettabili lacune nell'addestramento al combattimento, i cui effetti negativi furono rilevati da Supermarina con promemoria del 31 dicembre 1940, preparato, dopo la sostituzione di Cavagnari (per decisione di Mussolini che era giustamente deluso da come veniva condotta la guerra navale da parte di Supermarina), per il nuovo Sottosegretario e Capo di Stato Maggiore ammiraglio Arturo Riccardi.

***

Nelle sue fondamentali direttive generali il comportamento che la Marina avrebbe dovuto mantenere in un conflitto con un avversario dal potenziale superiore era sintetizzato come segue:

"Alto Spirito offensivo deve guidare l'azione della Marina che ha superiorità complessiva di forze, ma ancor più occorre che da questo spirito sia animata la Marina che nel complesso dispone di minori forze.
La difficoltà di rimpiazzare in guerra le unità perdute impone ponderazione prima di intraprendere un'operazione, ma la possibilità di perdita non è elemento sufficiente per indurre a rinunciare a un'azione o a interromperla se iniziata".

Come si comprende da queste due frasi lo spirito della seconda attenuava molto la portata etica della prima.

Occorre ricordare che tutte le marine belligeranti, in ogni periodo della Storia, hanno sempre operato per assicurare la protezione delle proprie linee di rifornimento, non trascurando tuttavia di attaccare nel contempo quelle avversarie. Dobbiamo sottolineare che in ogni trattato di storia marittima si è sempre puntualizzato che lo scopo primario di ogni flotta è quello della ricerca e della distruzione del potere navale nemico.

Anche le direttive di Supermarina, fissate nella Di.Na. 0, prevedevano di attenersi a tale logico sistema di impiego.[5] Sfortunatamente i compiti prettamente offensivi furono abbandonati dopo alcuni iniziali sfortunati tentativi a favore di un deleterio impiego difensivo dal quale fu poi impossibile districarsi, perché ritenuto l'unico possibile per assicurare le rotte di rifornimento dell'Albania e dell'Africa Settentrionale. La incerta e cauta linea di condotta seguita a questo concetto di strategia era basata sulla tacita convinzione della superiorità inglese, avvalorata ancor più dai primi insuccessi italiani, e dal convincimento, forse in parte più logico, che la Regia Marina avrebbe avuto minori possibilità di rimpiazzare le perdite rispetto a quelle della *Royal Navy.*

---

[5] Esponendo nella Di. Na. 0, edizione 29 maggio 1940, i concetti d'azione da attuare nel Mediterraneo, Supermarina escluse la possibilità di iniziare le ostilità di sorpresa *"per conseguire un iniziale vantaggio sull'avversario"*. Prevedendo al contrario *"intense ed immediate azioni franco-britanniche dirette ad intaccare la capacità di resistenza italiana"* l'Organo Operativo dell'Alto Comando Navale ritenne che il nemico avrebbe esercitato una forte pressione nei due bacini del Mediterraneo, mentre al centro avrebbe impiegato l'isola di Malta soltanto come base *"per le poche unità sottili e subacquee"*.

Potenza dell'Italia sul mare. Durante un'esercitazione della primavera-estate 1940 sparano i cannoni da 381 mm della corazzata *Littorio* che é seguita dalla gemella *Vittorio Veneto*, entrambe della 9ª Divisione Navale comandata dall'ammiraglio Carlo Bergamini.

Come vedremo, i molti piani elaborati nel corso del 1940 danno una chiara idea dello stato di indecisione e di ripensamenti, non sempre logici, esistenti nei responsabili di Supermarina. Essi, dopo aver messo a punto, su proprie esigenze, o su richieste provenienti dal Comando Supremo e dagli Stati Maggiori delle altre Forze Armate, i più disparati progetti operativi, consistenti in puntate offensive della flotta, bombardamenti costieri, sbarchi ecc., quasi mai riuscirono a tradurli in interventi risolutori. E ciò perché la loro preoccupazione fu sempre rivolta, in ogni occasione anche la più favorevole, a schivare un eventuale insuccesso tattico e ad evitare perdite.

In questo comportamento rinunciatario vi influì in parte, con il passare dei mesi, anche la consapevolezza di un'errata scelta del materiale navale, che ebbe negativi riflessi soprattutto nell'imprecisione delle maggiori artiglierie in cui risultò difficile la messa a punto dei calatoi delle corazzate tipo "Littorio"; ma anche a causa delle cattive cariche di lancio, mal dosate, a cui si aggiunse la mancanza di apparecchiature tecniche adeguate, quali: il Radar, l'Ecogoniometro, i telemetri a grande luce notturna. Infine, a partire dall'estate del 1941, si sarebbe aggiunto il problema di una sempre più marcata deficienza di nafta, con riflessi negativi soprattutto nel campo dell'addestramento, che occorreva assolutamente adeguare a quello decisamente elevato del nemico, per non esserne travolti.

In questa situazione i responsabili di Supermarina mantennero una linea intransigente a ricercare un combattimento che ritenevano fosse solo nell'interesse dei britannici, anche quando questi ultimi dirigevano verso il Mediterraneo Centrale in condizioni di inferiorità potenziale e numerica chiaramente manifesta.

Ma andiamo per ordine, per chiarire come la Regia Marina aveva organizzato le sue strutture in previsione di una guerra, ed adeguato le sue istruzioni operative per i Comandanti delle Squadre Navali.

***

L'ammiraglio Giuseppe Fioravanzo ha spiegato esaurientemente il comportamento di Supermarina in sede tattica e nei riguardi dei Comandi marittimi e navali esponendolo, alle pagine 60-61 della sua citata opera, nel modo seguente:

"A ragione dei troppo evanescenti confini fra la strategia e la tattica SUPERMARINA si è sempre trovata durante il corso delle operazioni in mare davanti a due quesiti: intervenire o non intervenire; e in caso positivo, fino a che momento, fino a che punto e in quale modo intervenire?

A questi interrogativi, che implicavano gravi responsabilità di comando e definizione concrete dei rapporti tra l'Alto Comando Centrale operativo e i Comandanti Superiori in mare, SUPERMARINA si è dato di volta in volta una risposta che è stata normalmente ispirata al criterio di evitare interferenze nella libertà di decisione di chi era responsabile della manovra pretattica e tattica, limitandosi di massima a fornirgli notizie sull'avversario - ritenute atte a chiarire la situazione - che ricavava dalla decrittazione dei suoi segnali intercettati e dagli avvistamenti aerei".

Questa esposizione dell'ammiraglio Fioravanzo è però alquanto in contrasto con quanto scritto in *Tramonto di una grande Marina* dall'ammiraglio Angelo Iachino che, tra il dicembre 1940 e il marzo del 1943, ricoprì la carica di Comandante in Capo della Flotta, dopo aver comandato la 2ª Squadra Navale.

Affrontando il delicato argomento dei suoi rapporti con Supermarina, ed esponendo anche quali fossero i sentimenti riscontrabili nei vari Comandi periferici che, come lui, dipendevano per importanti decisioni dagli ordini, dalle direttive e dai consigli diramati, in ogni circostanza anche di minore valore, dall'Organo Operativo dell'Alto Comando Navale, Iachino è stato piuttosto critico. Infatti, pur ammettendo, alle pagine 132-133 della sua citata opera, che l'organizzazione di Supermarina era la più logica dal punto di vista teorico, quale Ente per la direzione della guerra navale e per la raccolta delle informazioni, ha lamentato il fatto che a quella *"Organizzazione rapidamente organizzata"* a terra, avrebbe dovuto corrispondere sulle navi una organizzazione *"più elastica"*; ciò allo scopo di *"permettere al Comando in mare non solo di sfruttare meglio e più rapidamente le informazioni operative, senza aspettare di riceverle di seconda mano da Roma, ma anche di dare disposizioni direttamente, cioè senza perdita di tempo, alle forze aeree e subacquee che prendevano parte all'operazione".*

E nel dare il suo giudizio complessivo sul funzionamento di Supermarina nella condotta delle operazioni navali, esso lamentò di avervi riscontrato varie lacune, soprattutto proprio nell'importante branchia dei servizi informazioni e delle comunicazioni alla flotta, che, sebbene migliorati nel tempo, *"non riuscirono mai a soddisfare completamente"*.

Quello che soprattutto l'ammiraglio Iachino contestò all'operato dei Capi della Marina, che si erano succeduti nell'alto incarico della direzione e condotta della guerra navale, in particolare all'ammiraglio Cavagnari, fu la teoria della *"Fleet in being"* (la flotta in potenza), che consisteva nell'attenersi ad un rigido criterio della difensiva nei confronti di un nemico più forte, per obbligarlo a tenere forze adeguate nel Mediterraneo, a scapito delle operazioni da svolgere in altri mari.

Ma per comprendere il significato delle contestazioni dell'ex Comandante in Capo della Flotta italiana, sulla saggezza della tattica del *"Feet in being"*, dobbiamo tornare indietro nel tempo allo scopo di conoscere quale fu la dottrina d'impiego adottata dalla Regia Marina all'inizio della guerra.

* * *

Non avendo ritenuto conveniente di ricostituire il Comando in Capo dell'Armata Navale, esistente durante la Prima guerra mondiale e che era stato sciolto negli anni Venti, la Marina aveva organizzato la propria flotta di superficie in due squadre, che il 10 giugno 1940 si trovavano distribuite in basi meridionali per intervenire a copertura del "*Dispositivo del Canale di Sicilia*". Esso era stato creato con apposite direttive, per coordinare l'impiego del naviglio leggero e dei sommergibili contro forze navali nemiche che intendessero attraversare quel tratto di mare fortemente minato o che cercassero di effettuare pericolose incursioni contro le coste metropolitane meridionali più esposte.

Come possiamo constatare scorrendo i documenti, al 10 giugno 1940 il potenziale raggruppato nella 1ª e nella 2ª Squadra Navale, rispettivamente al comando dell'ammiraglio Inigo Campioni e dell'ammiraglio Carlo Paladini - poi nell'agosto del 1940 sostituito dall'ammiraglio Angelo Iachino - era allora di consistenza nettamente inferiore a quella del nemico. La Regia Marina disponeva efficienti soltanto di due corazzate (*Giulio Cesare* e *Conte di Cavour*), risalenti alla Prima guerra mondiale e rimodernate nel 1937, a cui si aggiungevano altre due navi da battaglia di costruzione moderna (*Littorio* e *Vittorio Veneto*), che però si trovavano ancora in fase di addestramento, e a lavori per una difficile messa a punto delle artiglierie, ragion per cui non poterono di partecipare alla battaglia di Punta Stilo del 9 luglio 1940.

Le modernissime corazzate italiane della 9ª Divisione Navale *Littorio* e (dietro) *Vittorio Veneto*, durante un'esercitazione di addestramento dell'estate 1940.

Invece, la coalizione franco-britannica poteva schierare ben dieci corazzate, tutte pienamente operative, cinque delle quali concentrate, assieme ad una portaerei nel Mediterraneo occidentale, e altrettante, con un'altra portaerei, in quello orientale.[6]

Questa inferiorità potenziale in navi da battaglia rappresentava un deterrente nettamente sfavorevole che non poteva permettere alla flotta italiana di uscire dalla proprie basi per affrontare in forze il nemico. Ne conseguì che durante i tredici giorni di guerra con la Francia, le cui navi (quattro incrociatori e undici cacciatorpediniere), il 14 giugno bombardarono la zona industriale di Genova, senza che da parte italiana fosse stato possibile reagire, da parte italiana il tutto si limitò a qualche missione di vigilanza e all'attività del naviglio sottile e dei sommergibili, che ottennero, peraltro, risultati modestissimi, in parte determinati da scarsità di traffico, consistenti nell'affondamento dell'incrociatore britannico *Calypso* e di due navi mercantilia cui fece riscontro la perdita elevata di sei unità subacquee.

Roma, Villa Incisa all'Olgiata, 24 giugno 1940. Il maresciallo Badoglio legge le condizioni di resa dell'Italia alla Francia.

Ma se la Marina italiana non era ancora pronta ad affrontare in un duro cimento la *Royal Navy,* quest'ultima, con la resa della Francia, si vide costretta a costituire una flotta di base a Gibilterra, inserendovi tre navi da battaglia, una portaerei, tre incrociatori, e una decina di cacciatorpediniere, i cui compiti iniziali furono quelli di neutralizzare la flotta francese. Questa fu attaccata il 3 luglio nella rada di Mers-el-Kebir, presso Orano (Operazione

---

[6] Alquanto equilibrata tra i due avversari era invece la situazione del naviglio leggero e subacqueo. Da parte italiana erano disponibili diciannove incrociatori dei quali ben sette pesanti, quarantotto cacciatorpediniere, settanta torpediniere e centocinque sommergibili. Altri sette cacciatorpediniere, due torpediniere e otto sommergibili erano dislocato a Massahua, in Mar Rosso. Da parte anglo-francese erano concentrati nel Mediterraneo ventiquattro incrociatori dei quali sette pesanti, settantasei cacciatorpediniere, sedici tra torpediniere e avvisi, e cinquantaquattro sommergibili.

"Catapult"), per impedire che cadesse contro il controllo tedesco. Una volta raggiunto questo obiettivo, che portò all'affondamento di una corazzate francese (Provence) e di un cacciatorpediniere (Magador), e al danneggiamento di due incrociatori da battaglia (*Strasbourg* e *Dunkerque*), la nuova flotta britannica, denominata Forza H, ebbe il compito di esercitare il controllo del Mediterraneo occidentale, per dividere l'attenzione degli italiani dal bacino orientale, che si trovava sotto il controllo di quattro navi da battaglia e di una portaerei della *Mediterranean Fleet*, la quale nella notte del 7 luglio prese il mare da Alessandria per svolgere un'importante operazione denominata "M.A.5". Si trattava di raggiungere Malta per prelevarvi due convogli diretti in Egitto con personale britannico evacuato dall'isola, che a quell'epoca veniva considerata scarsamente difendibile.

Il movimento della *Mediterranean Fleet*, si verificò parallelamente a quello della flotta italiana, salpata dalle basi con un complesso di due corazzate (*Cesare* e *Cavour*), quattordici incrociatori e ventiquattro cacciatorpediniere, agli ordini dell'ammiraglio Campioni che esercitava le funzioni di Comandante Superiore in mare. Lo scopo della missione era quello di scortare un convoglio di cinque motonavi, diretto in Libia con mezzi e carri armati dell'Esercito, richiesti urgentemente dal maresciallo d'Italia Rodolfo Graziani, nuovo Comandante Superiore delle Forze Armate dell'Africa Settentrionale, che era subentrato a quell'incarico dopo la morte del maresciallo dell'aria Italo Balbo.

Nella rotta del ritorno le navi della flotta italiana ricevettero l'ordine di concentrarsi, nella notte sul 9, al largo delle coste calabre del Golfo di Squillace. Lo scopo era quello di intercettare, se ve ne fossero state condizioni favorevoli, la *Mediterranean Fleet* che, secondo precise informazioni criptografiche arrivate a Supermarina dal servizio informazioni della Marina germanica (*B-Dienst*), avrebbero dovuto attaccare obiettivi navali della Sicilia con un complesso di tre navi da battaglia, sostenute da una nave portaerei, 5 incrociatori e diciassette cacciatorpediniere.

Ritenendo che la flotta britannica, dirigendo con rotta nord-ovest per raggiungere una posizione favorevole per attaccare i porti di Augusta e Messina, avrebbe potuto cercare di arrivare a contatto con le navi italiane una volta individuate più a nord nella loro zona di pendolamento situato a sud-est di Capo Spartivento, per la giornata del 9 luglio era stato predisposto da Supermarina uno sbarramento di cinque sommergibili davanti alla probabile direttrice delle navi nemiche. Ed era stato nel contempo interessato Superaereo affinché intervenisse con la massa dei suoi velivoli da bombardamento concentrati in Sicilia e nella Puglia, allo scopo di determinare una preventiva menomazione delle corazzate britanniche, che potesse permettere alle navi della 1ª e della 2ª squadra di intervenire con successo.

Per avvistare tempestivamente e tenere sotto continuo controllo la *Mediterranean Fleet* era stato pianificato un ampio servizio di esplorazione affidato agli idrovolanti della Ricognizione Marittima. Questi però nel corso dell'intera mattinata del 9 non riuscirono a dare alcuna notizia sulla flotta nemica, la quale, a differenza di quanto pensavano Supermarina e i Comandi Squadra, messa sull'avviso da un sommergibile che aveva segnalato le due corazzate italiane a nord di Bengasi, nella notte aveva cambiato rotta e, dirigendo inavvistata per nord-ovest, manovrava per arrivare alle spalle delle navi italiane allo scopo di tagliargli la rotta della ritirata verso Taranto.

La manovra dell'ammiraglio Andrew Brown Cunningham, Comandante in Capo della *Mediterranean Fleet,* tempestiva e precisa, riuscì perfettamente, e la flotta italiana, accortasi soltanto all'ultimo momento dell'insidia incombente che si profilava alle sue spalle per fortunosa segnalazione di un idrovolante della Ricognizione Marittima, impegnato in una ricerca antisom, fu costretta ad invertire la rotta di un tempo (180°), per andare ad un combattimento sfavorevole, che avrebbe voluto evitare, senza l'appoggio dei sommergibili e in una formazione alquanto scordinata. Infatti le due corazzate italiane che dovevano essere precedute dalle divisioni d'incrociatori, con l'inversione di rotta ad un tempo andarono invece al combattimento manovrando verso nord per lungo tempo in testa alla formazione, che pertanto non poté mantenere il dispositivo di battaglia predisposto dall'ammiraglio Campioni.

Scarsamente appoggiati dai propri incrociatori, esse arrivarono al contatto balistico alla distanza di oltre 26.000 metri, ma il combattimento ebbe subito esito sfavorevole, dal momento che una granata da 381 mm sparata dalla nave ammiraglia britannica *Warspite*, centrò la Cesare che, diminuendo la velocità e vistosamente menomata, obbligò l'ammiraglio Campioni ad ordinare la ritirata generale verso lo Stretto di Messina, con inversione di rotta verso sud che fu coperta dalle cortine di nebbia e dal contrattacco dei cacciatorpediniere.

La Regia Aeronautica, che per mancanza di notizie sul nemico non era potuta intervenire preventivamente per dare all'ammiraglio Campioni lo sperato appoggio preliminare, prima del combattimento navale, tendente a menomare le corazzate britanniche, cominciò ad attaccare subito dopo che si era concluso il contatto balistico; e poiché la visibilità era resa molto cattiva dalle cortine di fumo, una cinquantina di aerei, sui centotrenta inviati all'attacco, per errato riconoscimento sganciarono le loro bombe sulle navi italiane in ritirata. Fortunatamente non le colpirono, così come non furono colpite quelle britanniche, il cui tiro oltre a centrare, con la *Warspite*, la *Giulio Cesare* aveva danneggiato, con tre proietti da 152 mm l'incrociatore *Bolzano* e il cacciatorpediniere *Alfieri*, entrambi presi mira dall'incrociatore *Orion*, la nave del comandante della 7ª Divisione britannica, vice ammiraglio John Cronyn Tovey.[7]

Lo scontro di Punta Stilo, primo ed unico combattimento nella storia tra corazzate italiane e inglesi, essendosi svolto nei primissimi giorni di guerra rappresentò la prima occasione per controllare la validità degli studi e gli schemi tattici sperimentati nelle esercitazioni del tempo di pace, elaborati dalla Regia Marina. Da quell'episodio fu ricavato il convincimento di un comportamento soddisfacente, mentre in realtà venivano denunciate grosse lacune, particolarmente nei collegamenti, nella precisione del tiro, e rispetto allo scarso affiatamento esistente fra le due squadre navali italiane, che praticamente operavano insieme per la prima volta.

---

[7] Francesco Mattesini, *La battaglia di Punta Stilo*, Ufficio Storico della Marina Militare, Roma. Prima edizione 1992, seconda edizione 2001 (rivisitata); Francesco Mattesini, *Punta Stilo 9 Luglio 1940, 80° anniversario della prima battaglia aeronavale della Storia*, RiStampa Edizioni, Santa Rufina di Cittaducale (RI), marzo 2020.

Battaglia di Punta Stilo del 9 luglio 1940. Ripresa di poppa dalla corazzata *Cavour* la *Giulio Cesare* apre il fuoco contro la corazzata britannica *Waspite*, nave comando della Mediterranean Fleet, alla distanza telemetrata di 24.600 metri. In primo piano i cannoni prodieri da 320 mm della *Cavour* puntati sul nemico e pronti a far fuoco.

Bell'immagine d'anteguerra del *Bolzano* uno dei due incrociatori pesanti della 3ª Divisione della 2ª Squadra Navale, il più moderno e veloce.

Un gruppo da bombardamento della Regia Aeronautica sulle sue due squadriglie di S.79 in volo per attaccare il nemico.

Ma quello che soprattutto costituì una gradita sorpresa fu determinata dalla inaspettata carenza operativa nella collaborazione aeronavale italiana per mancanza di coordinamento tra i reparti della Marina con quelli dell'Aeronautica, la quale dimostrò di non possedere unità aeree addestrate per agire sul mare in appoggio alle unità della flotta; fallimento a cui andarono incontro anche gli idrovolanti della Ricognizione Marittima nel servizio di esplorazione.

Tuttavia, fu soprattutto l'incidente del bombardamento delle navi italiane, a generare una spiacevole polemica fra Marina e Aeronautica, che si sviluppò fra gli Alti Comandi delle due Armi, con riflessi nella stessa sede del Capo di Stato Maggiore Generale maresciallo Pietro Badoglio. Ciò portò a studiare e ad emanare immediatamente nuove norme per il riconoscimento delle navi nazionali e per l'impiego della propria aviazione, stabilendo tassativamente che l'intervento dei velivoli, per evitare equivoci, avrebbe dovuto verificarsi prima o dopo la fase del combattimento navale e soltanto nel caso di bersagli nemici perfettamente riconosciuti.

Fu inoltre provveduto a migliorare i collegamenti fra navi ed aerei, a rinforzare gli organici della Ricognizione Marittima con velivoli "Cant. Z. 506" ceduti dall'Aeronautica, e a fissare norme di intervento per gli aerei da caccia destinate a scortare le unità navali. Soluzioni che portarono indubbiamente a dei sostanziali miglioramenti di carattere tecnico-operativo, che però non avrebbero mai raggiunto l'efficacia di quelli del nemico, anche a causa della povertà del potenziale tecnico-industriale dell'Italia.

Il 19 luglio gli italiani ebbero un'altra grossa delusione presso Capo Spada, all'estremità nord-occidentale dell'isola di Creta, quando l'incrociatore australiano *Sydney*, appoggiato da cinque cacciatorpediniere britannici, intercettò due incrociatori della 2ª divisione navale, che Supermarina aveva destinato a raggiungere l'Egeo per attaccare il traffico nemico fra la Turchia e l'Egitto. Ne seguì uno scontro violento che portò all'affondamento del *Colleoni* e al danneggiamento del *Bande Nere* e del *Sydney*.

L'incrociatore *Bartolomeo Colleoni* immobilizzato e in fiamme, dopo essere stato colpito nella sala macchine da un proietto da 152 mm dell'incrociatore australiano *Sydney*. Abbandonato dall'equipaggio fu affondato con il siluro

La battaglia di Punta Stilo, e il successivo affondamento del *Colleoni* rappresentarono per la Regia Marina i primi duri impatti con la *Royal Navy*. I due episodi fecero comprendere che le navi della flotta non erano ancora pronte ad affrontare quelle nemiche in una battaglia di grosse dimensioni e dagli esiti, se non decisivi, strategicamente condizionanti. Ciò rese ancora più cauti Supermarina ed il Comando Supremo nella pianificazione delle operazioni offensive, anche quelle che apparivano di natura favorevole. Nello stesso tempo, allo scopo di diminuire il divario tecnico-tattico nei confronti del nemico, fu data attuazione ad un intenso programma di manovra e di tiro, che sulle due corazzate tipo "Littorio", continuò ad essere reso precario dalla difficile messa a punto delle artiglierie principali da 391 mm.

La Marina italiana aveva nel frattempo ricevuto da Mussolini una direttiva che la invitava ad assumere un'atteggiamento decisamente più offensivo. Ma tale direttiva, diramata l'11 luglio dal Comando Supremo anche alle altre Forze Armate per la parte di loro competenza, fu evidentemente considerata di carattere troppo impegnativo; ragion per cui fu ritirata e sostituita con altro documento, recante stessa data e stesso numero di protocollo, ma dal contenuto offensivo alquanto mitigato.

Il pensiero strategico che in quel momento esisteva negli alti vertici della Regia Marina risulta chiaramente spiegato nella bozza di una nuova versione della "Di. Na. 0", datata 14 luglio 1940. In essa, occidentale erano da considerare neutralizzare, e che l'Isola di Malta si trovava sotto il controllo aeronavale italiano, si metteva in risalto il rafforzamento delle posizioni nazionali nel bacino centrale ed una "*accresciuta possibilità di movimenti nello scacchiere occidentale*". Da ciò ne derivava la possibilità di controllare agevolmente le rotte con la Libia, e nel contempo, di "*valorizzare*" la manovra delle forze navali nazionali per impedire al nemico di superare lo sbarramento del Canale di Sicilia, e di affrontarlo a fondo, non appena fosse stato possibile, con il grosso delle forze navali (Squadra delle corazzate), a patto però che la zona dello scontro fosse prossima alle proprie basi e lontano da quelle nemiche. Era tassativamente da evitare di "*affrontare forze navali avversarie decisamente prevalenti* ".

Circa la difesa ermetica del Canale di Sicilia alquanto più pessimista nelle proprie valutazioni si dimostrò il Comando Supremo che, con promemoria del 21 luglio, affermava che un eventale tentativo di forzamento di quel tratto di mare da parte del nemico non avrebbe essere impedito dagli italiani, anche se avessero impiegato, con estrema decisione, le loro forze navali leggere, i sommergibili e l'aviazione da bombardamento.

Invece, dimostrandosi molto fiduciose sulle possibilità della Marina, il maresciallo Badoglio consultato un promemoria compilato dall'Ufficio Operazioni del Comando Supremo, ritenne fosse giunto il momento di passare all'azione. Ritenendo che la *Mediterranean Fleet* avrebbe potuto contrastare dal mare la pianificata avanzata del Regio Esercito in Egitto, alla fine del mese di luglio il Capo di Stato Maggiore Generale chiese all'ammiraglio Cavagnari di presentare un piano per "*organizzare - in concomitanza con quello terrestre - operazioni aeronavali contro la flotta inglesi*".

L'intenzione di Badoglio era quella "*di impostare una battaglia navale partendo dai porti della Cirenaica verso Alessandria*", contando di impegnarvi il complesso delle cinque corazzate al momento presenti a Taranto. Dal Comandante in Capo della 1ª Squadra e Comandante Superiore in Mare della flotta, ammiraglio Campioni, e poi dall'ammiraglio Cavagnari, ricevette un quadro della situazione alquanto desolante. Il primo affermò che soltanto la *Littorio* la *Cesare* e la *Cavour* potevano essere pronte per la metà di agosto; e dal momento che la *Mediterranean Fleet* comprendeva quattro navi da battaglia, tutte armate con artiglierie da 381 mm, calibro a cui da parte italiana poteva opporsi la sola *Littorio* (le altre due corazzate disponevano di cannoni da 320 mm), Badoglio si convinse non essere "*prudente affrontare una battaglia lontana dalle basi italiane*".

Cavagnari, da parte sua fu ancora più drastico affermando che la *Littorio* non poteva essere pronta a sostenere un combattimento perché necessitava ancora di addestramento, la *Vittorio Veneto* era in ritardo di qualche settimana per mettere a punto le artiglierie, mentre sulla *Duilio,* ancora in fase di addestramento, non si poteva contare fino ai primi di settembre. Ragion per cui sconsigliò l'impiego della flotta per fiancheggiare l'avanzata dell'Esercito, anche perché specificò: "*la zona in cui sarebbe prevedibile uno scontro con le Forze principali del nemico risulterebbe strategicamente svantaggioso a noi*".

Nonostante queste pessimistiche valutazioni, a partire dall'agosto, con le effettive entrate in servizio delle corazzate *Littorio*, *Vittorio Veneto* e *Doria*, la superiorità potenziale della Regia Marina su ciascuna delle due squadre britanniche in navi da battaglia e incrociatori pesanti era divenuta di natura così marcata, , da rendere evidente la necessità di non mantenersi ancorati del tutto alla teoria del "*Fleet in being*", ma di assumere anche un certo atteggiamento offensivo, se il nemico ne avesse data l'occasione, anche perché la flotta italiana manteneva una posizione strategica invidiabile.

Infatti, disponendo di basi in posizioni situate al centro del Mediterraneo (Taranto, Augusta, Messina, Palermo, Napoli e Brindisi), essa era praticamente in grado di dominare il Canale di Sicilia, che rappresentava il solo anello di congiunzione tra la Mediterranean Fleet e la Forza H, sistemate in porti molto distanti (Alessandria e Gibilterra) per permettere la riunione delle due squadre britanniche nel corso di una determinata azione.

Di conseguenza, possendendo con il nucleo delle cinque-sei corazzate un potenziale offensivo più elevato rispetto a ciascuna delle due squadre nemiche, che continuavano a disporre di quattro navi da battaglia ad Alessandria e di altre tre a Gibilterra, la flotta italiana, operando per linee interne, aveva la possibilità di essere impiegata al completo contro l'uno o l'altro dei complessi nemici, scegliendo le occasioni più favorevoli.

Ciò nonostante, le ragioni per superare il concetto del *"Fleet in being"*, particolarmente desiderato da Mussolini, continuarono a non trovare eccessivo accoglimento negli ambienti di Supermarina, e al pessimismo dell'ammiraglio Cavagnari finì per aggiungersi anche quello del Comando Supremo come dimostra il contenuto dei molti studi e delle direttive operative e lo scambio della corrispondenza intercorsa tra gli Alti Comandi.

Taranto 4 ottobre 1940. Benito Mussolini in visita alla Flotta italiana a Taranto. A bordo di un motoscafo il Duce sta per salire a bordo della nave ammiraglia, la corazzata *Littorio*.

L'incrociatore pesante *Trento*.

Dopo la visita alla *Littorio* Mussolini passò con il motoscafo vicino alla corazzata gemella *Vittorio Veneto*, con l'equipaggio schierato sull'attenti.

Ne conseguì che nell'estate e nell'autunno del 1940 la flotta italiana continuò ad operare in potenza, consumando un quantitativo enorme di preziosa nafta, e non seppe approfittare di un'occasione favorevole presentatesi alla fine di agosto primi di settembre, per impegnare la Mediterranean Fleet che, con l'Operazione "Hats", si stava spingendo verso il Mediterraneo Centrale con forze nettamente superiori a quelle italiane, che disponevano di cinque corazzate rispetto a due britanniche. Lo stesso accadde in settembre, nel corso dell'Operazione britannica "M.B.8", sebbene Mussolini, con direttiva trasmessa il giorno 22, avesse ordinato che nessuna nave nemica avrebbe dovuto attraversare il Canale di Sicilia. In entrambe le occasioni le due squadre navali, salpate da Taranto e da Augusta, ricevettero da Supermarina l'ordine di non superare la congiungente Malta-Corfu, mentre la Mediterranean Fleet, che non aveva alcuna convenienza ad affrontare un nemico superiore, percorse rotte più meridionali.

Un episodio forse ancora più discutibile si verificò ai primi di ottobre nel corso dell'Operazione "C.V.", che era stata lungamente preparata da Supermarina, impegnandovi cinque corazzate e dodici incrociatori e disponendo agguati di sommergibili in Egeo. Il solo sospetto che *la* Mediterranean Fleet, avvistata a largo di Alessandria, potesse interferire nell'operazione, che consisteva nella scorta ad un convoglio di due veloci motonavi dirette a Rodi con rifornimenti, bastò a preordinare il rientro in porto di tutte le navi. Insieme a questa operazione abortita si verificò il tragico affondamento del sommergibile *Gemma*, silurato per errore di riconoscimento, a 3 miglia dall'Isola di Scarpanto (Dodecaneso), dal *Trichego*, un'altra unità subacquea italiana. Sebbene fosse ormai chiaro che l'atteggiamento più giusto, anche per incoraggiare il morale degli equipaggi, fosse quello di non rimanere inerti in potenza – come ebbe a riferire l'ammiraglio Iachino con promemoria consegnato a Taranto al Capo di Stato Maggiore della Marina subito dopo la conclusione dell'Operazione C.V. – ma invece di

Settembre 1940. Le navi della flotta italiana italiane in navigazione nel basso Ionio durante l'abortito contrasto all'Operazione britannica "Hats". Notare le condizioni del mare. Dietro alla nave ammiraglia *Littorio* la gemella *Vittorio Veneto*, seguita dalle altre corazzate tipo "Cavour" e "Doria".

attaccare il nemico ogni qual volta fosse uscito in mare con forze superiori a quelle italiane, l'ammiraglio Cavagnari non cambiò il proprio concetto prudenziale.

Sebbene fosse ormai chiaro che l'atteggiamento più giusto, anche per incoraggiare il morale degli equipaggi, fosse quello di non rimanere inerti in potenza – come ebbe a riferire l'ammiraglio Iachino con promemoria consegnato a Taranto al Capo di Stato Maggiore della Marina subito dopo la conclusione dell'Operazione C.V. – ma invece di attaccare il nemico ogni qual volta fosse uscito in mare con forze superiori a quelle italiane, l'ammiraglio Cavagnari non cambiò il proprio concetto prudenziale.

Nella seconda metà di settembre Cavagnari era stato sollecitato dal maresciallo Badoglio a fissare una chiara linea di azione per affrontare il nemico. Ma egli, mostrandosi, ancora una volta, nettamente contrario a sostenere con la flotta l'avanzata dell'Esercito del maresciallo Graziani in Egitto, riuscì a convincere il Capo di Stato Maggiore Generale che la tattica del *Fleet in being* era la sola che conveniva alla Marina italiana; e questo sebbene Supermarina avesse pianificato un bombardamento navale contro da affidare ad una divisione di incrociatori.

Il sommergibile italiano *Gemma*, che fu silurato e affondato, per mancata segnalazione sulla sua presenza dal parte del suo Comando, dal sommergibile nazionale *Tricheco*. Da il sito *Il nocchiere fuori rotta*.

Il sommergibile *Tricheco*.

Bella immagine di un bombardiere S.79 della 58ª Squadriglia, del 32° Gruppo, del 10° Stormo in volo a bassa quota sul mare durante una missione di ricognizione.

La portaerei *Eagle*, della Mediterranean Fleet, in navigazione, con gli aerosiluranti pronti al decollo. In alto a destra uno Swordfish probabilmente in volo di scorta antisom.

Ne conseguirono da questo atteggiamento rinunciatario i risultati più funesti, perché il naviglio leggero e sottile (Marsa Matruh siluranti e mas) e la potente armata di sommergibili, ai quali era stato dato il compito primario di menomare la flotta nemica, non riuscirono a fare nulla di concreto, riportando per contro perdite elevate, soprattutto fra le siluranti, come dimostrò lo scontro di Capo Passero del 12 ottobre 1940, in cui furono affondate, dagli incrociatori incrociatori britannici *Ajax* e *York*, le due torpediniere *Ariel* e *Airone* e il cacciatorpediniere *Artigliere*.

Nell'azione di sostegno alle unità italiane, la 3ª Divisione Incrociatori, salpata da Messina, fu bombardata per errore di riconoscimento da una formazione di dieci velivoli S.79 del 34° Stormo decollata dall'aeroporto di Catania, il cui comandante, tenente colonnello Renato Poli, fu subito esonerato dal comando.

Ma avvenne ancora di peggio nella notte dell'11 novembre, quando essendo stata finalmente programmata per l'indomani un'azione offensiva contro la baia di Suda, che doveva in qualche modo servire a risollevare il prestigio delle Armi italiane, praticamente umiliate dai greci che avevano trasformato in rotta la sconsiderata offensiva scatenata da Mussolini sul fronte dell'Epiro con forze insufficienti, fu lasciata per più giorni libertà di movimento alla flotta britannica.

La *Mediterranean Fleet*, dopo essere stata rinforzata da una corazzata (*Barham*) e da due grossi incrociatori (*Berwick* e *Glasgow*) provenienti da Gibilterra che avevano attraversato tranquillamente il Canale di Sicilia, impiegando gli aereosiluranti Swordfish decollati dalla portaerei *Illustrious* al largo di Cefalonia, inflissero una dura sconfitta alla flotta italiana, riunita quasi al completo nel porto di Taranto, immobilizzando per sei mesi le corazzate *Littorio* (colpita da tre siluri) e *Caio Duilio*, e per sempre la *Conte di Cavour*.

La portaerei britannica *Illustrious* nel 1940. La notte dell'11 novembre 21 velivoli Swordfish decollarono in due ondate al largo dell'Isola di Cefalonia, e attaccarono le navi della 1ª e della 2ª Squadra Navale italiana, che riunite nel porto di Taranto l'indomani avrebbero dovuto partire per un bombardamento della Baia di Suda, da realizzare con tre incrociatori pesanti della 1ª Divisione Navale (*Zara*, *Fiume* e *Gorizia*), mentre le altre navi sarebbero rimaste al largo pronte ad intertvenire nel caso di un intervento della Mediterranean Fleet. L'attacco degli Swordfish conseguì un grandissimi successo tattico e strategico, colpendo con tre siluri la corazzata *Littorio*, e con un siluro la *Caio Duilio* e la *Conte di Cavour*. Le tre navi da battaglia riportarono danni gravissimi. La *Littorio* e la *Duilio* ripararono i danni in sei mese, mentre *Cavour*, nonostante i lavori che prevedevano una sua modernizzazione, soprattutto riguardo all'armamento contraereo con cannoni più moderni e di maggiore calibro fu catturata dai tedeschi, all'armistizio dell'Italia dell'8 settembre 1943, e sospesi i lavori non poté mai più riprendere il mare.

Le condizioni di affondamento della corazzata *Conte di Cavour* quando spuntò l'alba del 12 novembre 1940.

La *Littorio* in riparazione nell'arsenale di Taranto. Notare come la corazzata abbia una copertura mimetizzata per nasconderla il più possibile all'avvistamento aereo nemico.

In tal modo la Regia Marina, andando incontro a danni che si volevano evitare col mantenere un comportamento offensivo dal carattere rinunciatario, pagò anche le incertezze di carattere operativo mantenute nella fase preparatoria di un progettato sbarco dell'esercito a Corfu, che avrebbe dovuto realizzarsi il 28 ottobre contemporaneamente all'inizio delle operazioni contro la Grecia.

Questa impresa, che avrebbe dovuto impegnare la divisione dell'Esercito "Bari", poi dirottata urgentemente in Albania per tamponare la controffensiva ellenica, fu nettamente avversata dall'ammiraglio Cavagnari e dal suo vice ammiraglio Somigli. Entrambi non approfittarono del momento favorevole per attuarla, dapprima per le sfavorevoli condizioni del mare che rendevano problematico lo sbarco e poi, quando la situazione meteorologica migliorò, per evitare un possibile scontro con la Mediterranean Fleet, che risultava in mare con tre corazzate salpate da Alessandria e segnalate dalla ricognizione aerea italiana nelle acque di Creta.

Nelle condizioni strategiche sfavorevoli seguite al disastro di Taranto, che lasciava il grosso della flotta a disporre soltanto di tre corazzate efficienti (*Vittorio Veneto*, *Doria* e *Cesare*), nel frattempo spostate a Napoli per tenerle lontane dal raggio di azione degli aerei delle portaerei britanniche, ogni altra discussione per imporre alla Marina di assumersi la responsabilità di appoggiare altre operazioni anfibie desiderate dall'Esercito nelle isole Ioniche della Grecia occidentale, e soprattutto di un corpo di spedizione di tre divisioni a Prevesa, per prendere alle spalle il fronte albanese, era logicamente destinato a fallire.

Infatti, avendo ricevuto dal Comando Supremo l'ordine di Mussolini di riprendere gli studi per l'invasione di Corfu, l'ammiraglio Cavagnari fece notare di essere impegnato a rifornire con tutte le navi disponibili il fronte albanese, ed affermò non essere realizzabili operazioni di sbarco in grande stile, per le quali fossero poi necessari prolungati rifornimenti via mare per la minaccia della flotta britannica.

L'ammiraglio Odoardo Somigli, vice di Cavagnari, fu ancora più esplicito, sostenendo che nelle condizioni in cui si trovava la Marina non era possibile conservare "*il dominio dello Jonio contro la prevalente flotta britannica*", la quale, occupando la Baia di Suda, si trovava ormai basata a brevissima distanza di attacco dal Canale d'Otranto, e quindi in grado di intercettare facilmente i convogli italiani che lo percorrevano diretti in Albania. Ed in effetti, la notte dell'attacco a Taranto, l'11 novembre. un convoglio di quattro piroscafi (*Locatelli*, *Premuda*, *Capo Vado* e *Catalani*) salpato da Valona per Brindisi con debole scorta (torpediniera *Fabrizzi* e incrociatore ausiliario *Ramb III*) era stato distrutto dagli incrociatori britannici della 7ª Divisione, *Orion*, *Ajax, Sydney*, e dai due grossi cacciatorpediniere di squadra *Nubian* e *Mohawk*.

L'Antonio Locatelli, uno dei quattro piroscafi del convoglio distrutto daglle unità navali britanniche

Coraggiosamente si comportò il comandante della torpediniera *Fabrizzi*, tenente di vascello Giovanni barbini, che per proteggere il convoglio andò all'attacco degli incrociatori britannici fino a portarsi alla distanza di lancio dei siluri.

Di fronte ad un simile spauracchio, che avrebbe reso insostenibile il fronte terrestre dell'Epiro, il 3 dicembre il Duce ordinò al Comando Supremo di sospendere lo sbarco a Corfu in attesa che una situazione più favorevole in Albania avesse permesso l'impiego dei necessari piroscafi.

Nel frattempo, nella seconda metà di novembre, volendo saggiamente evitare il confronto con la Mediterranean Fleet, la quale disponendo di quattro corazzate e di due navi portaerei era praticamente padrona del Mediterraneo centro-orientale, le uniche possibilità d'azione della Regia Marina risultavano rivolte ad occidente, ove operava la Forza H di Gibilterra, il cui potenziale offensivo, limitato ad un incrociatore da battaglie (*Renown*), ad una portaerei (*Ark Royal*) e a tre incrociatori, era nettamente inferiore a quello disponibile nella flotta italiana concentrata a Napoli.

Visita del Principe Umberto di Savoia alla corazzata Littorio, accolto dagli ammiragli Angelo Iachino (a destra) e Carlo Bergamini (al centro), rispettivamente comandante e vice comandante della Squadra Navale.

Il Duce incoraggiò l'attività della Marina ad attaccare il traffico britannico nel Mediterraneo con direttiva trasmessa dal Comando Supremo il 24 novembre. Pertanto, quando il giorno 26 fu accertato che la Forza H stava muovendo verso occidente per svolgere un'operazione dagli scopi non ancora definiti, ma che riguardava la scorta di un convoglio proveniente dall'Inghilterra e diretto a Malta, le corazzate *Vittorio Veneto* e *Cesare* e sei incrociatori pesanti salparono da Napoli, per cercare di sfruttare l'occasione favorevole. L'indomani 27, muovendo a sud di Capo Teulada, all'estremità sud-occidentale della Sardegna, le navi italiane si trovarono impegnate in combattimento con le unità britanniche, le quali nel frattempo erano state raggiunte da un'altra corazzata (*Ramillies*) e da due incrociatori partiti da Alessandria, che erano transitati nella notte per il Canale di Sicilia valendosi dell'appoggio inizialmente fornito dalla Mediterranean Fleet.

L'ammirglio Campioni, Comandante Superiore in Mare della flotta italiana, a cui Supermarina aveva dato ordine categorico di impegnarsi soltanto se vi fossero state condizioni veramente vantaggiose, non ritenne consigliabile affrontare il rischio di sostenere un combattimento alla pari, che avrebbe potuto comportare perdite di natura in quel momento inaccettabili. Pertanto preferì disimpegnarsi, proprio mentre il nemico, con l'incrociatore da battaglia *Renown*, la corazzata *Ramillies* e cinque incrociatori, entrava in contatto con i sei incrociatori della 2ª Squadra, che precedevano le navi da battaglia della 1ª Squadra, le quali intervennero soltanto nell'ultima fase del combattimento, aprendo brevemente il fuoco con la torre poppiera della *Vittorio Veneto*, quando la situazione delle unità dell'ammiraglio Iachino si stava facendo molto pericolosa.

Esercitazione a fuoco della corazzata italiana *Vittorio Veneto*. Sparano i cannoni da 381 e 152 mm.

Il fatto che la flotta italiana avesse combattuto mostrando la poppa al nemico, fu polemizzato acerbamente dalla propaganda britannica, e Mussolini a cui era stato detto che, in definitiva, il combattimento di Capo Teulada si era risolto in modo soddisfacente, tanto che gli equipaggi delle due Squadre navali furono apertamente elogiati da Cavagnari, non ne restò certamente molto contento. [8]

Sebbene egli continuasse a desiderare dalla Marina un comportamento più aggressivo, convincere Cavagnari a rinunciare alla statica linea di condotta imposta alla flotta era un'impresa difficile. Il suo pensiero, espresso in un promemoria datato 2 dicembre 1940, non lasciava alcun margine ad un atteggiamento più accondiscendente ai voleri del Duce. Di fronte all'offensiva della flotta britannica che esercitava il pieno controllo del Mediterraneo, considerando che il naviglio assegnato alla protezione dei convogli per la Libia era ridotto al minimo per la necessità di assicurare i trasporti con l'Albania, e che l'attacco inglese a Taranto aveva temporaneamente variato "*in maniera sensibile i rapporti di potenza tra la flotta italiana e quella britannica*", Cavagnari affermò che in tali condizioni la Marina non poteva effettuare le operazioni di sbarco sulle coste greche sollecitate dall'Esercito.

---

[8] Francesco Mattesini, *La battaglia di Capo Teulada*", Ufficio Storico della Marina Militare, Roma, 2000; Francesco Mattesini, *La battaglia di Capo Teulada 27 Novembre 1940, Il deludente combattimento che portò al cambio dei comandanti della Regia Marina e della Squadra Navale*, RiStampa Edizioni, Santa Ruffina di Cittaducale (RI), 2023.

5) L'avvicendamento ai vertici della Regia Marina e la fine della guerra parallela – La difesa del Canale d'Otranto.

All'indomani della battaglia di Capo Teulada, il Capo di Stato Maggiore della Marina aveva fatto presente al Comando Supremo che l'attività navale del nemico contribuiva a limitare seriamente i movimenti delle forze navali nazionali, e creava numerose interruzioni del traffico di rifornimento alla Libia e nel trasporto di minerali dalla Tunisia, minacciando di bloccarli quasi per intero. Per impedire che ciò avvenisse Cavagnari chiedeva di incrementare il servizio di ricognizione, necessario per tenere sotto controllo la flotta britannica, mediante cessione di trentasei idrovolanti Cant Z. 506 alla Ricognizione Marittima, nonché di velivoli terrestri veloci e bene armati, assolutamente inesistenti in Italia, come fece notare il Capo di Stato Maggiore della Regia Aeronautica, generale Francesco Pricolo, informato dei desideri del suo collega della Marina.

Prima che questa lettera arrivasse a Cavagnari si era verificato il cambio della guardia ai vertici della Regia Marina. Le opposizioni dell'ammiraglio, ma soprattutto il comportamento imposto alla flotta nella battaglia di Capo Teulada, convinsero il Duce a sostituirlo con l'ammiraglio Arturo Riccardi, che fino a quel momento aveva guidato il Comando Difesa Traffico (Maricotraf).

Fu anche sostituito l'ammiraglio Odoardo Somigli, che lasciò la carica di Sottocapo di Stato Maggiore all'ammiraglio Inigo Campioni. Quest'ultimo fu a sua volta rimpiazzato nel Comando Superiore in Mare della flotta dall'ammiraglio Angelo Iachino, le cui navi, su disposizione di Supermarina, furono riunite sotto un unico Comando Squadra.

La sostituzione ai vertici della Marina, che seguiva a pochi giorni di distanza quella del maresciallo Pietro Badoglio per contrasti con Mussolini seguiti allo sfavorevole inizio della campagna di Grecia, precedette di pochi giorni un nuovo disastro in cui incorsero le Forze Armate del Regno, questa volta in Egitto.

L'eventuale conquista del Canale di Suez, che avrebbe consentito agli italiani di colpire nel punto più sensibile l'Impero Britannico, era stata pianificata fin dal mese di luglio, ma l'operazione, condotta inizialmente, tra indecisioni e molteplici polemiche, artefici principali Mussolini e i maresciallo Badoglio e Graziani, si era arenata nella seconda metà di settembre a Sidi el Barrani, poco oltre il confine della Libia, in attesa delle condizioni favorevoli per un ulteriore balzo in avanti, tendente all'occupazione di Alessandria.

Ciò aveva comportato di incrementare notevolmente i trasporti marittimi, ed era stata creata una organizzazione più adeguata per favorire lo sbarco dei rifornimenti, nei porti di Tripoli e di Bengasi, che erano alle dipendenze dall'intendenza dell'Esercito.

Il balzo in avanti verso Alessandria, però inizialmente limitato fino a Marsa Matruch, sollecitato anche dai tedeschi che avevano offerto l'impiego della loro 3ª divisione corazzata, il cui trasporto in Libia era stato discusso con gli ufficiali della Regia Marina, era stato rifiutato dal Duce su parere di Badoglio. Fu invece deciso di accettare l'appoggio di reparti di bombardieri in picchiata e di velivoli minatori della *Luftwaffe*, per battere la base navale di Alessandria e insidiare il Canale di Suez, una volta che gli italiani fossero arrivati a Marsa Matruh.

Ciò non si verificò, dal momento che il 10 dicembre 1940 il 13° Corpo d'Armata britannico del generale Richard O'Connor, che inizialmente era equipaggiato con circa 31.000 uomini, 275 carri armati, 60 autoblindo e 120 cannoni, travolse i 70.000 uomini di prima linea del maresciallo Rodolfo Graziani, insufficientemente armati e quasi privi di mezzi di trasporto, costringendoli ad una rovinosa ritirata verso Bardia e Tobruch, che furono occupate entro dicembre. Le operazioni si conclusero a metà febbraio 1941, con l'aggiramento della

10ª Armata italiana a Beda Fom, al confine con la Tripolitanea. Nel ciclo operativo, caddero nelle mani dei britannici 130.000 prigionieri italiani, un ingenti quantità di materiale bellico italiano, tra cui moltissimi carri armati M.11 e M.13 intatti, che furono ceduti agli australiani e che furono da essi impiegati nei combattimenti.

Carro armato britannico Matilda del 7° Reggimento Corazzato avanza nel deserto della Cirenaica, il 17 dicembre 1940. Il carro pesava 26 tonnellate ed era armato con un cannone da 40 mm. I carri italiani M.11, allora in linea in Norsd Africa, pesavano 11 tonnellate, avevano una corazza molto leggera, e il loro cannone era quello da 36 mm.

All'indomani dell'inizio di questo disastro il nuovo Sottosegretario di Stato e Capo di Stato Maggiore della Regia Marina, ammiraglio Arturo Riccardi, dovette affrontare la realtà della situazione esistente nel Mediterraneo consultando un promemoria preparato da Supermarina. In esso si esprimevano giudizi particolarmente pessimistici sulle possibilità di poter operare con le navi della Squadra lontano dalle coste metropolitane o tentare di poter impegnare in un combattimento la flotta inglese *"in condizioni favorevoli"*; anche perché un eventuale *"insuccesso delle Forze Navali italiane"* avrebbe comportato *"le più gravi ripercussioni delle fronti operative terrestri di oltremare"*, che correvano il rischio di essere tagliate fuori dalla Madre Patria.

D'altre parte, considerando che da parte italiana non esistevano *"obiettivi strategici per operazioni parziali"*, e che da un eventuale successo sulla flotta britannica, che avrebbe consentito *"ripercussioni morali enormi"*, non sarebbero stati conseguiti effetti materiali altrettanto confortanti per la possibilità che aveva il nemico di rimpiazzare le perdite, Supermarina suggeriva di attenersi ancora una volta ad un comportamento di grande prudenza. Ne conseguì, tra l'altro, l'annullamento di un progetto di missione offensiva concernente il bombardamento terrestre di obiettivi della costa greco-occidentale, da affidare all'8ª Divisione incrociatori (*Garibaldi* e *Abruzzi*) che, secondo i due ordini di operazione diramati il 14 dicembre, avrebbero dovuto operare con il sostegno del grosso della squadra navale, rientrato dal Tirreno e comprendente le corazzate della 5ª Divisione (*Cesare* e *Doria*) e gli incrociatori pesanti della 1ª e della 3ª Divisione.

***

Lo stato di disagio in cui si dibattevano gli italiani finì per allarmare seriamente i comandi tedeschi a Berlino, che ritennero urgente richiedere spiegazioni al maresciallo Badoglio. Questi, il 15-16 novembre 1940 si incontrò ad Innsbruck con il Comandante della *Whermatch*, feldmaresciallo Keitel, per discutere di tutta la sfavorevole situazione venuta a crearsi nel Mediterraneo e sul fronte dell'Epiro ma, per ordine di Mussolini, il Capo di Stato Maggiore Generale delle Forze Armate italiane non chiese nessun aiuto. Successivamente, il 20 novembre, Hitler prese l'iniziativa di offrire il suo appoggio armato a Mussolini, sotto forma di reparti aerei. In seguito a ciò il 6 dicembre furono concordati a Roma, tra i rappresentanti della *Luftwaffe* e di Superaereo, le modalità per far affluire in Sicilia X Fliegerkorps (X C.A.T.); unità specializzata nella guerra sul mare, i cui compiti operativi, da svolgere contro Malta, da cui partivano le incursioni della R.A.F. contro i porti italiani, e contro la flotta britannica, la cui attività nel Mediterraneo sembrava incontenibile, furono discussi a Roma, presso Superaereo, il 2 dicembre con l'Ispettore della Luftwaffe, feldmaresciallo Erhard Milk, e poi fissati dal generale Pricolo con direttiva del 27 dicembre.

Parallelamente alla decisione di Hitler di aiutare l'Italia con forze aeree, le cui direttive furono fissate dallo stesso Führer il 10 dicembre, alla fine di novembre anche l'OKM (Oberkommando der Marine), il Comando della Marina germanica (Kriegsmarine), che aveva esposto con promemoria la propria preoccupazione per la sfavorevole situazione strategica verificatasi in Mediterraneo, ritenne fosse arrivato il momento di intavolare discussioni con la Regia Marina che portassero ad una maggiore collaborazione in comune. Fu pertanto richiesto un incontro chiarificatore all'ammiraglio Cavagnari, il quale accondiscese il 4 dicembre, concordando con il grande ammiraglio Erich Raeder quale località dei colloqui Merano.

Furono preparati dei promemoria indicativi che dovevano servire di base per le discussioni e per le richieste della Marina italiana, concernenti scambi di valutazioni sulla situazione bellica e sui piani operativi, e il coordinamento delle operazioni in Atlantico e in Mediterraneo. Ma l'incontro fu poi rimandato ad altra occasione, a causa dell'avvicendamento ai vertici della Regia Marina, che consigliò il Comandante in Capo della Marina tedesca a dare all'ammiraglio Riccardi il tempo necessario per impadronirsi dei suoi compiti di Capo di Stato Maggiore.

Successivamente, il 27 dicembre, in un rapporto a Hitler il grande ammiraglio Raeder affermò allarmato che nel Mediterraneo gli inglesi erano ovunque all'offensiva, e che stavano acquistando posizioni di grande importanza strategica, guadagnando inoltre notevole prestigio. Il Führer, nei cui piani strategici vi era incluso l'intendimento di occupare Gibilterra (Operazione "Felix") per estromettere la flotta inglese dal Mediterraneo occidentale, che non si concretò per l'opposizione della Spagna ad essere trascinata in guerra, rispose al Capo della Kriegsmarine che occorreva fare qualcosa di concreto per aiutare l'alleato; ed in effetti dette ordine di studiare l'invio di truppe tedesche in Libia, che poi, dopo accordi con il Comando Supremo italiano, sarebbero affluite a Tripoli a partire dall'inizio di febbraio del 1941.

Nello stesso tempo, Hitler accolse le richieste di aiuto di Mussolini per sostenere il fronte dell'Albania, ove gli italiani combattevano con la forza della disperazione per non essere travolti dai greci che minacciavano di conquistare il porto di Valona. Pertanto, in previsione di un'offensiva tedesca contro la Grecia preparata per la primavera del 1941, egli cominciò a fare affluire truppe in Bulgaria, che nel frattempo dovevano servire da deterrente per costringere l'esercito ellenico ad allontanare parte delle proprie forze dall'Epiro per guarnire la frontiera della Macedonia.

Da parte italiana, di fronte alle sollecitazioni di Mussolini che premeva sul Comando Supremo per rendere sicure le rotte di rifornimento con Valona, il cui porto era stato bombardato nella notte sul 19 dicembre da due corazzate della Mediterranean Fleet (*Warspite* e *Valiant*), il giorno 27 del mese il generale Guzzoni, dopo una riunione tenuta al Ministero della Guerra, presenti i capi delle Forze Armate, diramava una direttiva agli Stati Maggiori; con essa si chiedeva alla Regia Marina di occuparsi, in ordine di precedenza su ogni altra esigenza operativa, della difesa dell'Albania, da realizzare in stretta collaborazione con l'Aeronautica. Occorreva sorvegliare il Canale d'Otranto con crociere di vigilanza espletate da due divisioni di incrociatori (7ª e 8ª), con l'incremento degli sbarramenti minati e dei sommergibili in mare, e rafforzare l'attività della ricognizione marittima.

Nessun accenno veniva fatto all'impiego delle tre corazzate efficienti della Squadra Navale (*Vittorio Venerto*, *Andrea Doria*, *Giulio Cesare*) che si trovavano dislocate nel Tirreno, il cui eventuale intervento era da considerare rischioso e nel contempo scarsamente efficace, in considerazione del fatto, come si espresse Supermarina nel suo promemoria del 30 dicembre che, dopo l'esperianza di Capo Teulada, *"era venuta a mancare la possibilità di affrontare con superiorità di forze l'una o l'altra delle due flotte britanniche"*.

Adolf Hitler con il Capo della Marina germanica Erich Raeder.

La Marina si trovava in effetti in una situazione molto delicata, dal momento che gli era ormai impossibile di esercitare la difesa del dispositivo del Canale di Sicilia, perché gran parte delle siluranti erano state assegnate alla difesa del traffico. Nel contempo era venuta a mancare perfino la possibilità di controllare ed attaccare dal cielo i movimenti delle navi nemiche, per la grave diminuzione della Ricognizione marittima, determinata dalle forti perdite subite, e per il fatto che gran parte dei reparti da bombardamento della Regia Aeronautica erano stati sottratti all'appoggio delle operazioni navali, per essere assegnati ai fronti terrestri che apparivano sempre più pericolanti.

In questa situazione veramente tragica il generale Guzzoni aveva invitato Supermarina e Superaereo ad appianare le loro divergenze sui problemi concernenti l'incremento dei velivoli richiesti per le esigenze della Ricognizione Marittima, e dal momento che la questione era veramente di difficile soluzione, salomonicamente chiese alle due parti di concordarla con i mezzi disponibili.

Il Sottocapo di Stato Maggiore Generale dovette anche affrontare la spinosa questione della insufficiente collaborazione aero-navale, nuovamente emersa dopo la battaglia di Capo Teulada, e nella quale Marina e Aeronautica, ciascuna difendendo il proprio operato, si scambiarono accuse di colpe e responsabilità.

Mitragliere Breda da 37 mm dell'armamento contraereo della corazzata *Littorio* durante una visita del Capo del Comando Supremo, generale Ugo Cavallero, che alla sua destra e alla sua sinistra i di Capi di Stato Maggiore della Marina e dell'Aeronautica, ammiraglio Arturo Riccardi e generale Francesco Pricolo.

6) *L'attività dei sommergibili e del naviglio leggero*

Alle difficoltà in cui erano costretti ad operare le navi della flotta italiana si aggiunsero, purtroppo, anche gli insuccessi dei sommergibili. Nel corso dell'estate erano stati dati ordini operativi non sempre adeguati per agire in settori in cui il traffico britannico, dopo la resa della Francia, era divenuto molto scarso, in certe zone assolutamente inesistente. Infatti, nel maggio 1940, prima ancora che l'Italia entrasse in guerra, la Gran Bretagna aveva abbandonato le rotte del Mediterraneo dirette al Canale di Suez, dirottando tutta la navigazione commerciale e gli approvvigionamenti militari destinati al Medio e all'Estremo Oriente per la più lunga ma più sicura rotta del Capo di Buona Speranza, compiendo praticamente la circumnavigazione dell'Africa.

In queste condizioni, fin dai primi di luglio 1940 Supermarina si era resa conto che l'attività dei molti sommergibili operanti nel Mediterraneo sarebbe stata vanificata, anche perché gli unici bersagli rimasti erano costituiti da scarsi convogli fortemente scortati, e dalle maggiori navi da guerra che si muovevano sempre adeguatamente protette da cacciatorpediniere. Pertanto per i sommergibili l'attacco risultava sempre di dubbio effetto e molto pericoloso, essendo le navi scorta britanniche dotate di apparati di rilevamento per l'epoca molto sofisticati, gli "Asdic".

Ne conseguì che fu necessario rivolgersi alla Germania, che aveva occupato tutti i porti della Francia settentrionale, allo scopo di poter creare una base Atlantica che potesse permettere ai sommergibili italiani di operare contro l'intenso traffico commerciale e militare che percorreva l'oceano. In seguito ad accordi sviluppati con il contrammiraglio Eberhard Weichold, Ufficiale di Collegamento dell'Alto Comando della Marina Germanica presso Supermarina e dopo l'approvazione del Führer, fu concessa la disponibilità del porto di Bordeaux. Da esso, nei tre anni successivi, un totale di trentadue sommergibili a disposizione del Comando Forze Subacquee italiane in Atlantico ("Betasom") avrebbero condotto la guerra oceanica contro la Gran Bretagna e le nazioni alleate, spingendosi a nord vicino all'Islanda, ad ovest nei Caraibi e lungo le coste brasiliane, a sud, passando lungo le coste dell'Africa occidentale, fino all'altezza di Durban nell'Oceano Indiano, ottenendo risultati considerevoli, costituiti dall'affondamento di 109 navi mercantili per 605.369 tsl. e dal siluramento di altre quattro navi mercantili per 32.205 tsl.; successi che furono pagati con la perdita di sedici sommergibili.[9]

Il sommergibile oceanico *Leonardo da Vinci*, prima delle modifiche realizzate dopo l'arrivo a Bordeaux, nella base di "Betasom". Fu l'unità subacquea italiana operante nell'Oceano Atlantico ad ottenere i maggiori successi: 17 navi mercantili affondate, per 120.243 tsl, sei delle quali nell'ultima missione per 58.973 tsl., spingendosi nell'Oceano Indiano, dove affondò 4 pirscafi. Fu affondato mentre rientrava a Bordeaux da due unità britanniche di scorta ad un convoglio ad est delle Isole Azzorre, il cacciatorpediniere *Active* e la fregata *Ness*.

---

[9] Francesco Mattesini, *Betasom - La guerra negli Oceani (1940-1943)*, Ufficio Storico della Marina Militare, Roma, prima edizione 1993, seconda edizione (riveduta e ampliata), 2003.

A differenza dell'Atlantico, ove effettuando praticamente la guerra di corsa i sommergibili operavano quasi sempre in superficie e potevano pertanto sfruttare la loro velocità per inseguire i bersagli avvistati, nel Mediterraneo le condizioni di attacco risultavano per le unità subacquee assai scarse e difficili; e questo non soltanto perché avevano poche possibilità di movimento, essendo costretti a restare di giorno quasi costantemente in immersione per evitare di farsi avvistare dagli aerei nemici o di essere localizzati dalle unità adibite alla caccia antisomm, ma anche perché i loro settori operativi, situati a sud-ovest della Sardegna, negli approcci del Canale di Sicilia, intorno a Malta e tra la costa di Creta e quella Egiziana, ricalcavano sempre più o meno gli stessi schemi di sbarramento ed erano pertanto prevedibili alla vigilanza del nemico.

Ne risultarono perdite elevate a cui fecero riscontro successi modesti limitati, fino alla fine di ottobre del 1940, all'affondamento di due incrociatori, il britannico *Calypso* (dall'*Attilio Bagnolini*) e il neutrale greco *Elli* (silurato dal *Delfino*), al cacciatorpediniere *Escort,* al sommergibile *Triad* e a cinque navi mercantili – tre piroscafi e due petroliere – nessuna delle quali britanniche.

L'incrociatore britannico *Calypso*, **affondato il 12 giugno 1940 a sud di Creta dal sommergibile italiano** *Attilio Bagnolini*, **ripreso in navigazione dall'alto.**

Le lacune degli scarsi successi erano principalmente dovute alla mancanza di norme adeguate alla guerra subacquea mediterranea, ma anche da insufficienze costruttive, dal momento che i sommergibili disponevano di scarsissima rapidità di immersione, bassa velocità in quota, apparati di rilevamento e di lancio insufficienti, sovrastrutture vistosissime in superficie, che rendevano il sommergibile facilmente localizzabile anche di notte, e quindi particolarmente vulnerabile.

Per adeguare i sistemi di impiego, che portassero a migliorare la situazione operativa delle unità subacquee, all'inizio dell'autunno il Comando in Capo della Squadra Sommergibili (Maricosom) compilò le "*Norme per la condotta della guerra al traffico*" e successivamente le "*Direttive per la condotta della guerra per i sommergibili nel Mediterraneo*", che sarebbero state approvate da Supermarina il 30 ottobre e il 10 novembre.

Ma esse non sarebbero però servite a migliorare la situazione, dal momento che fino al termine dell'anno i sommergibili, continuando a riportare sensibili perdite, sarebbero andati a segno una sola volta con il *Neghelli* (capitano di corvetta Carlo Ferracuti), che la sera del 13 dicembre, operando a nord di Marsa Matruh, silurò e danneggiò gravemente l'incrociatore britannico *Coventry*.

Nel frattempo si era verificato il cambio della guardia al vertice della Regia Marina, e l'ammiraglio di squadra Mario Falangola, Comandante in Capo della Squadra Sommergibili (Maricosom), di fronte alle istruzioni ricevute di aumentare la vigilanza a sud del Canale d'Otranto, attraverso il quale transitavano i rifornimenti per l'Albania che potevano essere attaccati da navi britanniche, il 25 dicembre presentò un promemoria all'ammiraglio Riccardi, in cui portava a conoscenza le molte carenze organiche della propria Arma. Egli affermò di essere ridotto a disporre in Mediterraneo di sessantasei sommergibili, dei quali, tolti quelli più vecchi e meno efficienti e quelli assegnati all'addestramento, al trasporto dei rifornimenti in Egeo, e ad altri compiti sussidiari, ne rimanevano disponibili per missioni belliche soltanto quarantasei, con i quali non era possibili espletare tutti i compiti operativi richiesti, soprattutto nelle zone che Supermarina aveva indicato di importanza preminente: Canale d'Otranto, tra Derna e Sollum, a levante di Malta, nel Canale di Sicilia, e a sud-ovest della Sardegna.

L'incrociatore contraereo britannico *Coventry* che la sera del 13 dicembre 1940 ebbe asportata la prora da uno dei quattro siluri lanciati dal sommergibile *Neghelli*.

Pertanto l'ammiraglio Falangola suggerì di limitare il numero degli agguati per impedire un eccessivo logorio dei battelli e nel contempo, per sottrarli all'offesa, proponeva di allontanarli dalle coste in cui agiva il nemico, perché la vigilanza aerea da questi esercitata senza alcun contrasto rendeva quelle acque particolarmente pericolose; proposta che Supermarina, per istruzioni ricevute dal Comando Supremo, il 29 dicembre accolse solo in parte. Quello stesso giorno 29, nel diramare l'*Ordine Generale di Operazioni n° 36*, l'Organo Operativo dell'Alto Comando Navale confermava che i compiti affidati ai sommergibili erano quelli della difesa del traffico Italia – Albania, di ostacolare il passaggio delle navi avversarie nel Canale di Sicilia, e di insidiare le unità britanniche operanti lungo le coste della Cirenaica.

Anche la specialità dei mezzi d'assalto trasportati da sommergibili, sui quali la Regia Marina faceva grande affidamento per menomare la flotta britannica, non ebbe fortuna. Le tre spedizioni organizzate in agosto e settembre per il forzamento delle basi di Gibilterra e di

Alessandria andarono infatti incontro al fallimento, conclusosi con l'affondamento di due delle tre unità subacquee impiegate per il trasporto dei siluri a lenta corsa "S.L.C", i famosi maiali, e dei loro operatori.

Infine, non si può concludere questa esposizione senza accennare all'attività del naviglio leggero e sottile di superficie – cacciatorpediniere, torpediniere e Mas – intensamente impiegato per la protezione del traffico marittimo, per missioni di agguato, soprattutto nel Canale di Sicilia e nelle acque di Malta e per le attività offensive concernenti alcuni bombardamenti costieri, che realizzati dagli incrociatori leggeri della 7ª e 8ª Divisione Navale e da alcuni cacciatorpediniere, furono limitati alla zona di confine fra la Cirenaica e l'Egitto e a quella del fronte greco-albanese.

Fin dall'inizio della guerra, nel giugno 1940, il Comandante delle Forze Armate dell'Africa Settentrionale, maresciallo Italo balbo, aveva sollecitato il Comando Supremo a rispondere all'attività della flotta britannica lungo le coste della Cirenaica e dai bombardamenti costieri condotti dalle navi nemiche contro le postazioni litoranee italiane, con altrettanta attività aggressiva. Il maresciallo Badoglio, tenendo contro dell'inferiorità della flotta italiana, allora limitata a disporre di due sole corazzate in servizio, rifiutò di prendere in considerazione puntate offensive sulle coste egiziane. Anche un progetto di bombardamento contro Sollum, elaborato da Supermarina e da affidare a due incrociatori leggeri della 2ª Divisione Navale (*Giovanni delle Bande Nere* e *Bartolomeo Colleoni*), che si trovavano a Tripoli, fu ritenuto troppo pericoloso e pertanto cancellato; così come non entrò in attuazione un'altra simile operazione studiata in settembre, da svolgere con gli incrociatori in concomitanza con l'offensiva dell'Esercito verso Sidi el Barrani.

Di bombardamenti navali contro obiettivi costieri non si parlò più fino alla fine di ottobre quando ebbe inizio la campagna di Grecia, il cui andamento sfavorevole costrinse la Marina ad appoggiare l'Esercito con lo scarso naviglio leggero a disposizione nei porti dell'Albania e delle Puglie. Si trattò pur sempre di azioni molto modeste, limitate entro l'anno a sei bombardamenti espletati da una ventina di unità tra cui i due incrociatori della 7ª Divisione Navale *Eugenio di Savoia* e *Montecuccoli,* che il 25 dicembre presero a bersaglio la località di Lucova. Come risulta da un promemoria compilato da Supermarina il 25 dicembre fu però sconsigliato di estendere l'offesa a Porto Edda, sulla costa albanese meridionale caduta in mano al nemico e ove affluivano i rifornimenti greci destinati in prima linea, per il timore che la zona fosse stata nel frattempo minata.

Altrettanto simile, per la povertà dei mezzi disponibili in Libia quasi tutti assorbiti nella protezione del traffico marittimo che affluiva dall'Italia, fu la situazione che si venne a creare in Cirenaica, investita dall'offensiva britannica.

Il 25 dicembre, dopo aver sollecitato il Comando Supremo ad interessare la Marina affinché contribuisse, con *"tutte le possibili azioni repressive"*, ad attaccare le unità britanniche che stavano minacciando la piazzaforte di Bardia, il maresciallo Rodolfo Graziani elogiò in un telegramma l'opera dell'Aeronautica, in sostegno all'Esercito senza accennare minimamente al contributo fornito dalle unità navali, sollevando con ciò le risentite proteste di Supermarina. Questa, con promemoria inviato al Comando Supremo, mise in risalto il contributo dato dalle unità insidiosi e leggere operanti nel settore tra cui era da includere: il continuo rifornimento dei porti orientali della Cirenaica con naviglio di cabotaggio e motovelieri che aveva comportato la perdita di due torpediniere per mine posate da un sommergibile britannico; il siluramento di un incrociatore (*Coventry*) da parte del sommergibile *Neghelli*; la posa di uno sbarramento di mine a difesa del porto di Bardia e il bombardamento di Marsa Luch espletati dalla torpediniere *Procione*; il fallito attacco ad un monitore (*Terror*) da parte del *Mas 548*; l'appoggio fornito all'Esercito e all'Aeronautica dal personale della Marina in ogni occasione.

Sebbene Supermarina avesse richiesto al Comando Supremo di spendere "*una parola di riconoscimento per l'opera svolta dal personale della Marina*", che potesse servire "*ad esaltarne ancor più lo spirito combattivo*" il maresciallo Graziani, di fronte all'evidenza del modesto appoggio fornito dalle unità navali, rifiutò di concedere questa piccola soddisfazione, dandone una risposta molto evasiva.

7) Conclusioni sull'attività della Regia Marina nel 1940

Alla fine del 1940 la Marina italiana si trovava in una situazione organica alquanto sfavorevole, avendo temporaneamente danneggiate, e quindi fuori servizio per lunghi lavori, tre corazzate e l'incrociatore pesante *Pola,* che era stato gravemente colpito il 14 dicembre a Napoli da una bomba, nel corso di un'incursione condotta da velivoli della R.A.F. decollati da Malta.

Il conto delle perdite subite durante l'anno può essere desunto da un promemoria di Supermarina, datato 6 dicembre 1940 e dall'oggetto "*Esame della situazione marittima sull'attuale fase del conflitto*". In esso si affermava che fino a quel momento erano stati affondati un incrociatore nove cacciatorpediniere, cinque torpediniere, diciassette sommergibili e nove unità minori ed ausiliarie – a cui si aggiungevano ottantadue navi mercantili dai piroscafi alle navi da pesca – per rimpiazzare le quali sarebbero occorsi mesi ed anche anni attingendo alle nuove costruzioni, che comprendevano: due corazzate (*Roma* e *Impero*), cinque incrociatori leggeri della classe "Capitani Romani", cinque cacciatorpediniere della classe "Soldati", dodici torpediniere, quattordici sommergibili e quindici mas.

Ne conseguiva che, secondo un altro promemoria preparato dal Comando Supremo il 26 dicembre, la situazione della Squadra Navale, detratte tre corazzate, due incrociatori pesanti, due incrociatori leggeri e quattro cacciatorpediniere che si trovavano a lavori più o meno lunghi e a cui si aggiungevano alle unità adibite ad altri compiti, era la seguente: tre navi da battaglia, cinque incrociatori pesanti, quattro incrociatori leggeri e trenta cacciatorpediniere.

Nello stesso tempo la Marina Navale britannica (Royal Navy), che aveva perduto fino a quel momento un incrociatore, tre cacciatorpediniere, nove sommergibili, tre navi ausiliarie – a cui si aggiungevano un'incrociatore ed un sommergibile greco e un sommergibile francese, nonché tredici piroscafi di varie nazionalità – alla fine del 1940 disponeva in efficienza di sei corazzate, tre navi portaerei, dieci-dodici incrociatori e trenta-trentacinque cacciatorpediniere, con i quali controllava il Mediterraneo, tra Gibilterra e Alessandria.

Dalla prudente direzione della guerra navale italiana, ampiamente dimostrata dall'impostazione del problema strategico e dalla condotta delle operazioni, e che aveva concesso al nemico di conseguire il domino del mare, si deve dedurre che le lacune maggiori derivavano da vari fattori, tutti importanti. Il primo in assoluto era dovuto al fatto che negli anni dell'anteguerra la Regia Marina aveva voluto curare più l'apparenza che la sostanza, costruendo navi molto leggere e vulnerabili e trascurando di dotarsi di naviglio e apprestamenti tecnici che in tempi di pace non apparivano indispensabili sebbene essenziali per gli scopi bellici.

Successivamente, con la costituzione di Supermarina, che avrebbe dovuto rendere più agevole la condotta delle operazioni navali, fu sviluppato un sistema di comando rigidamente diretto dal centro, con istruzioni molto particolareggiate a cui i comandanti in mare dovevano attenersi. La manovra stessa della Squadra Navale era diretta dall'Ufficiale in grado Superiore per anzianità, che agiva senza lasciare alcun sano spirito di iniziativa ai Comandanti dei vari reparti che la componevano, perché a sua volta vincolato nelle proprie decisioni da direttive, scritte e verbali, che lo rendevano impacciato ed esitante.

Inoltre, salvo le rare occasioni in cui si erano misurate in combattimento alcune unità leggere durante la guerra italo-turca (1911-1912) e nel corso della prima guerra mondiale (1915-1918), la Marina italiana non si era mai trovata a combattere una battaglia moderna, che comportasse l'impiego coordinato di complessi navali di notevole entità comprendenti nuclei di corazzate, incrociatori e cacciatorpediniere.

Questa mancanza di esperienza apparve in tutta la sua drammaticità con la *rottura del ghiaccio* a Punta Stilo, ove fu dimostrata l'eccellenza del tiro nemico e le lacune di riconoscimento e di precisione nello sgancio delle bombe da parte dell'Aeronautica, e a cui si aggiunsero le indecisioni e la leggerezza di Supermarina nel predisporre per gli idrovolanti della Ricognizione Marittima errati schemi di ricerca del nemico.[10]

La sfortunata azione successiva di Capo Spada, ove andò perduto l'incrociatore *Bartolomeo Colleoni*, fece comprendere ai vertici della Marina, ormai convinti di dover sostenere una lunga guerra, che senza un'efficace esplorazione aerea le navi italiane isolate avrebbero corso rischi mortali avventurandosi, inconsce, in zone di mare perfettamente vigilate dal nemico.

Ma fu soprattutto la battaglia di Punta Stilo a condizionare le operazioni successive della flotta, nelle quali apparve deleteria per Supermarina, ma soprattutto per i Comandi in Mare, che - rispetto al centro - possedevano minori informazioni per avere un quadro più completo della situazione tattica, altre spiacevoli realtà determinate ancora dall'insufficiente cooperazione aeronavale, che non permetteva di sfruttare adeguatamente le Forze Aeree nell'impiego coordinato con le Forze Navali.

Ne derivava per l'ammiraglio Comandante Superiore in Mare, impegnato in una determinata operazione tattica, il dubbio di non conoscere l'esatta composizione e posizione delle forze avversarie, come si verificò a Punta Stilo e poi a Capo Teulada, e quella della mancanza di una continua copertura aerea che permettesse di contrastare i temuti attacchi dell'aviazione avversaria, specialmente quella proveniente da portaerei; navi la cui costrizione era stata sacrificata dai vertici della Regia Marina per la precedenza da accordare, in sede di bilancio, agli incrociatori della classe "Trento" e poi alle corazzate della classe "Littorio", ma che cominciò ad essere rimpianta già dopo Punta Stilo, come lamentò in una sua relazione l'ammiraglio Campioni.

La prudente condotta offensiva degli italiani derivava anche in gran parte da una tacita convinzione della superiorità navale britannica ampiamente dimostrata negli scontri dei primi quaranta giorni di guerra, e derivante da quattrocento anni di esperienze navali espresse dalla *Royal Navy* ad alto livello. Vi era poi la consapevolezza che, mentre il nemico aveva la possibilità di sostituire nel Mediterraneo le unità perdute o gravemente danneggiate, attingendo ad altriscacchieri, le perdite italiane non avrebbero potuto essere sostituite, mancando un iniziale programma di costruzioni, che peraltro sarebbe stato reso precario nel suo sviluppo, se non impossibile, dalla lacuna di materie prime. Ciò sarebbe stato ampiamente dimostrato dalle interruzioni dei lavori, già in stato avanzato, sulla corazzata *Impero* e su ben sette dei dodici incrociatori leggeri della classe "Capitani Romani"; unità, peraltro, di discutibile valore bellico, metà delle quali furono smantellate per la necessità di procurare le materie prime necessarie a costruire navi di maggiore utilità, come i sommergibili e le

---

[10] Francesco Mattesini, *La battaglia di Punta Stilo*, Ufficio Storico della Marina Militare, Roma. Prima edizione 1992, seconda edizione 2001 (rivisitata); Francesco Mattesini, *Punta Stilo 9 Luglio 1940, 80° anniversario della prima battaglia aeronavale della Storia*, RiStampa Edizioni, Santa Rufina di Cittaducale (RI), marzo 2020.

torpediniere, la cui realizzazione per rimpiazzare le perdite era stata insistentemente richiesta tra la metà di settembre e la metà di ottobre 1940 dalla Marina.

Da queste constatazioni ne conseguì la sempre più eccessiva prudenza operativa dell'estate e dell'autunno del 1940, con la tattica del "*Fleet in being*" e il rifiuto di spingere gruppi leggeri lontano dalle proprie coste metropolitane; fino ad arrivare al disastro di Taranto, in cui la specialità degli aerosiluranti, che era stata alquanto sottovalutata in Italia, nonostante da molto tempo il siluro aereo fosse stato studiato dalla Marina e sperimentato dall'Aeronautica, ma non sviluppato per reciproche incomprensioni proseguite anche a conflitto avanzato, dimostrò tutto il suo valore di arma distruttiva, soprattutto per le carene delle corazzate rimodernate classe "Cavour".[11]

L'insufficienza di addestramento del personale delle navi e le lacune registrate nell'insufficienza del tiro, per l'imprecisione dei telemetri e per la eccessiva dispersione delle salve, constatata specialmente negli scontri notturni, la mancanza di navi portaerei e del "Radar" e la sempre più marcata deficienza nelle scorte della nafta, furono problemi che soltanto marginalmente avevano condizionato la condotta della Marina nel corso del 1940. Essi sarebbero poi sorti tragicamente nel corso dell'anno successivo.

Riassumendo l'evoluzione della guerra nel Mediterraneo, tra il giugno e il dicembre 1940, appare chiaro che la Regia Marina era venuta a mancare come fattore di forza per contrastare le iniziative della *Royal Navy* e che la Regia Aeronautica non era stata in grado di contribuire a combattere efficacemente le forze navali britanniche. In queste condizioni, in cui il Regio Esercito si trovava sotto la minaccia di venire travolto in Albania dai greci e di essere estromesso dalla Libia dai britannici, l'Italia, povera di risorse e senza una flotta e un'aviazione forte che permettessero di risollevare le sorti del conflitto, era destinata a soccombere in pochi mesi se non fosse sopraggiunto l'aiuto tedesco, dapprima in aria e in terra e poi, come vedremo, anche in mare.

Aiuto che Mussolini, sostenuto dal maresciallo Badoglio e dagli altri orgogliosi Capi Militari, aveva più volte rifiutato e che poi era stato costretto ad invocare, rinunciando ufficialmente alla sua teoria della "guerra parallela".

8) L'organizzazione di Supermarina nell'anno 1941

Rispetto a quella che risultava l'organizzazione di Supermarina alla fine del 1940, in cui la carica di Stato Maggiore era stata assunta dall'ammiraglio di armata Arturo Riccardi in sostituzione del parigrado Domenico Cavagnari, nel corso del 1941 cambiamenti al vertice si ebbero soltanto con la sostituzione del Sottocapo di Stato Maggiore, ammiraglio di Squadra Inigo Campioni, che fu rilevato il 24 luglio dall'ammiraglio di divisione Luigi Sansonetti, già Comandante della 3ª Divisione Navale.

Anche nei riguardi delle branchie puramente operative di Supermarina non vi furono cambiamenti, dal momento che restarono al loro posto l'ammiraglio Emilio Brenta e il capitano di vascello Carlo Giartosio, rispettivamente Capo Reparto Operazioni ed

---

[11] All'inizio della guerra esisteva nell'ambito della Regia Aeronautica un solo piccolo reparto di aerosiluranti, che poi, inviato in Africa Settentrionale, costituì la 278ª Squadriglia, detta dei"quattro gatti" perché aveva in carico soltanto quattro velivoli S 79. Dopo una prima azione tentata il 15 agosto 1940 contro la base di Alessandria, fu dimostrato chiaramente il valore degli aerosiluranti come arma distruttiva di grande efficacia, perché tra il settembre e il dicembre essi danneggiarono gravemente tre grossi incrociatori britannici: *Kent*, *Liverpool* e *Glasgow*. Cfr., Francesco Mattesini, *Luci e ombre degli aerosiluranti italiani e tedeschi nel Mediterraneo – Agosto 1940. Settembre 1943*, RiStampa Edizioni, Santa Rufina di Cittaducale (RI), Agosto 2019.

Addestramento e Capo Ufficio Operazioni e Piani di Guerra, cariche che ricoprivano fin dall'anteguerra.

Furono invece effettuati alcuni movimenti a livello dei contrammiragli coadiutori di Supermarina, dal momento che nel mese di marzo, con l'arrivo di Amedeo Nomis di Pollone, essi furono portati da tre a quattro. Successivamente, nell'autunno del 1941 si verificò anche un'avvicendamento, dal momento che Raffaele de Courten, responsabile della sezione Guerra Subacquea (Sommergibili) e Mezzi Speciali d'Assalto), promosso viceammiraglio, fu inviato a comandare la 7ª Divisione Navale (Incrociatori), e venne sostituito a Supermarina dal contrammiraglio Carlo Pinna.   Nelcontempo, verso la metà dell'anno, allo scopo di mantenere un più stretto collegamento a carattere operativo per le esigenze connesse all'importantissimo settore dell'attività aeronavale, un ufficiale superiore di collegamento di Superaereo fu aggregato alla centrale operativa di Supermarina, su richiesta di quest'ultima. Inoltre fu anche istituito un servizio di collegamento col Reparto Informazioni Estere di Maristat per una più stretta collaborazione in quel delicato settore, soprattutto nei riguardi di un migliore orientamento dell'attività informativa con le operazioni previste o in corso di attuazione.

Venne poi inserito, all'interno del Reparto Operazioni e Addestramento, una nuova organizzazione costruita dall'Ufficio Statistica Operativa, che cominciò a funzionare il 1° ottobre al comando del capitano di vascello Luigi Castagna. Composto di tre sezioni, che si interessavano della Coordinazione e compilazione del "Bollettino Azzurro" (Bollettino delle operazioni nel Mediterraneo), dell'Attività Nazionale e dell'Attività Nemica, il nuovo ufficio ebbe il compito principale di raccogliere e valorizzare, ai fini operativi, i dati statistici; compito fino ad allora affidato all'Ufficio Piani, che però non vi aveva potuto far fronte con la necessaria attenzione perché possedeva un organico insufficiente per fronteggiare tutti i suoi compiti, dall'andamento sempre più numerosi e grandiosi.

Incarico secondario dell'Ufficio Statistica Operativa, nella sua opera sistematica di precisa ricostruzione degli avvenimenti trascorsi, fu quello di scegliere tra il materiale il più adatto anche ai fini propagandistici, per illustrare l'opera della Marina in guerra.

Ma il cambiamento forse più significativo fu, come vedremo, quello di inserire in Supermarina l'organizzazione dell'Ufficio di Collegamento della Marina germanica a Roma, che fino all'estate del 1941 era stato informato degli avvenimenti e dei progetti italiani quasi esclusivamente per mezzo di comunicazioni scritte. Soltanto a partire dal mese di febbraio, dopo che si era concluso il convegno di Merano tra le delegazioni della Marina italiana e quella tedesca guidate dall'ammiraglio Arturo Riccardi e dal grande ammiraglio Erich Raeder, il Capo Ufficio di Collegamento germanico, contrammiraglio Eberhard Weichold, era stato invitato a partecipare alle riunioni del Comitato di Supermarina. Tuttavia i suoi interventi erano stati limitati a quelle discussions in cui si trattava dell'attività tedesca, in particolare quelle connesse al trasporto dell'Afrika Korps in Libia e al coordinamento delle azioni navali in Egeo ove, a partire dall'aprile, unità navali italiane erano state messe a disposizione della Kriegsmarine per partecipare alla conquista delle isole greche e di Creta e, successivamente per continuare a servire per le esigenze navali germaniche nell'ambito dell'organizzazione dell'Ammiraglio tedesco del settore Sud-Est.

Da questa sempre maggiore collaborazione operativa navale italo-tedesca, si arrivò nell'estate, su esplicita richiesta del Grande ammiraglio Raeder, ad inserire la struttura guidata dal contrammiraglio Weichold nell'organizzazione di Supermarina; e da quel momento l'Ufficiale tedesco partecipò a tutte le riunioni del Comitato di Supermarina; e si stabiliva tra i due enti un contatto telefonico per diramare le reciproche informazioni. Successivamente, quando nell'autunno sommergibili, motosiluranti e dragamine tedesche cominciarono ad essere inviati nel Mediterraneo, l'ammiraglio Weichold, potendo ormai disporre ai suoi ordini di una piccola ma efficientissima forza navale, promosso viceammiraglio assunse anche la denominazione di Comandante della Marina Germanica in Italia. Nell'ambito di Supermarina egli ricevette l'incarico di trattare *"tutte le pratiche all'impiego delle unità germaniche, e conseguenti ordini e direttive"*, che sarebbero stati *"consegnati a Supermarina, per la firma, il protocollo e l'invio"*.

Con l'inserimento di Weichold, quale responsabile dell'*"impiego delle unità germaniche nel campo operativo, tattico e militare"*, gli ammiragli che dipendevano da Supermarina salirono a sei, dei quali i cinque italiani erano incaricati di svolgere i seguenti incarichi: Giuseppe Fioravanzo, impiego della flotta; Emilio Ferreri, traffico marittimo; Gustavo Strazzeri, naviglio; Franco Giartosio, operazioni in genere e piani di guerra; Carlo Pinna, impiego sommergibili e lotta antisom.

Nel corso del 1941 Supermarina, oltre a svolgere un grande lavoro sotto forma di compilazione di bollettini, di fonogrammi e di ordini operativi, dovette dedicare gran parte della sua attività a tenere i collegamenti con il Comando Supremo, con i due Stati Maggiori delle altre Forze Armate, con il Comando della Squadra Navale e con quelli di Marina e di Dipartimento. Infine, nel campo operativo, mantenne i contatti con la Seekriegsleitung (S.K.L.), il corrispondente Organo Operativo della Marina germanica, tramite l'Ufficio di Collegamento tedesco a Roma e tramite il proprio Ufficio di Collegamento presso la Kriegsmarine, a Berlino.

Tutto ciò comportò una fitta corrispondenza sui più svariati argomenti di ordine operativo, i più importanti dei quali sono stati inglobati nel presente volume.

Ma prima di descrivere nel dettaglio i vari argomenti, vediamo quali furono i principali documenti di guerra, riferiti allo scacchiere mediterraneo, prodotti o rielaborati in nuova edizione da Supermarina nel corso del 1941:

1) - Di.Na. 0: *Concetti generali di azione in Mediterraneo*, edizione 10 luglio 1941;
2) - Di.Na. 2: *Direttive per l'impiego dell'Aviazione per la Regia Marina*, edizione marzo 1941;
3) - Di.Na. 7: *Direttive per azioni aereo-naval i contro forze navali inglesi nel Mediterraneo Occidentale e Centrale*, 1ª edizione, datata 16 agosto 1941;
4) - D.G. 5: *Operazione nel Tirreno - Occupazione della Corsica*, datato 13 marzo 1941;
5) - D.G. 5 bis: *Operazione in Tirreno - Occupazione del Nizzardo*, datato 27 marzo 1941;
6) - D.G. 5 ter: *Operazione in Tirreno - Esigenza C.2* (occupazione della Corsica), datato 26 dicembre 1941;
7) - O.G. 40: *Ordine Generale di Operazione n° 40* (attività dei sommergibili), edizione 10 luglio 1941;
8) - Oper. 4.B: Operazioni nello Jonio e nel Basso Adriatico - *Sbarco nella baia di Gomos*, datato 30 marzo 1941.

9) *I programmi navali all'inizio del 1941 e la dislocazione delle corazzate*

All'inizio di gennaio 1941, in seguito alla notizia che negli Stati Uniti si stavano trasformando molti piroscafi in portaerei di scorta, e avendo tragicamente constatato come le navi portaerei di squadra britanniche avessero permesso alla *Royal Navy* di conquistare, il dominio del Mediterraneo con l'attacco a Taranto dell'11 novembre 1940 e con l'appoggio fornito alle operazioni delle loro flotte, anche in Italia si arrivò, finalmente, al convincimento di dover disporre di simili navi. Era quello della portaerei l'unico mezzo per permettere alla

Squadra Navale di disporre di una propria copertura aerea, in modo da concederle di spingersi lontano dalle coste amiche per affrontare il nemico. Ricordiamo che, la portaerei non era stata realizzata in Italia per l'opposizione di Mussolini, dei Capi dell'Aeronautica e anche di quelli della Marina, che, in sede di bilancio, aveva dato la precedenza dapprima alla costruzione degli incrociatori classe "Trento" e poi alle corazzate tipo "Littorio".

Fu proprio Mussolini a rompere gli indugi, ordinando di procedere urgentemente alla realizzazione della portaerei. Il 9 gennaio la Direzione Generale delle Costruzioni Navali e Meccaniche di Maristat presentò all'ammiraglio Riccardi il progetto di trasformazione del transatlantico *Roma*, prevedendo di arrivare alla sua realizzazione in nave portaerei in un periodo, assolutamente ottimistico, di dodici mesi. Il Duce, affermando che quelle navi dovevano essere pronte a operare dopo otto mesi dalla sua trasformazione, ordinò di accelerare al massimo i lavori.

Supermarina, dopo aver affrontato il problema con promemoria del 17 gennaio, chiese alla Regia Aeronautica di concorrere all'impresa, fornendo alla nave la necessaria dotazione dei velivoli da assegnare ai reparti di volo del *Roma*, ricevendone però in risposta che tra i velivoli in quel momento in dotazione non ve ne erano di adatti per essere impiegati su navi portaerei.

Su richiesta di Supermarina l'Ufficiale di Collegamento Germanico, contrammiraglio Weichold, aveva fatto conoscere le difficoltà incontrate dalla Kriegsmarine nella costruzione della portaerei *Graf Zeppelin*, e sconsigliò di costruire una nave di dubbia utilità bellica che avrebbe richiesto per la trasformazione il tempo occorrente a realizzare un'unità di squadra di nuova costruzione, a cui andava aggiunto almeno un anno per renderla operativa.

Di fronte alle difficoltà presentate dall'Aeronautica e dal contrammiraglio Weichold, Supermarina preparò un promemoria riepilogativo che l'ammiraglio Riccardi, presentò il 28 gennaio a Mussolini, il quale, constatare l'insieme dei problemi tecnici da affrontare, il 2 febbraio decise di soprassedere al progetto.

Fu invece fissato il programma per costruire nuove navi militari, la cui realizzazione era ostacolata dalla mancanza di materie prime e semilavorati, dando la precedenza a dodici torpediniere a cinque cacciatorpediniere e a diciassette sommergibili, e passando in seconda linea il completamento delle due corazzate *Roma* e *Impero* e dei dodici incrociatori tipo "Capitani Romani", dei quali però soltanto cinque si trovavano in avanzato stato di lavori.

A partire dalla fine di gennaio venne anche affrontata da Supermarina lo stato del naviglio mercantile, che risultava "*gravemente inciso sulla sua efficienza*" dalle perdite riportate nel Mediterraneo (161.000 tsl.) e dall'attività svolta nei primi sei mesi di guerra, che al momento impegnava ben cento piroscafi sulle sole rotte di rifornimento della Libia e dell'Albania. Fu pertanto richiesto al Comando Supremo di assegnare alle costruzioni di naviglio mercantile il necessario materiale siderurgico, senza però incidere su quello destinato alle realizzazioni delle unità militari.

Le discussioni, furono guidate dal generale Alfredo Guzzoni, che nella sua qualità di Sottocapo di Stato Maggiore Generale delle Forze Armate italiane esercitava a Roma le funzioni di Capo del Comando Supremo, trovandosi il titolare generale Ugo Cavallero, impegnato a dirigere le operazioni sul fronte dell'Albania. Esse impegnarono il Sottosegretario per le Fabbricazioni di Guerra generale, Carlo Favignossa – che espose i problemi connessi alle difficoltà incontrate nel reperire i materiali necessari – e il Ministro delle Comunicazioni, nella persona del Ministro Horst Venturi. Quest'ultimo, sebbene si trovasse a dove fare i conti con il taglio delle forniture siderurgiche attuato dalla Germania nei confronti dell'Italia, dichiarò infine di aver varato un programma con il quale intendeva costruire, entro il quarto trimestre del 1941, un totale di trentadue navi mercantili, che sarebbe poi risultato assolutamente insufficiente per ripianare le perdite e i danni, di entità molto superiore a quella delle realizzazioni effettive.

* * *

Dopo l'azione britannica contro la flotta italiana concentrata a Taranto, nella notte sul 12 novembre, si era reso necessario dislocare a Napoli le tre corazzate (*Vittorio Veneto, Andrea Doria, Giulio Cesare*) rimaste efficienti, per salvaguardarle da ulteriori attacchi di aerosiluranti e poter dedicare le risorse della base pugliese per recuperare le tre navi da battaglia danneggiate (*Littorio, Caio Duilio, Conte di Cavour*), e nel contempo, provvedere al miglioramento della difesa, incrementando le batterie contraeree e mettendo a punto gli sbarramenti retali ancora da sistemare.

La dislocazione a Napoli delle corazzate, che consentiva ancora buone possibilità d'azione, doveva essere temporanea, nell'attesa del completamento delle difese di Taranto. Tale spostamento era stato effettuato contando, più che sulla difesa locale esistente a Napoli, sul calcolo della distanza dalle basi aeree nemiche, di cui la più pericolosa risultava quella di Malta, che nel corso del mese di dicembre venne notevolmente rinforzata. Ne conseguì una serie di incursioni sul porto di Napoli, ove rimasero danneggiate da bombe l'incrociatore *Pola*, il 14 dicembre, e la corazzata *Cesare* l'8 gennaio. Entrambe colpite dai bombardieri Wellington del 148° Squadron decollati dall'aeroporto maltese di Luqa.

Ciò costrinse Supermarina a prendere la decisione di distaccare le corazzate nelle basi dell'Alto Tirreno, da dove, tenendole fuori dal raggio d'azione degli aerei di Malta, era ancora possibile farle intervenire facilmente per contrastare un'azione nemica nel Mediterraneo occidentale, e nel contempo controllare eventuali iniziative della flotta francese dislocata a Tolone.

Ma questa dislocazione temporanea, effettuata nell'attesa del completamento delle difese della base di Taranto, lasciava completamente sguarnito, dal punto di vista delle grandi navi, il Mediterraneo centrale, ove secondo le direttive del Duce, trasmesse dal Comando Supremo il 27 dicembre 1940, doveva svolgersi l'azione principale navale italiana. E ciò perché in quel vasto tratto di mare, tra il Canale di Sicilia e la congiungente Grecia occidentale-Cirenaica, vi erano gli obiettivi più importanti e sensibili per il nemico, rappresentati dai convogli per i fronti dell'Albania e della Libia.[12] Per salvaguardare quell'importante scacchiere, in previsione dell'afflusso di truppe germaniche in Africa Settentrionale, la Seekriegsleitung, l'Organo Operativo dell'Alto Comando della Marina Germanica, aveva chiesto a Supermarina di conoscere come era organizzato il traffico e quali scorte navali vi fossero impiegate. Supermarina rispose di aver disponibili per quel compito trantasei unità leggere - tra torpediniere, cacciatorpediniere e Mas - sulle rotte per l'Albania, e circa trentacinque impegnate sulle rotte con la Libia.

In queste condizioni era essenziale per Supermarina riportare il grosso della flotta ad occupare gli ancoraggi di Taranto, nel frattempo liberati dalle incagliate corazzate *Littorio* e *Caio Duilio*, la prima delle quali fu fatta entrare nel bacino del porto mentre per le riparazioni della seconda fu scelto il bacino di Genova. La presenza delle corazzate efficienti a Taranto ove era stata anche rinforzata la difesa contraerea costituiva infatti la sola possibilità di poter operare nel Mediterraneo occidentale e in quello centro-orientale, usufruendo del prezioso naviglio leggero dislocato a Brindisi Messina e Augusta. Ne sarebbe però conseguito un vuoto

---

[12] Nel corso del mese di gennaio furono effettuati contro le coste meridionali dell'Albania e quelle settentrionali della Grecia occidentale, cinque bombardamenti costieri, a cui parteciparono complessivamente dieci cacciatorpediniere e due torpediniere

navale sul Tirreno la cui difesa doveva essere compito affidato quasi esclusivamente all'Aeronautica, come già avvenuto nel corso del 1940.

La possibilità di effettuare con la flotta una puntata dimostrativa sulle coste dell'Algeria, contando sul fatto che la Forza H si trovasse a Gibilterra e quindi in condizioni di non poter interferire, era stata presa in considerazione da Supermarina in un promemoria del 3 gennaio 1941. Ma questa crociera, progettata per "*elevare il prestigio della Marina*", al momento molto depresso, e per "*frenare le voci insistenti di uno sbarco inglese in Algeria e Tunisia*", rimase sulla carta.

La Squadra Navale italiana nel Porto di Napoli nella prima decade di gennaio 1941 fotografata da un ricognitore britannico Maryland del 69° Squadron di Malta. Nella stupenda fotografia, ripresa da alta quota, si distinguono chiaramente la corazzata *Vittorio Veneto*, con a poppa la corazzata *Giulio Cesare*, all'ancora alla Stazione Marittima. Le due unità, dentro un recinto di reti parasiluri, sono protette sul fianco destro, per protezione da attacchi di aerosiluranti, da due piroscafi.

Alla banchina della Stazione Marittima di Napoli, la corazzata *Giulio Cesare* durante l'annebbiamento del porto, durante un allarme aereo.

In un rapporto del 30 gennaio presso il Duce, il Capo di Stato Maggiore della Regia Marina espose chiaramente la convenienza di riportare la flotta a Taranto. Tuttavia considerando che le basi navali dell'Italia meridionale rientravano tutte entro il raggio d'azione degli aerei di Malta, e la sicurezza delle navi doveva prevalere su quel criterio operativo, l'ammiraglio Riccardi affermò che occorreva mantenere la Squadra Navale nei porti di Napoli, La Spezia e La Maddalena da dove, rinunciando *"ad agire con le corazzate in Basso Adriatico, Jonio, e Mediterraneo Centrale"*, esse potessero *"mantenere possibilità d'azione solo nel Mediterraneo Occidentale"*.

10) Il bombardamento navale britannico di Genova e il mancato intervento della Squadra Navale italiana

Dopo il successo di Taranto dell'11 novembre 1940, conseguito dagli aerosiluranti della *Mediterranean Fleet* che avevano menomato la squadra da battaglia italiana di tre corazzate, e costretto le tre unità superstiti a riparare nei più sicuri porti del Tirreno, il viceammiraglio James Somerville, Comandante della Forza H di Gibilterra, aveva studiato la possibilità di bombardare dal mare i porti occidentali italiani, in particolare quello di Genova. Ottenuta l'approvazione dell'Ammiragliato britannico, l'azione si concretò il mattino del 9 febbraio 1941, quando la Forza H, comprendente l'incrociatore da battaglia *Renown*, la corazzata *Malaya*, la portaerei *Ark Royal*, l'incrociatore *Sheffield* e otto cacciatorpediniere, si presentò davanti al porto ligure, per poi disimpegnarsi, navigando nella rotta di ritorno tra la costa della Liguria e quella della Corsica. Ciò avvenne dopo un bombardamento di quaranta minuti, accompagnato da incursioni aeree realizzate, da velivoli Swordfish decollati dall'*Ark Royal*, su La Spezia e Livorno.

Il movimento della flotta britannica, salpata nella notte sul 7 da Gibilterra simulando un'uscita in Atlantico, non aveva ingannato Supermarina, che era stata allertata da informatori stanziati sulle coste spagnole. Tra le tante ipotesi fatte sugli intendimenti e i probabili obiettivi del nemico, venne tenuta presente anche l'eventualità che la Forza H potesse spingersi nel Golfo Ligure. Questa ipotesi divenne certezza la sera dell'8 febbraio, in seguito all'arrivo di varie informazioni, ricevute anche da fonte che non siamo stati in grado di accertare, ma che probabilmente provenivano dalla Francia, i cui aerei avevano in due occasioni avvistato la Forza H nel Golfo del Leone, in spostamento verso nord-est.

Supermarina, che aveva fatto salpare da Messina la 3ª Divisione Navale, costituita dai tre incrociatori pesanti *Trieste, Trento,* e *Bolzano* e da tre cacciatorpediniere, per trasferirla a Genova come misura precauzionale in vista del fissato incontro dell'11 febbraio tra Mussolini e il capo della Spagna, generalissimo Francisco Franco, che gli inglesi avrebbero potuto rovinare con un'azione spettacolare e di notevole effetto psicologico, ritenne inizialmente che il nemico avrebbe potuto attaccare obiettivi sulle coste occidentali della Sardegna, come era stato fatto il precedente 2 febbraio, quando gli aerei della Forza H avevano tentato di colpire la diga idroelettrica del fiume Tirso. Pertanto Supermarina aveva preso la precauzione di tener pronta a salpare la Squadra Navale concentrata a La Spezia e comprendente le tre corazzate *Vittorio Veneto*, *Cesare* e *Doria*, con sette cacciatorpediniere di scorta.

Tenendo in considerazione la duplice possibilità che il nemico potesse attaccare la Sardegna o Golfo Ligure, l'Organo Operativo dell'Alto Comando Navale decise di inviare, per il mattino del giorno 9, le tre corazzate a operare a ponente dell'Isola Asinara, facendole ricongiungere in quella zona della Sardegna nord-occidentale con i tre incrociatori della 3ª Divisione Navale (*Trieste*, *Trento* e *Bolzano*) provenienti dal Tirreno attraverso lo Stretto di Bonifacio. In tal modo la Squadra Navale dell'ammiraglio Angelo Iachino si sarebbe venuta a trovare in buona posizione per fronteggiare la Forza H, se essa avesse minacciato la Sardegna, e in condizioni veramente ideali per intercettarla, tagliandole la rotta della ritirata, se quella flotta britannica si fosse spinta nel Golfo Ligure.

L'ordine operativo diramato da Supermarina era al riguardo molto preciso, fissando per la Squadra Navale una rotta di spostamento verso levante (270°), fino al 6° meridiano, in attesa che le ricognizioni del mattino, svolte tra la Sardegna e le isole Baleari da idrovolanti della Ricognizione Marittima Cant.Z.506, coadiuvati da velivoli terrestri della Regia Aeronautica e del, X Fliegerkorps (S.79 e Ju.88) avessero dato notizie della Forza H. Se ciò non fosse avvenuto l'intera Squadra Navale doveva raggiungere per le ore 13.30 del 9 febbraio una posizione situata a 100 miglia ad ovest di Capo Corso, all'estremità nord-occidentale della Corsica, per attaccare le navi nemiche che nel corso della notte avessero diretto, inavvistate, verso il Golfo di Genova, ove erano state messe in stato di "*allarme*" le difese mobili e fisse della Liguria e dell'Alto Tirreno.

Ma invece di attenersi alle istruzioni ricevute, e dirigere con la Squadra verso il 6° meridiano, l'ammiraglio Iachino, essendo stato avvertito nella notte da Supermarina che la zona del Tirso era "*in allarme*" – poi annullato senza che il Comandante in Capo della Flotta ne fosse stato informato – per errore di valutazione variò la rotta delle navi per sud-est (230°); manovra che poi giustificò con l'affermazione, assolutamente arbitraria, che la trasmissione ricevuta da Supermarina indicava che il Tirso era in "*allarme aereo*". Ragion per cui, egli affermò, era lecito pensare che la flotta nemica dovesse trovarsi al largo della Sardegna, e in una posizione situata a sud-est della flotta italiana.

Pertanto, quando le 09.00 del 9 arrivò con molto ritardo la prima segnalazione che indicava essere in corso l'attacco contro Genova - disservizio dovuto ad incresciosi equivoci e lentezza nella trasmissione degli avvistamenti del nemico da parte dei locali comandi di

Marina e a cui si aggiunsero ritardi dovuti allo stato di incertezza sul da farsi creatosi a Supermarina - seguito dall'ordine impartito al Comando della Squadra navale di dirigere verso nord, le navi dell'ammiraglio Iachino si trovavano arretrate di circa 30 miglia rispetto al previsto; e sebbene avessero poi navigato ad alta velocità, esse non riuscirono a raggiungere in tempo la posizione prefissata a 100 miglia a ponente di Capo Corso per sbarrare al nemico la ritirata dal Golfo Ligure.

Nel frattempo si erano verificati una serie di incredibili errori di carattere informativo nell'ambito della Regia Aeronautica, i cui velivoli non solo ritardavano le partenze, dopo l'allarme scattato in seguito all'avvistamento delle navi nemiche – trasmesso dall'osservatorio del Righi mezzora prima che avesse avuto inizio l'azione contro Genova – ma commisero anche una serie di errori grossolani. Infatti gli equipaggi di due formazioni di S.79 sganciarono le loro bombe contro un convoglio francese, transitante a ponente di Capo Corso, e contro due Mas italiani, individuati a sud di La Spezia, avendo ritenuto trattarsi di navi britanniche. Ma accadde anche di peggio ai Br.20 della 1ª Squadra Aerea, decollati dagli aeroporti della Valle Padana, che per ben quattro volte erano riusciti ad avvistare la Forza H. Due aerei attaccarono regolarmente senza colpire il bersaglio, ma poi mancarono di trasmettere in volo il segnale regolamentare di avvistamento. Altri sette velivoli individuarono le navi britanniche in tre occasioni a sud di Imperia, ma non trasmisero alcuna segnalazione d'allarme perché gli equipaggi ritennero si trattasse della flotta italiana che, dalle informazioni ricevute alla partenza, sapevano dovesse trovarsi in quella zona.

L'armamento contraereo di centro nave della corazzata *Littorio*. Al centro, i due complessi binati da 37 mm e sulla destra una delle mitragliere binate da 20 mm. In basso, due dei dodici cannoni da 90 mm, sistemati in torrette protette.

Nonostante questi gravissimi imperdonabili contrattempi e il cumulo degli errori che si erano verificati nel corso della mattinata, trascorsa per gli Alti Comandi italiani in uno stato psicologico angosciante, la Squadra Navale dell'ammiraglio Iachino, seguendo rotta nord, aveva ancora la possibilità di intercettare il nemico in condizioni potenziali e numeriche favorevoli. Essa infatti poteva affrontare la Forza H in una zona che si trovava distante ben 700 miglia da Gibilterra, e sotto il controllo dell'aviazione italiana, ciò che avrebbe reso difficile agli inglesi di salvare eventuali navi danneggiate. Purtroppo la notizia della presenza del convoglio francese, che poi sarebbe stato attaccato dall'Aeronautica, che era stato avvistato alle 10.00 da un ricognitore S.79 a 75 miglia a nord-ovest di Capo Corso, fu ricevuta e ritrasmessa da Supermarina come formazione di navi da guerra. Quella notizia risultò particolarmente deleteria, per l'ammiraglio Iachino il quale, avendo variato la rotta delle sue navi per nord-ovest, e avendo pertanto assunto la giusta direttrice per intercettare la Forza H all'altezza di Tolone, fu portato a ritenere che il nemico stesse percorrendo una rotta prossima alle coste occidentali della Corsica. Pertanto prese la decisione di dirigere per nord-nord-est (30°), ed in tal modo, andando in direzione inversa a quella seguita dal nemico, perse la possibilità di intercettare la Forza H che, intorno alle 13.30, transitò ad appena 30 miglia di distanza, e con rotta inversa, sulla sinistra della flotta italiana.[13]

Il tentativo di intercettare la Forza H si era appena concluso con la delusione più completa che attanagliò i comandi e gli equipaggi sulle navi e a terra, che nuovi avvenimenti occuparono l'attenzione di Supermarina, una cui delegazione, guidata dall'ammiraglio Riccardi nei giorni 13 e 14 di febbraio si incontrò a Merano con una delegazione della Marina Germanica, guidata dal Grande ammiraglio Raeder.

11) Il Convegno Navale italo tedesco di Merano

La storia del convegno di Merano, che avrebbe dovuto svolgersi nel dicembre del 1940 e che era stato invece annullato per la sostituzione dell'ammiraglio Cavagnari con l'ammiraglio Riccardi ai vertici della Regia Marina, fu descritta da Supermarina in un promemoria del 13 febbraio 1941, dall'oggetto *Relazioni con la Marina germanica su questioni operative*. In un secondo promemoria furono invece esposti gli argomenti che sarebbero stati trattati nelle discussioni tra i rappresentanti italiani e i colleghi tedeschi. Questo documento, consegnato durante i colloqui alla delegazione germanica, faceva il punto sulla situazione strategica, verificatasi dall'inizio della guerra in poi, ed indicava quali fossero gli obiettivi da raggiungere per risollevare in Mediterraneo le sorti del conflitto. Essi dovevano concretarsi con l'occupazione della Cirenaica della Tunisia e della Corsica, in modo da dominare il Mediterraneo centrale, sbarrare definitivamente il Canale di Sicilia e rendere sicuro dalle incursioni della flotta britannica il Golfo di Genova.

Preoccupazione veniva denunciata per le possibilità offensive che si offrivano alla Royal Navy che, oltre a possedere nel Mediterraneo di una netta superiorità in navi da battaglia, poteva contare su navi portaerei e aveva ridotto il divario sfavorevole in incrociatori e cacciatorpediniere rispetto a quelli disponibili nella flotta italiana. A quest'ultima mancava poi il desiderato appoggio da parte dell'Aeronautica, soprattutto in relazione all'inidoneità dei velivoli da caccia adoperati in alto mare e alla scarsa efficienza nel servizio di ricognizione.

---

[13] Francesco Mattesini, *Il bombardamento navale di Genova del 9 febbraio 1941*, in *Bollettino d'Archivio dell'Ufficio Storico della Marina Militare*, giugno 1990 pagg. 29-110; Francesco Mattesini, *La notte di Taranto, 11 Novembre 1940, Operazione "Judgment" "Giudizio Universale"*, Luca Cristini Editore, Zanica (BG), 2020.

Gli ufficiali superiori italiani, a sinistra, e tedeschi, a destra, partecipanti al convegno di Merano, il 13 e 14 febbraio 1941. Il quarto da sinistra e l'ammiraglio Arturo Riccardi, Capo di Stato Maggiore della Regia Marina, e davanti a lui è il grande ammiraglio Raeder, Capo della Kriegsmarine. A destra di Riccardi è l'ammiraglio Raffaele de Courten, a sinistra gli ammiragli Emilio Brenta e Carlo Giartosio.

Inoltre venivano lamentati gli oneri connessi alla protezione del traffico marittimo, che aveva costretto la Marina ad aumentare gradatamente l'entità dei servizi di scorta, anche lungo le coste metropolitane insidiate dai sommergibili nemici, con grave detrazione per altri compiti di carattere militare; soprattutto nell'impiego delle torpediniere e dei cacciatorpediniere di squadra, i cui compiti dovevano essere quelli di contribuire al controllo del Canale di Sicilia e di fornire le scorte alle divisioni navali.

Scarse erano poi ritenute le possibilità di azione della Squadra Navale nelle zone controllate dal nemico, ma si assicurava che non sarebbe stata tralasciata alcuna occasione per esercitare una pressione costante sulle flotte britanniche segnalate in mare, uscendo dalle basi per *"cercare di impegnarle in condizioni favorevoli"*. Una eventualità, quest'ultima, che però occorreva vagliare attentamente, perché un successo sul nemico conseguito dalla Regia Marina con proprie perdite, avrebbe portato a ottenere *"ripercussioni enormi"* di carattere favorevoli, ma nel contempo, per le possibilità dei britannici di rimpiazzare le proprie perdite, a conseguire *"effetti materiali relativamente limitati"*. Comunque fosse la flotta italiana avrebbe per sempre obbligato il nemico ad esercitare una continua vigilanza, costringendolo a mantenere fissate nel Mediterraneo le sue grandi navi da guerra, a vantaggio del fronte dell'Atlantico ove in quel periodo operavano contro il traffico britannico gli incrociatori da battaglia e le corazzate tascabili germaniche.

Infine, passando ad affrontare le *"Necessità di concorso da parte della Germania"*, per sopperire alle deficienze della Regia Marina, venivano richiesti mezzi contraerei per la difesa delle basi, idrovolanti da ricognizione a grande raggio, materie prime e semilavorati. Occorreva poi aumentare al massimo la quota dei combustibili provenienti dalla Romania, poiché le scorte di nafta italiane, il cui consumo si aggirava su una quota mensile di circa

100.000 tonnellate, si erano molto ridotte. In effetti il 26 febbraio Supermarina fu costretta ad emanare norme che imponevano ai comandi navali di attuare un regime di stretta economia.

Queste erano le condizioni con cui la delegazione italiana si presentò al convegno di Merano.

Tra gli argomenti di comune interesse trattati nelle discussioni generali e in quelle private tra i due capi delegazione, ammiraglio Riccardi e Grande ammiraglio Raeder, la situazione in Libia occupò un posto di rilievo, perché anche per i tedeschi quel settore di guerra rappresentava un estremo baluardo da difendere ad ogni costo considerando che vi stava affluendo in quei giorni la 5ª Divisione leggera del generale Erwin Rommel (prima aliquota dell'Africakorps), il cui trasporto doveva svolgersi *"con la massima rapidità e la maggiore possibile integrità"*. Ragion per cui fu vagliata in tutti i suoi aspetti la situazione del Canale di Sicilia, riguardo agli elementi difensivi, navali ed aerei, tra cui particolarmente importante fu ritenuto quello del porto di Tripoli, che occorreva sbarrare adeguatamente con campi minati per proteggerlo da eventuali incursioni della *Royal Navy*. Inoltre si rafforzò il convincimento che occorreva tenere Malta sotto pressione con l'aviazione, anche quando non erano presenti nei porti dell'isola unità navali britanniche.

Al secondo posto per importanza la delegazione tedesca pose l'Egeo, anche per le conseguenze strategiche che sarebbero seguite alla conquista del territorio ellenico e delle sue isole, prevista entro maggio. Il dominio dell'Egeo avrebbe permesso la riapertura della navigazione attraverso gli stretti della Turchia, e un traffico continuo con il Mar Nero, per proteggere il quale era richiesto alla Regia Marina di esercitare con i suoi mezzi navali una efficace protezione.

Passando poi ad analizzare il problema della Corsica, la delegazione tedesca si disse convinta che la Marina francese non si sarebbe unita a quella britannica, e quest'ultima non avrebbe mai effettuato alcuna azione di sbarco di sorpresa sull'isola, come invece temevano i comandi italiani. Nel contempo, a meno che la Germania, per motivi prettamente politici, non avesse preso l'iniziativa di conquistare i territori della Francia non ancora occupati, veniva sconsigliato un tentativo di invasione della Corsica da parte degli italiani. Vi era infatti la ferma convinzione che quell'iniziativa avrebbe provocato l'immediata sollevazione del Nord Africa Francese e quindi portato ad *"una radicale variante nella situazione strategica marittima del Mediterraneo occidentale, con gravi ripercussioni nel Canale di Sicilia"*.

Affrontando il problema delle scorte di combustibili della Regia Marina con la motivazione che si stavano rapidamente esaurendo, l'ammiraglio Riccardi affermò testualmente che le sue "*forze navali di superficie avrebbero dovuto cessare da ogni attività entro il mese di giugno e che solo i sommergibili avrebbero potuto continuare ad agire fino a febbraio 1942*". Dal momento che la richiesta cessione di un maggior quantitativo di nafta all'Italia non rientrava nelle sue competenze, il Grande ammiraglio Raeder promise che si sarebbe interessato della questione non appena giunto a Berlino.[14]

Infine, in un colloquio fra il Capo Reparto di Supermarina, ammiraglio Emilio Brenta e il Capo Reparto Operazioni della *Seekriegsleitung,* ammiraglio Kurt Fricke, fu rispolverato dall'Ufficiale tedesco un argomento già trattato succintamente dal Capo della *Kriegsmarine*,

---

[14] La denuncia della mancanza di nafta esposta dall'ammiraglio Riccardi sollevò notevoli perplessità a Berlino. Infatti, allorquando il 18 maggio il Grande ammiraglio Raeder si presentò a Hitler per riferire sulle discussioni di Merano, il Capo di Stato Maggiore della Wehrmacht, generale Alfred Jodl, si mostrò scettico sulla disponibilità di combustibile dichiarata dagli italiani. Egli, infatti, disse al Führer che, secondo quanto affermato da Mussolini, le riserve di nafta italiane dovevano oscillare sulle 600.000 tonnellate, ed erano pertanto superiori alle scorte su cui poteva disporre la Marina germanica.

e riguardante la richiesta di effettuare delle puntate veloci con le corazzate tipo "*Vittorio Veneto*", contro il traffico costiero che si svolgeva tra i porti dell'Egitto e le prime linee britanniche in Cirenaica.

L'ammiraglio Brenta fece presente che quel genere di "*raids*" più volte studiato, era stato sempre *abbandonato "perché troppo dispendiosi per gli elevati consumi di combustibile"*, che occorreva risparmiare al massimo; ed anche perché non conveniva andare incontro ad un nemico che si trovava in condizione vantaggiosa e che avrebbe potuto con il danneggiamento di qualche nave, determinare riduzioni di velocità della squadra italiana, "*con la grave conseguenza*" di costringerla a "*dover accettare un combattimento lontano dalla proprie basi e in qualsiasi situazione di relatività*" di forze.

Come avremo modo di vedere, questa temuta ipotesi si sarebbe realizzata per la flotta italiana nell'episodio di Capo Matapan.

12) Il trasferimento del Deutsch Afrikakorps dall'Italia in Libia e i problemi inerenti le scorte navali ai convogli tedeschi.

Ai primi di gennaio 1941, l'Ufficiale addetto dell'Alto Comando delle Forze Armate Germaniche (Oberkommando der Wehrmacht - O.K.W.) a Roma, generale Enno von Rintelen, comunicò a Berlino che in Albania e in Nord Africa le condizioni degli italiani erano critiche, perché le truppe britanniche e greche erano ovunque all'offensiva. Ne conseguì che Hitler, volendo evitare un completo collasso dell'alleato meridionale dell'Asse, il quale avrebbe finito per condizionare tutti i suoi piani, decise di inviare un corpo di spedizione tedesco in Libia. Gli intendimenti del Führer, lungamente meditati per non rischiare un insuccesso, dopo essere stati discussi in una conferenza con i Capi Militari delle Forze Armate germaniche, il 10 gennaio vennero portati a conoscenza del Comando Supremo italiano, e poi trasmessi l'indomani con la Direttiva n° 22. In essa Hitler specificava che il compito principale del X Fliegerkorps, la grande unità aerea della Luftwaffe che proprio in quel periodo stava affluendo su cinque aeroporti della Sicilia, era "*quello di combattere le forze navali inglesi nel Mediterraneo, in modo da dare il massimo appoggio all'Esercito del maresciallo Graziani*".

Fin dall'12 dicembre 1940, Supermarina aveva messo in risalto in un suo promemoria, di poter riconquistare il dominio del Mediterraneo contando sul contributo del X Fliegerkorps, il cui intervento avrebbe potuto creare per la Squadra Navale italiana condizioni favorevoli per intervenire contro la flotta britannica. L'occasione attesa si presentò nei giorni fra il 9 e il 12 gennaio 1941, quando la *Mediterranean Fleet* di Alessandria, attuando l'Operazione "Excess", si spinse all'entrata del Canale di Sicilia per prelevare un convoglio di tre piroscafi proveniente dall'Inghilterra, uno diretto a Malta e gli altri due al Pireo (Grecia), scortato dalla Forza H di Gibilterra durante la traversata del Mediterraneo occidentale, che disponeva, quali unità maggiori, soltanto di un incrociatore da battaglia, il *Renown* e della portaerei *Ark Royal*.

In quel momento la Squadra Navale italiana avrebbe potuto intervenire agevolmente a sud della Sardegna con un complesso di due corazzate e sei incrociatori pesanti, concentrati a Napoli e a Messina. Tuttavia, in seguito ad una incursione della Royal Air Force (R.A.F.), i cui bombardieri Wellington del 148° Squadron, partiti da Malta, causarono danni allo scafo della corazzata *Cesare*, la flotta si allontanò da Napoli dirigendo verso il più settentrionale porto di La Spezia, che rientrava fuori del raggio d'azione dei velivoli britannici. Questo movimento si verificò proprio mentre gli aerei tedeschi, operando in concomitanza con quelli italiani, infliggevano una dura lezione alla Mediterranean Fleet, affondando l'incrociatore

Southampton e danneggiando il gemello *Gloucester* e la modernissima portaerei *Illustrious*, che fu colpita gravemente da ben sette grosse bombe, una delle quali, da 1.000 chili, sganciata dagli "Ju. 87" dell'86° Gruppo Tuffatori della Regia Aeronautica.

10 gennaio 1941. L'attacco dei bombardieri in picchiata tedeschi dei Gruppi I./St.G.1 e II./St.G.2 del X Fliegerkorps alla portaerei *Illustrious*.

Nei giorni successivi i reparti del *X Fliegerkorps* cominciarono a rivolgere la loro attenzione agli obiettivi di Malta, nell'intendimento di eliminare gli ancoraggi di La Valletta come base navale d'appoggio per le unità della *Mediterranean Fleet*, e per rendere la base sommergibili e i tre aeroporti dell'isola (Luqa, Hal Far, Ta Kali), inutilizzabili quale trampolino di attacco contro i porti italiani e per insidiare il traffico dell'Asse diretto in Libia. Ma mentre il primo intendimento fu rapidamente raggiunto, con l'allontanamento da La Valletta delle navi di superficie britanniche, che furono anche costrette a sospendere ogni progetto di operazione nel Mediterraneo centrale, quello di eliminare i sommergibili e le forze aeree offensive risultò di ben più difficile realizzazione.

Le unità subacquee della 10ª Squadriglia continuarono ad agire da Malta, ed anzi, con l'arrivo di alcune unità della nuova classe "P" (poi portate alla consistenza di otto), cominciarono a rendersi molto pericolose contro il traffico navale italiano. Nel contempo la R.A.F. dell'isola poté proseguire i suoi bombardamenti sui porti, su quello di Tripoli in particolare, mentre l'Aviazione della Marina britannica registrò il 27 gennaio il primo successo delle forze aeree di Malta contro il naviglio in mare. In quell'occasione i suoi "Swordfish" dell' 830° Squadron attaccarono in pieno giorno un convoglio di due piroscafi tedeschi diretti a Tripoli, con la scorta di navi italiane, ed affondarono col siluro l' *Ingo*, mentre il *Duisburg* fu danneggiato dal sommergibile *Upholder* (tenente di vascello Malcolm David Wanklyn)) ma poté raggiungere il porto di destinazione.

Questo episodio determinò nell'ambito dei Comandi italiani una notevole preoccupazione, seguita da uno scambio di accuse tra Supermarina e Superaereo per il mancato appoggio degli aerei da caccia nazionali, assenti al momento in cui si sviluppo l'attacco aereo al convoglio, perché secondo le errate norme aeronavali in vigore essi si trovarono dislocati in allarme sugli aeroporti. Ragion per cui non poterono arrivare in tempo sulle navi per contrastare l'azione degli aerosiluranti britannici.

Di fronte alle lamentele dell'ammiraglio Arturo Riccardi, che minacciò addirittura di dover interrompere il traffico con la Libia se non fosse stata assicurata la protezione aerea ai convogli, il suo collega dell'Aeronautica, generale Francesco Pricolo, convenne che occorreva fare qualcosa di concreto. Pertanto stabilì che da quel momento i movimenti navali sarebbero stati scortati dagli aerei lungo le rotte, fino a quando l'avesse permesso l'autonomia dei velivoli.

Il Sottosegretario e Capo di Stato Maggiore della Regia Aeronautica, generale Francesco Pricolo (secondo da sinistra), in visita a un aeroporto italiano discute con alti ufficiali sorseggiando il caffè.

Il momento era allora particolarmente delicato, perché stava per iniziare il trasferimento da Napoli a Tripoli dei primi reparti della 5ª Divisione Leggera tedesca del generale Erwin Rommel, per la cui protezione il generale Guzzoni chiese a Supermarina di assicurarne l'incolumità con scorte navali adeguate.

L'Organo Operativo dell'Alto Comando Navale si dichiarò pronto a collaborare nei limiti del possibile, affermando che avrebbe assegnato alla scorta dei convogli unità leggere e di assumersi l'onere della protezione antisom delle rotte nelle vicinanze dei porti con velivoli della Ricognizione Marittima. Invece Superaereo trovò difficoltà ad assumere l'incarico di proteggere le unità navali, e chiese l'appoggio dell'aviazione tedesca, tramite l'Ufficiale di Collegamento germanico presso il comando del X Fliegerkorps. Questi aderì a fornire ai convogli italiani le seguenti forme di protezione: scorta con aliquote da caccia a lungo raggio nelle zone non coperte dai velivoli italiani; bombardamenti sistematici contro le basi di Malta occupate dai sommergibili e dagli aerei britannici; crociere d'interdizione nei pressi dell'isola.

Tuttavia, questo sostanziale aiuto germanico non fu considerato a Roma del tutto soddisfacente. Se ne rese interprete il generale Alfredo Guzzoni, Sottocapo di Stato Maggiore Generale, il quale, dopo aver rifiutato di concedere al X Fliegerkorps la possibilità di dislocare reparti da bombardamento in Egeo – perché Superaereo e Supermarina si erano dichiarati contrari ad assumersi l'onere dei trasporti di benzina occorrente ai velivoli tedeschi – il 5 febbraio chiese al generale Pricolo di invitare il Comando della grande unità germanica ad assumersi interamente i compito delle scorte aeree dei convogli tedeschi, lasciando all'Aeronautica italiana la protezione di quelli italiani.

Naturalmente questa proposta non poteva essere accolta dai tedeschi nella forma desiderata dal generale Guzzoni. Nondimeno il Comando del X Fliegerkorps decise di assumersi l'onere di sostituire le scorte aeree italiane fuori dal raggio delle 100 miglia dagli aeroporti della Sicilia e della Tripolitania, e di assicurare ai convogli la protezione antisom lungo l'intero percorso da Napoli a Tripoli. Questi compiti furono inseriti in una direttiva compilata dal generale Pricolo il 6 febbraio e poi aggiornata tre giorni più tardi.

Bombardieri Ju.88 della 5ª Squadriglia del 2° Gruppo del 1° Stormo Sperimentale del X Fliegerkorps (5./LG.1) in un aeroporto dell'Italia.

Nel contempo, anche la Seekriegsleitung (S.K.L.), l'Organo Operativo dell'Alto Comando della Marina germanica, ed il Comando Supremo italiano avevano avanzato proposte concrete per assicurare una maggiore protezione navale al traffico tedesco diretto in Libia, le cui scorte erano al momento limitate ad una sola silurante e ad una nave ausiliaria per ogni convoglio. Supermarina, lamentando la mancanza di naviglio leggero, si dimostrò allora abbastanza avara nell'affrontare il problema, dal momento che, nelle direttive impartite il 10 febbraio ai comandi marittimi, si limitò ad assegnare due sole siluranti (cacciatorpediniere e torpediniere) a ciascun convoglio, una delle quali doveva anche assumersi l'incarico di eseguire "*dragaggio in corsa delle zone minabili*".

Oltre al trasporto delle truppe da parte tedesca si voleva che gli italiani assumessero un atteggiamento offensivo anche nei riguardi dei rifornimenti che affluivano, per le rotte costiere, alle prime linee britanniche in Cirenaica, e contro i relativi movimenti della Mediterranean Fleet. Pertanto, il 2 febbraio, il generale von Rintelen chiese al Comando

Supremo, per incarico dell'O.K.W., se da parte italiana vi fosse "*l'intenzione di ritardare con forze navali di superficie l'ulteriore occupazione di basi navali*" italiane della Cirenaica "*da parte della flotta inglese*". Il generale Guzzoni, sentito il parere di Supermarina, rispose l'indomani affermando che non era possibile l'impiego di sufficienti forze navali di superficie italiane a causa della preponderanza della flotta nemica.

Lo stesso giorno 3 febbraio Hitler, in una conferenza con i suoi capi militari, prendeva la decisione di assegnare al X Fliegerkorps ulteriori compiti operativi, concernenti: nel dare appoggio al fronte terrestre italiano in Libia; nell'attaccare in Mediterraneo la flotta e il traffico navale britannico; e nel neutralizzare la base di Malta. Compito, quest'ultimo, che la grande unità aerea germanica, cominciò a svolgere dalla Sicilia con una massa di circa duecentocinquanta velivoli, dedicando la sua attività principalmente contro la base navale di La Valletta e contro gli impianti aeroportuali dell'isola. Il risultato di questa intensa attività fu subito positivo, dal momento che rimase quasi interamente distrutto l'830° Squadron di aerosiluranti "Swordfish" dell'Aviazione Navale britannica, e la stessa sorte subì il 148° Squadron da bombardamento della R.A.F., fino ad allora intensamente impiegato contro i porti italiani, i cui pochi velivoli da bombardamento "Wellington" superstiti furono trasferiti in Egitto.[15]

Ma se la minaccia degli aerei diminuì in seguito ai colpi di maglio della Luftwaffe, un pericolo costante continuò ad essere rappresentato dai sommergibili della 10ª Flottiglia di base a La Valletta, uno dei quali, l'*Upright* (tenente di vascello Edward Dudley Norman), il mattino del 25 febbraio attaccò una divisione di incrociatori leggeri italiani salpata da Palermo per scortare un convoglio diretto a Tripoli, silurando e affondando l'*Armando Diaz* (Capitano di vascello Francesco Mazzola, deceduto) nei pressi delle secche di Kerkennah (Tunisia).

Il sommergibile britannico *Upright*.

---

[15] I successi conseguiti dal X Fliegerkorps contro Malta e contro la flotta britannica, a cui a a partire dall'inizio di aprile 1941 si sarebbero aggiunti quelli conseguiti in Cirenaica dall'*Afrika Korps* del generale Rommel e quelli travolgenti delle armate della Wehrmacht in Jugoslavia, in Grecia e a Creta, condussero i Comando italiani all'amara consapevolezza che ormai la soluzione vittoriosa della guerra nel Mediterraneo era sostanzialmente affidata al contributo offerto dalle armi germaniche. Ciò, inevitabilmente, comportò subito un diminuito prestigio delle Forze Armate del Regno, che non erano riuscite a superare il periodo di crisi derivante dalle dure sconfitte verificatesi nel corso dell'autunno e dell'inverno 1940-1941 sul fronte aero-navale del Mediterraneo e su quelli terrestri greco-albanese e libico-egiziano.

L'incrociatore italiano *Armando Diaz* che fu silurato e affondato il 25 febbraio dal sommergibile britannico *Upright* della 10ª Flottiglia di Malta.

Questa perdita, aggiunta alla minaccia che derivava dall'attività dei sommergibili britannici contro i convogli, convinse Supermarina a correre subito ai ripari. Essa pertanto destinò ad operare tra l'Isola di Marettimo e Tripoli quattro squadriglie di torpediniere, con complessive quindici unità, ed impartì loro le direttive concernenti le modalità da esplicare nella ricerca delle unità subacquee e le zone in cui avrebbero dovuto operare. Successivamente, nell'apportare alcune varianti alla dislocazione delle torpediniere di costruzione moderna (classe "Spica"), dislocate a sud di Napoli e a sud di Brindisi, Supermarina specificava che erano disponibili un totale di ventidue unità, incluse le sette che in quel momento si trovavano ai lavori. Decise poi che le nove torpediniere più anziane, quelle del 9° Gruppo, sarebbero state impiegate da Palermo nel solo servizio di scorta ai convogli nazionali tra Marettimo e Tripoli, unitamente ad altre unità di scorta e ai cacciatorpediniere di volta in volta designati per quell'importante compito.

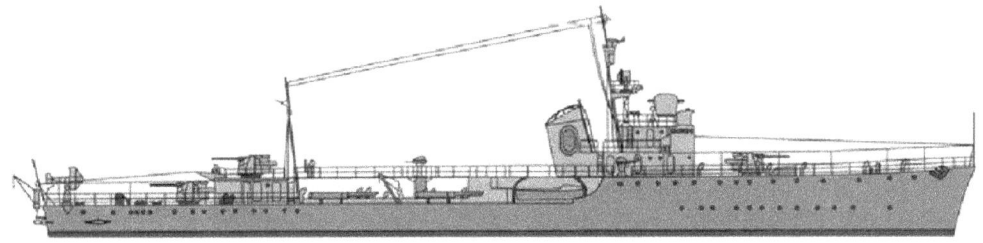

Dettaglio grafico di una torpediniera della classe "Spiga".

Nel frattempo però il frazionamento dei compiti operativi assegnati da Hitler al X Fliegerkorps, aveva cominciato a dare i primi frutti negativi, dal momento che quella grande unità aerea, oltre a tenere Malta sotto pressione, cominciò ad essere impiegata sempre più intensamente in sostegno alle truppe tedesche operanti in Libia. Inoltre, dopo essersi assunta ai primi di febbraio l'onere di proteggere il trasporto delle truppe e dei mezzi germanici diretti a Tripoli, cominciò a svolgere un'intensa attività contro i porti e le basi costiere e di rifornimento del nemico in Cirenaica.

Da tutte queste incombenze, di non poco conto e che portavano ad un intenso logorio della linea di volo, ne conseguì da parte del X Fliegerkorps un forte rallentamento delle azioni offensive contro Malta che, rifornita di armi e di mezzi offensivi, in particolare di sommergibili e di aerei, ad iniziare dalla seconda metà di marzo cominciò a dimostrare il proprio valore quale base insostituibile per attaccare il traffico dell'Asse diretto in Libia.

* * *

L'arrivo in Mediterraneo del X Fliegerkorps comportò anche dei problemi di collegamento e di dipendenza operativa con i comandi italiani maggiormente interessati all'azione aerea tedesca, che furono comunque risolti collaborando con l'alleato nel modo più cameratesco possibile.

Fin dal dicembre del 1940 i tedeschi avevano chiesto agli italiani di creare nel Mediterraneo una zona vietata alla navigazione, estesa tra l'Isola di Minorca (Baleari) e l'Isola di Creta, per dare al X Fliegerkorps, nei suoi compiti offensivi, "*la possibilità di attaccare, senza preavviso e senza necessità di riconoscerne la nazionalità*", qualunque nave vi fosse transitata. In tal modo si sarebbero evitati equivoci nei confronti di unità da carico appartenenti a nazioni neutrali, che da parte loro, per transitare nei due sensi dal Mar Tirreno allo Jonio, avrebbero dovuto seguire rotte passanti per lo Stretto di Messina, e lungo le coste della Grecia, nazione con la quale la Germania non era ancora in guerra.

L'idea che il traffico neutrale dovesse transitare nelle acque elleniche fu contestata dal Capo di Stato Maggiore della Regia Aeronautica. Infatti, scrivendo il 4 gennaio 1941 a Supermarina, il generale Francesco Pricolo, fece presente che la questione doveva essere regolarizzata con norme molto precise, in quanto per l'Italia era essenziale agire in quella zona per attaccare le navi nemiche che vi transitavano e quelle neutrali esercitanti il contrabbando di guerra.

Supermarina, da parte sua, presentò altre obiezioni, dal momento che nelle zone di transito proposte dai tedeschi per il traffico neutrale, si incrociavano le rotte italiane ed anche quelle francesi autorizzate ad esercitare il traffico con il Nord Africa e la Siria. Ragion per cui, dopo che alcuni rappresentanti della Regia Marina si erano riuniti con quelli di Superaereo e del X Fliegerkorps, il 28 gennaio fu concordato che il naviglio neutrale, passando da un bacino all'altro del Mediterraneo, sarebbe transitato per gli stretti di Bonifacio e di Messina, e per le zone di Otranto e di Rodi, ove i mercantili avrebbero ricevuto istruzioni sulle rotte da seguire per raggiungere le loro destinazioni.

Queste disposizioni, approvate dal Comando del X Fliegerkorps e da Superaereo, e quindi il 5 febbraio portate a conoscenza dei paesi belligeranti e neutrali con un apposito "*Avviso ai naviganti*", furono ritenute da Supermarina di natura soddisfacente perché non vincolavano in alcun modo le operazioni delle forze aeree e navali italiane lungo le coste elleniche.

Ciò nonostante, l'intensificata attività del X Fliegerkorps contro il naviglio britannico in mare portò ad alcuni spiacevoli incidenti, che si verificarono tra il 22 febbraio e il 1° marzo. Furono infatti attaccate dai velivoli tedeschi He.111 del II./KG.26 (2° Gruppo del 26° Stormo Bombardamento) cinque navi mercantili, quattro delle quali di nazionalità francese naviganti lungo le coste dell'Algeria e della Tunisia. Di esse il piroscafo da carico *Louis Charles Schiaffino* fu affondato la sera del 25 febbraio, a nord-ovest di Philippeville, da due aerosiluranti "He.111" della 6ª Squadriglia (6./KG.26).

Questi incidenti comportarono, come conseguenza le più risentite proteste del Governo francese di Vichy, anche perché le navi attaccate erano perfettamente in regola. I loro spostamenti, previsto nel calendario del traffico segnalato a Roma dalla Sezione Marina della Commissione Italiana di Armistizio con la Francia (C.I.A.F.), erano stati portati a conoscenza di Supermarina e da questa regolarmente segnalati a Superaereo e al Comando del X Fliegerkorps, al quale, fin dal suo arrivo in Italia, erano state *"estese tutte le comunicazioni informative alla stessa stregua delle grandi unità aeree nazionali"*.

In seguito agli incidenti verificatisi, Supermarina concordò con i due comandi di Aeronautica dell'Asse norme più precise per la conoscenza dei movimenti delle navi francesi, che dovevano portare distintivi di nazionalità più visibili ed essere possibilmente illuminate di notte. Fu anche stabilito che, in ogni caso, non dovevano essere attaccate unità da carico inferiori alle 500 tonnellate.

I provvedimenti presi da Supermarina con Superaereo e con il X Fliegerkorps, aggiunti ad una maggiore attenzione imposta agli equipaggi degli aerei tedeschi e ad un maggiore controllo esercitato dai francesi sullo svolgimento del loro traffico, ebbero successo, dal momento che nei mesi successivi non si verificarono altri spiacevoli incidenti.

13) *La scelta delle basi per la Squadra Navale e le ricognizioni aeree per tenere sotto controllo la Flotta britannica nel Mediterraneo centro-orientale*

Subito dopo che si era concluso il convegno di Merano (13-14 febbraio 1941) si ripropose il problema della scelta delle basi per le navi da battaglia italiane, sotto il punto dell'agibilità, della protezione e della convenienza operativa. Sia l'ammiraglio Iachino, sia Supermarina, erano dell'idea che le corazzate potevano mantenere la migliore posizione di intervento, *"a seconda dell'indirizzo che si intendeva dare alla guerra navale"*, occupando i porti della Ionio e del Tirreno (Taranto e Napoli); ma continuarono pure a ritenere che dal punto di vista della sicurezza la base meno esposta all'azione degli aerei nemici fosse pur sempre quella di La Spezia.

Occorreva però tener conto che quest'ultima base non poteva ospitare più di tre corazzate, mentre con il prossimo rientro in servizio della *Caio Duilio* la Squadra Navale ne avrebbe avute disponibili quattro. Per tale motivo l'ammiraglio Iachino ritenne necessario riportare al più presto possibile le navi da battaglia a Taranto, unico porto capace di contenere l'intero gruppo corazzato e quello in posizione migliore per operare sia nel Mediterraneo centro-orientale che in quello occidentale. Questo trasferimento sarebbe dovuto avvenire non appena l'offensiva del X Fliegerkorps contro Malta avesse ridotto l'efficienza degli aeroporti dell'isola. Una volta eliminata quella minaccia, sarebbe stato anche possibile evitare un concentramento troppo accentuato di corazzate a Taranto, lasciandovi soltanto le due "Littorio" ed ospitando a Messina le due o tre corazzate tipo "Cesare".

Da parte sua Supermarina, tenendo conto che la perdita della Cirenaica aveva ulteriormente ridotte le possibilità di controllare con gli aerei il Mediterraneo orientale ed esposto pericolosamente ad attacchi di sorpresa delle forze navali inglesi le rotte di comunicazione con Tripoli, denunciava di essere stata costretta ad aumentare la scorta ai convogli italiani e tedeschi diretti in Libia con un maggior numero di siluranti – in parte prelevate alla stessa Squadra Navale – la cui efficienza veniva ridotta da un continuo logorio.

La *Andrea Doria*, rimodernata, era una delle tre corazzate che nel febbraio 1941 erano disponibili nella Squadra Navale italiana. Una quarta nave da battaglia, la *Littorio*, ultimate le riparazioni per il triplice siluramento di Taranto dell'11 novembre 1940 stava rientrando in servizio.

Dall'afflusso a Tripoli dei convogli, che trasportavano i complementi di truppa, nuovi reparti, mezzi e materiali, dipendeva la sorte della campagna in Africa Settentrionale, la cui conquista avrebbe permesso alla Gran Brtetagna di divenire padrona assoluta di tutta la costa, da Gibilterra a Suez. Pertanto, considerando che la posta in gioco poteva essere rappresentata da una maggiore aggressività del nemico, esplicata con l'impiego di reparti navali di superficie in appoggio di quelli già inquietanti dei reparti aerei, ma soprattutto dei sommergibili che il 25 febbraio, come detto, affondarono l'incrociatore *Armando Diaz* nei pressi della costa orientale della Tunisia, Supermarina ritenne "*indispensabile mettersi in condizioni di intervenire tempestivamente con tutte le nostre forze nel Mediterraneo centrale*".

Era questo un impegno già preso durante il convegno di Merano, durante il quale, di fronte all'insistenza del Grande ammiraglio Raeder, l'ammiraglio Riccardi aveva dato l'assicurazione che, per proteggere le rotte libiche, "*la Marina italiana avrebbe tenute pronte ad intervenire se necessario, anche le forze maggiori*". Lo stesso Alto Comando delle Forze Armate germaniche aveva insistito sull'importanza di questo genere di protezione presso il Comando Supremo italiano, che da parte sua si rese garante emanando a Supermarina e a Superaereo precise direttive.

In questo contesto il rientro delle corazzate a Taranto era pertanto considerato a tutti gli effetti necessario ed urgente, anche perché, nel frattempo, appariva importante predisporre, "*con le debite predisposizioni di sicurezza e dopo averne ben vagliate le convenienze e le ritorsioni*", eventuali incursioni contro il traffico di rifornimento britannico che faceva capo a Bengasi, seguendo le rotte costiere della Cirenaica. Lo scopo di queste incursioni era di obbligare il nemico a rallentare l'afflusso dei rifornimenti e dei mezzi alle prime linee, e nel contempo costringerlo "*a subire l'iniziativa della Marina italiana*".

La corazzata *Vittorio Veneto*, gemella della *Littorio* che alla fine di marzo stava per rientrare in servizio dopo le riparazioni per il siluramento di Taranto dell'11 novembre 1940.

L'impiego offensivo di un reparto veloce, costituito dalla corazzata *Vittorio Veneto* e da tre incrociatori pesanti, fu proposto alla fine di febbraio dall'ammiraglio Iachino, con lettera personale inviata al Capo di Stato Maggiore della Regia Marina. L'ammiraglio Riccardi, rispondendo il 4 marzo, anch'egli in forma privata, affermò che un piano simile era stato studiato da Supermarina. Tuttavia esso al momento non si rendeva attuabile, perché gli inglesi, intensamente attaccati dagli aerei del *X Fliegerkorps*, che decollando dalla Sicilia affondarono tra l'altro il monitore *Terror*, erano stati costretti ad abbandonare il porto di Bengasi. Ragion per cui, specificò l'ammiraglio Riccardi, era *"venuto a mancare l'obiettivo principale, se non unico dell'azione navale"*.

* * *

In quello stesso periodo, per tenere sotto continuo controllo la flotta britannica, che partendo dai porti della Grecia e di Alessandria avrebbe potuto spingersi nel Mediterraneo centrale ed attaccare il traffico italiano diretto in Albania, occorreva che la ricognizione aerea esercitasse in mare una maggiore attività. Supermarina, che disponeva di mezzi insufficienti ed anche inadatti per agire nelle zone in cui il contrasto nemico era fortissimo, avrebbe voluto da parte della Regia Aeronautica un sostegno costante. Pertanto, quando ai primi di febbraio Superaereo, per motivi di economia, ordinò la riduzione delle ricognizioni giornaliere sui porti della Grecia occidentale, Supermarina protestò vivacemente, facendo presente che forze navali nemiche, non tempestivamente segnalate, avrebbero potuto facilmente attaccare il traffico nel Canale d'Otranto, percorrendo la distanza di circa 200 miglia esistente tra Navarino e Valona in poco più di dieci ore di navigazione notturna.

Nello stesso tempo, avendo gli inglesi occupato l'intera Cirenaica, ed essendo pertanto venuta a mancare la possibilità di tenere sotto controllo il Mediterraneo orientale con i velivoli della Libia, Supermarina si era rivolta al Comando Supremo affinché sollecitasse il Comando Forze Armate dell'Egeo ad attuare, con carattere continuativo, le ricognizioni aeree nella zona tra Alessandria e l'Isola di Creta, in modo da segnalare tempestivamente la presenza in mare della *Mediterranean Fleet*.

Il generale Guzzoni, ritenne fosse più utile controllare la presenza della flotta britannica direttamente nel porto di Alessandria, e pertanto decise di affidare le ricognizioni, da svolgere saltuariamente, ad una sezione di veloci trimotori terrestri "Cant Z. 1007 bis", fatti affluire a Rodi dall'Italia. Ma Supermarina, pur ritenendo il sistema proposto utilissimo per integrare la vigilanza, con lettera del 21 marzo insistette affinché fossero anche effettuate delle intensificate ricognizioni diurne a carattere continuativo, almeno sulle direttrici del traffico nemico diretto verso l'Egeo.

Questa richiesta era poi motivata dal fatto che proprio in quel periodo si stava mettendo a punto un'azione offensiva della flotta nel Mediterraneo orientale, nella cui pianificazione, come vedremo, la conoscenza dei movimenti dei convogli e delle forze navali nemiche acquistava un carattere di priorità assoluta.

14) La battaglia di Matapan

Nelle settimane che seguirono il convegno di Merano la Seekriegsleitung continuò ad esercitare pressioni su Supermarina affinché si decidesse ad effettuare delle puntate offensive contro l'incrementato traffico britannico, che collegava l'Egitto alla Grecia. Incremento dovuto al fatto che, a partire dal 6 marzo 1941, con l'inizio dell'Operazione "Lustre", avevano cominciato ad affluire in territorio ellenico gli elementi e i mezzi di quattro divisioni britanniche, ritenute necessarie per fronteggiare l'attacco tedesco alla Grecia, i cui dettagli erano stati rivelati a Londra dalle preziose intercettazioni dell'organizzazione crittografica "Ultra". Inizialmente Supermarina si mostrò contraria ad attuare le missioni richieste, perché riteneva che la flotta non fosse ancora in condizioni di intraprendere operazioni offensive.. Tuttavia, dopo l'errata notizia del siluramento a sud di Creta di due delle tre corazzate della Mediterranean Fleet, dichiarato il 16 marzo dagli equipaggi di due aerosiluranti He 111 della 6./KG.26 del X Fliegerkorps, Supermarina, ritenendo si fossero presentate condizioni favorevoli per effettuare una missione della Squadra Navale nel Mediterraneo orientale, decise di impiegarvi una forza navale comprendente la corazzata *Vittorio Veneto*, sei incrociatori pesanti, due incrociatori leggeri e tredici cacciatorpediniere.

Nel preparare i dettagli della missione, Supermarina cercò di accertare, per mezzo della ricognizione aerea italiana e tedesca, se le due corazzate inglesi erano state effettivamente silurate dai velivoli del X Fliegerkorps. Ben presto, per un avvistamento del 24 marzo effettuato con rilievo fotografico da un ricognitore Ju.88D tedesco della Squadriglia 2.(F)/122, apparve evidente che le tre navi da battaglia, di base ad Alessandria (*Warspite*, *Valiant*, *Barham*), erano tutte in piena efficienza. Tuttavia, contando sulla superiore velocità delle proprie unità e sottovalutando la pericolosità degli aerei britannici, che fino ad allora negli attacchi in mare aperto erano stati praticamente inconcludenti, Supermarina decise di tentare ugualmente la sorte.

E ciò, come scrisse all'epoca in un promemoria l'ammiraglio Giuseppe Fioravanzo per i seguenti tre motivi:

"*Dare al mondo l'impressione che l'Inghilterra non ci aveva preclusa l'iniziativa in zone lontane dalle nostre basi; dare alla Squadra, da troppo tempo inattiva, la soddisfazione per essa tanto desiderata di andare verso il nemico senza subirne la volontà; non tralasciare le pressioni che ci venivano da Berlino*".

A questo riguardo , rispondendo il 25 marzo al Grande ammiraglio Raeder, che il giorno 19 aveva nuovamente invitato Supermarina ad attaccare il traffico inglese nel Mediterraneo orientale in un momento ritenuto favorevole per l'eliminazione delle due corazzate di Alessandria, l'ammiraglio Riccardi affermò di pensarla nello stesso modo, e sostenne che le prossime operazioni della flotta sarebbero state indirizzate in quella direzione.

La nave da battaglia britannica *Barham*, della 1ª Squadra da Battaglia della Mediterranean Fleet, nel Mediterraneo orientale nel 1941. Risalente alle Prima guerra mondiale, aveva un tonnellaggio di 31.000 tonnellate, ed era armata con otto cannoni da 381 mm.

Rispondendo poi al generale Guzzoni, che il 21 marzo aveva invitato la Marina ad effettuare in Egeo "*offese navali di superficie attuabili attraverso rapide puntate di incrociatori protetti e cercando di battere le corazzate*" britanniche, che in quel momento apparivano "*in stato d'inferiorità numerica*", il Capo di Stato Maggiore della Regia Marina scriveva il giorno 28 che "*Supermarina aveva già studiato le possibilità di azioni con navi di superficie contro l'Egeo*" e di avere "*altresì intensificata la dislocazione di sommergibili in quel settore*".

Ritenendo che la missione poteva avere successo se la flotta avesse disposto di un efficace appoggio aereo, Supermarina chiese al contrammiraglio Weichold di prendere accordi con il Comando del X Fliegerkorps, il quale si disse pronto a mettere a disposizione velivoli da ricognizione, da caccia a largo raggio, e da bombardamento. Ma quando il Capo di Stato Maggiore dell'Aeronautica, dopo aver ricevuto il programma delle scorte aeree trasmesso da Supermarina, seppe dall'ammiraglio Riccardi che per la puntata della flotta erano stati presi accordi con la *Luftwaffe*, lasciandolo praticamente all'oscuro, il generale Pricolo si irritò con il collega della Marina; e, come poi avrebbe scritto nel dopoguerra, lo accusò "*di aver commesso una grave sgarberia verso Superaereo*". Il generale Guzzoni gli dette pienamente ragione e subito furono apportate varianti per l'impiego degli aerei, che però non poterono essere portate a conoscenza dell'ammiraglio Iachino, salpato la sera del 26 marzo da Napoli con la corazzata *Vittorio Veneto*.

Oltre al pasticcio dell'appoggio aereo, da cui si sarebbero verificate gravi conseguenze, accadde che, mentre gli ordini operativi alle unità della flotta, ancora all'ormeggio nei porti, furono diramati per filo, e quindi con procedura praticamente sicura, le istruzioni al Comando delle Forze Armate dell'Egeo, i cui aerei dovevano partecipare all'appoggio navale durante il giorno X (28 marzo), furono trasmesse per radio con il Comando Superiore Egeo (Egeomil), impiegando la macchina cifrante tedesca "Enigma" di Supermarina. Ne conseguì che gli inglesi, tramite la loro organizzazione crittografica "Ultra", vennero a sapere che la flotta italiana avrebbe effettuato una non precisata puntata offensiva verso l'Egeo, prevista per il 28 marzo, poiché decrittarono anche il fondamentale telegramma con il quale Supermarina informò Rodi: "*Oggi 25 marzo è giorno X-3*".

Ore 11.00 del 27 marzo 1941. Gli incrociatori della 8ª Divisione, *Abruzzi* **e** *Garibaldi* **(gli ultimi due) provenienti da Brindisi, manovrano per accodarsi agli incrociatori della 1ª Divisione (nell'ordine dall'alto)** *Zara*, *Pola* **e** *Fiume* **salpati da Taranto e diretti in Egeo attraverso il Canale di Cerigotto.**

Pur restando nel dubbio sull'obiettivo e sulla consistenza delle navi italiane che avrebbero partecipato all'operazione, il Comandante in Capo della *Mediterranean Fleet* ammiraglio Andrew Cunningham, decise di trasferirsi all'alba del 28 marzo a 10 miglia a sud dell'Isola di Gaudo con la sua squadra da battaglia costituita dalle tre corazzate *Warspite*, *Valiant* e *Barham*, dalla portaerei *Formidable* e da nove cacciatorpediniere, per riunirsi alla "Forza B" costituita dai quattro incrociatori leggeri *Orion*, *Ajax*, *Perth* e *Gloucester* e da altrettanti cacciatorpediniere, salpati dal Pireo.

Il mattino del 27 marzo un ricognitore britannico "Sunderland" del 230° Squadron della R.A.F, partito da Corinto con pilota e caèpo equipaggio il capitano pilota Alan Lywood, avvistò la flotta italiana che si era riunita a sud dello Stretto di Messina, e ciò servì all'ammiraglio Cunningham per confermare i preparativi di partenza della sua flotta, che salpò da Alessandria dopo il tramonto del sole. Nei comandi italiani le segnalazioni del "Sunderland" generarono naturalmente un certo allarme perché la missione era stata concepita con il carattere della sorpresa. Tuttavia non venne arrestata. Infatti, sebbene, come abbiamo detto, fosse stato accertato fin del 24 marzo che le tre corazzate della *Mediterranean Fleet* fossero tutte efficienti – notizia poi confermata il 26 dallo sviluppo di una ripresa fotografica scattata il giorno 24 dal velivolo Ju.88D della 2.(F)/123 del X Fliegerkorps che aveva fatto l'avvistamento – a Roma si ritenne che il rischio da correre non fosse molto dissimile da quello preventivato nella pianificazione. Nello stesso tempo si evitò di dare ai tedeschi il motivo di rinfacciare agli italiani una eventuale ritirata della flotta, effettuata al presentarsi delle prime difficoltà.

Pertanto, mentre l'ammiraglio Iachino veniva informato per radio, con ben quattro telegrammi, della reale situazione esistente ad Alessandria, Supermarina decise di far continuare la missione della flotta verso Creta, con la sola variante della riunione di tutte le navi a sud dell'isola, perché era subentrata la convinzione, determinata da segnalazioni radiogoniometriche, di trovarvi l'indomani un reparto di unità leggere inglesi, provenienti dall'Egeo. Ed in effetti gli idrovolanti da ricognizione Ro.43 catapultati dalle navi italiane all'alba del 28 marzo, segnalarono a sud di Gaudo i quattro incrociatori e i quattro cacciatorpediniere della "Forza B" partiti dal Pireo. Su di essi conversero dapprima gli incrociatori pesanti della 3ª Divisione Navale *Trieste*, *Trento* e *Bolzano*, e in un secondo tempo, nel vano tentativo di prendere il nemico fra due fuochi, anche la *Vittorio Veneto*. Le azioni a fuoco, sviluppate dalle navi italiane a grande distanza e senza che il nemico potesse rispondere per la minore portata delle loro artiglierie, non riuscirono ad impedire il disimpegno delle unità britanniche, contro cui furono sparate novantaquattro granate da 381 mm e cinquecentoquarantadue da 203 mm, nessuna delle quali arrivò a segno, a conferma se ve ne fosse ancora bisogno, dell'insufficienza del tiro italiano.

Battaglia di Gaudo. Le artiglierie prodiere da 381 mm della corazzata *Vittorio Veneto* pronte a spare su una divisione di incrociatori britannici della Mediterranean Fleet.

Un inconcludente attacco portato da sei aerosiluranti Albacore dell'826° Squadron della portaerei *Formidable* contro la *Vittorio Veneto*, convinse l'ammiraglio Iachino ad affrettare la sospensione dell'azione balistica per riprendere la rotta del ritorno, anche perché la presenza degli aerei imbarcati servì a fargli comprendere che la *Mediterranean Fleet* non doveva trovarsi troppo distante. Egli sperò che i velivoli da caccia dell'Aeronautica dell'Egeo sarebbero intervenuti per proteggere le sue navi da ulteriori attacchi aerei, che nel corso del pomeriggio la R.A.F. attuò con trenta bombardieri partiti dalla Grecia, le cui cinque incursioni si intervallarono con altre tre condotte da diciotto aerosiluranti dell'Aviazione Navale britannica. Purtroppo i dodici velivoli da caccia italiani "Cr. 42" di base sull'Isola di Scarpanto, che nel corso della mattinata erano giunti in formazione modeste e saltuarie nel cielo delle navi, nel pomeriggio non poterono continuare a proteggere la Squadra Navale che si allontanava velocemente dal limite della loro autonomia. Conseguentemente, quando cinque velivoli (tre Albacore e due Swordfish) dell'829° Squadron della *Formidable*, al comando del capitano di corvetta J. Dalyell-Stead. effettuarono, alle 15.20, un secondo intervento nessun aereo italiano si trovò sopra la *Vittorio Veneto*. La corazzata fu colpita a poppa da un siluro sganciato dal velivolo Albacore del capo formazione, che durante l'attacco fu colpito da una mitragliera binata da 20 mm della *Vittorio Veneto*, e precipitò in mare con il decesso dei tre uomini dell'equipaggio.

Costretto a ridurre la velocità della Squadra a 19 nodi, e dopo aver dato libertà di manovra per rientrare alle basi agli incrociatori leggeri dell'8ª Divisione *Abruzzi* e *Garibaldi*, l'ammiraglio Iachino raccolse intorno alla sua menomata nave da battaglia i sei incrociatori pesanti e undici cacciatorpediniere; e con essi si apprestò a fronteggiare un'ultima incursione di dieci aerosiluranti della portaerei britannica, preannunciata dai crittografi imbarcati sulla *Vittorio Veneto* per dopo il tramonto. Nell'attacco, che si sviluppò alle 19.30 a sud di Capo Matapan, la punta estrema meridionale del Peloponneso, fu arrestato il *Pola* da un siluro, sganciato dall'Albacore del 829° Squadron con pilota sottotenente di vascello Grainger Patrick Carlisle Williams. Il *Pola* rimase arretrato, e per soccorrerlo l'ammiraglio Iachino ordinò agli altri due incrociatori della 1ª Divisione Navale, *Zara* e *Fiume*, di invertire la rotta con i loro quattro cacciatorpediniere di scorta. Ciò avvenne con un certo ritardo, perché Iachino dovette insistere parecchio per convincere il Comandante della 1ª Divisione a tornare indietro, dal momento che l'ammiraglio Carlo Cattaneo, considerando di poter essere intercettato dalle navi inglesi lanciate all'inseguimento della flotta italiana, aveva saggiamente suggerito di inviare in soccorso del *Pola* due soli cacciatorpediniere.

Che le navi nemiche potessero costituire una minaccia era stato chiaramente denunciato, in almeno tre occasioni, dagli avvistamenti effettuati dai ricognitori e dagli aerei offensivi italiani e tedeschi e, altre due volte, per opera delle intercettazioni radiogoniometriche trasmesse da Supermarina, la seconda delle quali indicava la presenza di un Comando Complesso britannico a 75 miglia a levante della *Vittorio Veneto*. Erano informazioni denuncianti chiaramente che la Mediterranean Fleet stava tallonando la flotta italiana, ragion per cui la decisione dell'ammiraglio Iachino di mandare l'intera 1ª Divisione a soccorrere il *Pola*, con il fondato rischio di imbattersi sulle navi britanniche che sopraggiungevano da levante, fu assai infelice e costituì il punto focale della successiva tragedia di Matapan.

La 1ª Divisione, che nell'accostata ad un tempo per 180°, si era trovata a disporre dei cacciatorpediniere di scorta di poppa agli incrociatori, continuò ad avanzare verso il *Pola* in una anomala linea di fila in cui le siluranti seguivano le unità maggiori invece di procederle. Il motivo di questa formazione, particolarmente criticato e criticabile, risiedeva nel fatto che i cacciatorpediniere della 1ª Divisione avevano segnalato alla nave ammiraglia *Zara* di essere rimasti con una dotazione di nafta appena sufficiente per il ritorno alla base; ragion per cui, volendo evitare che il consumo di combustibile aumentasse con un elevato incremento di velocità necessario per mettere ai cacciatorpediniere di riportarsi davanti agli incrociatori, l'ammiraglio Cattaneo decise di non apportare nessuna variante allo schieramento delle sue navi, la cui rotta le portò ad incrociare quella delle corazzate della Mediterranean Fleet.

Queste ultime, che per mezzo del radar avevano individuato l'immobilizzato incrociatore *Pola*, sul quale si apprestavano a far fuoco con le loro artiglierie, all'ultimo momento si accorsero, con strumenti ottici, della presenza della 1ª Divisione Navale, che sopraggiungeva dal lato opposto. Subito i cannoni da 381 mm delle tre navi da battaglia britanniche furono puntati sullo *Zara* e sul *Fiume* che alle 22.25, alla distanza di soli 3.500 metri e senza essersi accorti minimamente della minaccia incombente, furono investiti dalle bordate di grosso calibro. In soli quattro minuti, senza aver potuto abbozzare un tentativo di difesa, i due incrociatori furono ridotti a rottami in fiamme assieme ai cacciatorpediniere *Alfieri* e *Gioberti*, mentre il *Pola* veniva finito con siluri lanciati dal cacciatorpediniere britannico *Jervis* (capitano di vascello Philip John Mack), che ne aveva in precedenza recuperato l'equipaggio.[16]

La tragedia di Capo Matapan, che costò alla Regia Marina la perdita di cinque navi, il danneggiamento della sua più efficiente corazzata e in termini di vite umane la mancanza all'appello di duemilatrecentotré uomini, ebbe le sue conseguenze più gravi sullo stato di incertezza e di complesso di inferiorità che venne ad insidiarsi negli ambienti navali italiani, a terra e sulle navi. Ne derivò una ancora più accentuata prudenza operativa, determinata dal convincimento di non poter affrontare il nemico ad armi pari, essendo apparso evidente uno stato di inferiorità tecnico-tattico a tutti i livelli nei confronti della *Royal Navy*. Ma, soprattutto, dopo Matapan si fece strada l'idea, che avrebbe accompagnato la Regia Marina durante tutta la guerra, dell'impossibilità di poter operare di notte senza l'ausilio del radiolocalizzatore, mentre invece l'esperienza avrebbe poi dimostrato che era soprattutto la mancanza di buoni strumenti ottici a condizionare, assieme a vistose carenze di addestramento, la possibilità di combattere nell'oscurità con buone possibilità di successo.[17]

Inoltre a condizionare ancor di più la pianificazione di operazioni offensive, contribuì, in maniera determinante, la constatazione della difficoltà di spingere la flotta lontana dalle coste nazionali, per la mancanza di una nave portaerei che ne appoggiasse gli spostamenti.

Sebbene le perdite degli incrociatori pesanti *Zara*, *Fiume* e *Pola* fossero insostituibili per le necessità operative della Regia Marina questa ebbe modo di mitigare in questi giorni la sconfitta di Matapan con due notevoli successi, conseguiti dai mezzi d'assalto e dai sommergibili. Infatti, nella notte sul 26 marzo sei barchini esplosivi della X M.A.S., trasportati in prossimità di Suda dai cacciatorpediniere *Crispi* e *Sella*, penetrarono arditamente nella rada, ove stazionavano alcune unità della *Mediterranean Fleet*, e vi immobilizzarono una grossa petroliera e l'incrociatore pesante britannico *York*. Quest'ultimo, dopo essere stato adibito a nave comando per le operazioni in Grecia, nella seconda metà di maggio avrebbe ricevuto il colpo di grazia da aerei tedeschi.

Il secondo successo fu conseguito dal sommergibile *Ambra* (tenente di vascello Mario Arillo) che, trovandosi in agguato a nord di Sollum, nella notte del 31 marzo attaccò un convoglio partito da Alessandria e diretto in Grecia, affondando con due siluri il moderno

---

[16] Francesco Mattesini, *L'operazione Gaudo e lo scontro notturno di Capo Matapan*", Ufficio Storico della Marina Militare, Roma, 1998; Francesco Mattesini, *L'agguato di Matapan. Errori, omissioni e menzogne di una famosa battaglia navale*", RiStampa Edizioni, Santa Rufina di Cittaducale (RI), Giugno 2020.

[17] Francesco Mattesini, *I Radiolocalizzatori della Regia Marina*: Parte prima, in *Bollettino d'archivio dell'Ufficio Storico della Marina Militare*, settembre 1995 pgg. 95-198.

incrociatore leggero *Bonaventure* (capitano di vascello Henry Jach Egerton), anch'esso appartenente alla *Mediterranean Fleet*, che pertanto ebbe eliminati, nello spazio di quattro giorni, due delle sue più preziose navi.

Inoltre, quello stesso 31 marzo, agendo in Libia con grande determinazione e senza tener conto del cauto parere contrario dei Comandi italiani, il generale Rommel attaccò con l'*Afrika Korps* a Marsa el Brega, costringendo le forze britanniche del generale Archibald Wavell ad una rapida ritirata. Il 14 aprile la riconquista della Cirenaica da parte delle truppe italo-tedesche era da considerarsi ultimata, ad eccezione del campo trincerato di Tobruk che, rimasto isolato dal resto delle forze britanniche attestate lungo il confine egiziano, poteva essere rifornito soltanto dalla parte del mare. Era questo un compito sgradevole, ma necessario, che la Royal Navy non esitò ad accollarsi, superando notevoli difficoltà, determinate principalmente dalle unità aeree tedesche del *Fliegerführer Afrika,* che agivano intensamente contro il porto di Tobruk e il naviglio in transito.

15) Il trasporto in Libia della 15ª Divisione corazzata germanica e il trasferimento dalla Sicilia in Grecia del X Fliegerkorps

Alla metà di marzo del 1941, in seguito ad accordi stabiliti tra il Comando Supremo italiano e l'Alto Comando della Forze Armate germaniche, il generale Alfredo Guzzoni informò Supermarina e Superaereo che nella terza decade del mese sarebbe iniziato il trasferimento in Libia di una seconda grande unità terrestre germanica, la 15ª Divisione Corazzata, il cui trasporto doveva svolgersi con le modalità ed il ritmo già seguiti per l'invio oltremare della 5ª Divisione Leggera.

Supermarina, pur facendo notare al Comando Supremo le difficoltà logistiche che si presentavano per mantenere nel futuro gli impegni presi con i tedeschi, stabilì che il trasporto in Libia della 15ª Panzer-Division si svolgesse con un ritmo di quattro convogli, ciascuno di cinque piroscafi, a distanza di tre o quattro giorni. A questo ingente traffico si aggiungeva quello altrettanto cospicuo dei convogli nazionali, destinati a trasferire in Africa Settentrionale italiana complementi ed effettivi delle divisioni "Ariete", "Trento", "Trieste" e "Torino", movimento da ultimare per il 15 giugno.

Naturalmente, Supermarina denunciò che tutta questa attività di trasporto avrebbe inciso in maniera considerevole sul logorio del naviglio di scorta in parte costituito da cacciatorpediniere sottratti per quel gravoso compito alla Squadra Navale, nel momento in cui serviva alle sue divisioni il massimo della protezione antisom e antiaerea, essendo stato concordato con la Kriegsmarine la posa di sbarramenti di mine a protezione del porto di Tripoli da affidare ai suoi incrociatori leggeri, mentre i tedeschi avrebbero fornito le mine magnetiche con personale di Marina specializzato.

Pertanto, quando il 27 marzo il Comando Supremo, agendo su richiesta tedesca, ordinò di accelerare il flusso dei trasporti tedeschi, riducendoli ad un intervallo di due soli giorni, Supermarina si mostrò alquanto contrariata. Non di meno, lavorando assieme alla Direzione Trasporti dello Stato Maggiore dell'Esercito, preparò uno schema dettagliato sulla costituzione dei trasporti germanici, ciascuno dei quali doveva disporre di cinque piroscafi. Non ancora soddisfatto il Comando Supremo, al quale l'O.K.W. da Berlino rivolgeva ulteriori insistenti richieste, raccomandò che le modalità di trasporto della 15ª Panzer-Division si svolgessero "*col ritmo più rapido possibile*", ricevendone l'assicurazione da Supermarina.

Nel contempo Superaereo aveva preparato un importante direttiva per la protezione dei traffici italo-germanici con la Libia, che diramò il 7 aprile. Il documento aggiornava le prime disposizioni emanate il 9 febbraio, stabilendo più adeguate modalità di scorta, approvate da Supermarina, particolarmente riguardo ai compiti della caccia, dei velivoli antinsidiosi e dei ricognitori. Era anche stabilito che al movimento dei convogli dovesse corrispondere una intensificata attività di bombardamento sulle basi di Malta.

L'importanza di interrompere il traffico marittimo dell'Asse con tutti i mezzi offensivi possibili, da realizzare nel momento in cui stava affluendo a Tripoli la 15ª Divisione Corazzata germanica, era stata valutata nel suo pieno valore dai comandi britannici. L'offensiva si concretò all'inizio della primavera, portando i sommergibili di base a Malta a otto unità, incrementando la difesa dell'isola con velivoli da caccia "Hurricane" fatte affluire da occidente con la portaerei *Ark Royal*, della Forza H, ed aumentando a Malta il numero dei bombardieri, aggiungendo a quelli rientrati dall'Egitto, velivoli "Blenheim" del Coast Command (Comando Costiero) provenienti dall'Inghilterra e specializzati in attacchi a volo radente contro navi.

Ma la mossa vincente fu costituita dall'invio a La Valletta di una squadriglia (14ª) di quattro cacciatorpediniere di squadra della Mediterranean Fleet (*Jervis*, *Janus*, *Nubian*, *Mohwak*), al comando del capitano di fregata Philip Mack. Queste unità nella notte sul 16 aprile attaccarono ed annientarono nelle acque delle Isole Kerkennah un convoglio tedesco di cinque piroscafi (*Adana*, *Arta*, *Aegina* e *Iserlhon* e l'italiano *Sabaudia*) con i loro tre cacciatorpediniere di scorta italiani (*Luca Tarigo*, *Baleno*, *Lampo*), dei quali il capo scorta *Tarigo* (capitano di fregata Pietro De Cristoforo), prima di affondare riuscì a silurare e colare a picco il cacciatorpediniere britannico *Mohwak* (capitano di fregata John Willson Musgrave Eaton).

Il potenziamento di Malta e la minaccia che l'isola esercitava sulle rotte marittime, senza che la Luftwaffe, per i suoi molteplici compiti, fosse in grado di metterv un efficace freno, finì per preoccupare i responsabili italiani della guerra. Infatti, fin dal 14 aprile il Sottocapo di Stato Maggiore Generale aveva indetto una riunione al Comando Supremo nel corso della quale venne affrontato, in tutta la sua urgenza, il problema di continuare di far affluire a Tripoli il materiale necessario al generale Erwin Rommel per risolvere la questione della piazzaforte di Tobruk che, in seguito alla riconquista della Cirenaica da parte delle truppe italo-tedesche, ormai attestate presso il confine egiziano, si trovava assediata dalla parte di terra.

In tale occasione, allo scopo di incrementare la quantità di carico trasportata dalle navi mercantili, il generale Guzzoni mise in discussione la possibilità di utilizzare le navi da guerra. Ma la proposta fu nettamente respinta dall'ammiraglio Riccardi, il quale rappresentò l'antieconomicità di utilizzare i cacciatorpediniere nel trasporto di materiale. Egli si oppose anche ad impiegare gli incrociatori nella scorta ai convogli – che appariva necessaria per parare la minaccia derivante della presenza a Malta dei quattro cacciatorpediniere britannici della 14ª Flottiglia – con la motivazione che ciò avrebbe indotto ad impiegare altre siluranti nella scorta a quelle grandi navi. Da ciò ne sarebbe derivato, secondo l'opinione del Capo di Stato Maggiore della Marina, un maggiore logorio alle unità di scorta, già oberate di lavoro per la protezione dei convogli, ed anche un maggior consumo di nafta, le cui scorte, non sostenute da adeguati incrementi da parte della Germania si stavano assottigliando in modo preoccupante, essendo scese dalle tonnellate 1.700.000 esistenti all'inizio della guerra, alle tonnellate 473.000 dell'11 aprile 1941.

Il 21 aprile, a dimostrazione che le navi britanniche avevano ripreso un certo controllo del Mediterraneo centrale, la Mediterranean Fleet dell'ammiraglio Cunningham bombardò il porto di Tripoli, impegnandovi le tre corazzate *Warspite*, *Valiant* e *Barham* e l'incrociatore *Gloucester*, mentre la nave portaerei *Formidable,* forniva l'appoggio aereo all'operazione. Lo stesso giorno il Comando Supremo informò Supermarina e Superaereo che occorreva assicurare la protezione dei prossimi convogli tedeschi in partenza da Napoli per la

Libia, perché trasportavano il reggimento carri armati della 15ª Panzer-Division e preziose batterie contraeree italiane. Supermarina rispose di aver già provveduto ad assegnare ad ogni convoglio, costituito da sei piroscafi, altrettante navi scorta e una forza di protezione formata da uno o due gruppi di incrociatori con i relativi cacciatorpediniere, mentre l'aviazione italo-tedesca avrebbe rinforzato la protezione alle navi con velivoli da caccia e da ricognizione.

L'imbarco su un piroscafo di un autocarro tedeschi diretto dall'Italia in Africa Settentrionale.

Le sempre più pressanti preoccupazioni di Supermarina – per il logorio cui erano soggette le sue forze navali nei più svariati compiti, ma soprattutto per la scorta ai trasporti militari con la Libia – furono esposte in due successivi promemoria, nei quali prevedeva che il nemico avrebbe fatto ogni sforzo per insidiarli, con aerei, sommergibili e navi di superficie, che già davano ampiamente una tangibile dimostrazione della loro efficacia. Pertanto Supermarina arrivò alla conclusione che soltanto la neutralizzazione dell'Isola di Creta, che avrebbe permesso all'Asse di dominate il Mediterraneo orientale, e la neutralizzazione di Malta, da cui partivano gli attacchi più pericolosi contro il traffico diretto in Nord Africa, avrebbero potuto migliorare la situazione.

In effetti le preoccupazioni di Supermarina erano legittime, dal momento che nella terza decade di aprile il Comandante in Capo della Mediterranean Fleet, aveva inviato a La Valletta l'incrociatore *Gloucester* in appoggio alla 14ª squadriglia di cacciatorpediniere, che aveva sostituito con altra unità l'affondato *Mohawk*. La presenza di quella grossa nave, che la ricognizione aerea tedesca individuò il giorno 23 a La Valletta, e il fatto che nella notte precedente le unità della 14ª Flottiglia avevano affondato l'isolato piroscafo italiano *Egeo* a 80 miglia a nord di Tripoli, costrinse Supermarina ad incrementare, senza altri indugi, la scorta ai propri convogli con divisioni di incrociatori.

La situazione venuta a crearsi al centro del Mediterraneo finì, inoltre, per allarmare talmente i Comandi dell'Asse da indurli ad esercitare pressioni sull'aviazione italo-tedesca, affinché fossero ripresi, con maggiore intensità, gli attacchi sul porto di La Valletta, allo scopo di allontanarvi le navi inglesi. Altrimenti, specificò Supermarina nei suoi due citati promemoria, le unità britanniche di Malta, collegando i loro attacchi con quelli "*intensificati di bombardieri e siluranti*", avrebbero finito col creare "*una situazione insostenibile*".

Tale questione fu poi trattata dettagliatamente in una riunione tenuta il 27 aprile al Comando Supremo. In tale occasione il Generale Guzzoni insistette sulla necessità di battere giornalmente gli obiettivi dell'isola, e dal momento che l'O.K.W aveva fatto sapere che era previsto il trasferimento del X Fliegerkorps in Grecia, chiese che la Regia Aeronautica continuasse a battere Malta senza "*soluzione di continuità*".

Le previsioni lungimiranti di Supermarina, circa un incremento a breve scadenza dell'offesa aerea nemica sulle rotte libiche, si avverò puntualmente, perché quello stesso 27 aprile Malta ricevette in rinforzo un distaccamento di sei velivoli "Blenheim" del Coastal Command della R.A.F., specializzati, come detto, negli attacchi a volo radente contro obiettivi navali. Contemporaneamente, tramite la portaerei *Ark Royal*, arrivarono in volo a Malta anche ventitré Hurricane, destinati a rinforzare i reparti da caccia dell'isola che, nei duelli con i Bf. 109 tedeschi della 7ª Squadriglia del 26° Stormo che si trovava in Sicilia, avevano riportato grosse perdite.

Nel frattempo anche il Comandante della Luftwaffe, maresciallo del Reich Hermann Göring, aveva fatto conoscere a Superaereo il suo intendimento, condiviso dall'O.K.W., di ritirare dalla Sicilia tutti i reparti del X Fliegerkorps per concentrarli in Grecia. Motivò questa decisione con la necessità di iniziare l'attacco sistematico alle basi aeronavali britanniche dell'Egitto, e dar corso ad una posa continua di mine nel Canale di Suez, allo scopo di sostenere più adeguatamente il fronte della Cirenaica e la guerra nel Mediterraneo orientale.

Il contrammiraglio Eberhard Weichold, nel vano tentativo di convincere Berlino a recedere da quell'intendimento, ammonì sull'opportunità di ritirare completamente le forze aeree germaniche dal Mediterraneo centrale, dato che la Regia Aeronautica non appariva in grado, per qualità e numero di velivoli, di neutralizzare Malta e di assicurare il transito dei trasporti marittimi diretti in Libia. Ma Göring fu inflessibile nella sua decisione, anche perché le esigenze della guerra in Egeo richiedevano che il X Fliegerkorps partecipasse all'Operazione "Merkur", pianificata per conquistare l'isola di Creta, ultimo baluardo britannico rimasto in quel settore.

Ma oltre ad occuparsi del trasporto in Nord Africa delle truppe tedesche, gli italiani dovevano provvedere a concretare un loro programma di trasporti, che prevedeva di traghettare il Libia sei divisioni dell'Esercito entro il mese di settembre 1941. Il Comando Supremo riteneva di poter inviare a Tripoli una divisione al mese – comprendente 15.000 uomini e 2.500 autocarri – e almeno 100.000 tonnellate di rifornimenti.[18] A queste ottimistiche previsioni faceva però riscontro la constatazione che il ritmo di trasporto previsto non poteva essere mantenuto per le difficoltà, esposte dalla Regia Marina, di fornire ai convogli il naviglio di scorta, necessario per fronteggiare gli attacchi delle unità di superficie britannici. La loro presenza a Malta aveva infatti costretto Supermarina ad arrestare il traffico dei convogli, uno dei quali era rimasto fermo a Palermo per un'intera settimana in seguito ad un avvistamento della flotta nemica.

Per questo motivo cominciò seriamente a farsi strada l'idea che unica soluzione per far affluire in Libia i rifornimenti fosse quella di utilizzare pienamente i porti della Tunisia

---

[18] Maristat calcolò che per trasportare entro il 1° settembre 1941 il quantitativo di uomini, mezzi e rifornimenti indicato dal Comando Supremo, e a prescindere dall'invio contemporaneo di unità tedesche, sarebbe stato possibile effettuare con i ventisei piroscafi a disposizione sulle rotte libiche un convoglio ogni quattro giorni. E su questa base compilò uno schema dei trasporti che fu portato a conoscenza di Supermarina il 3 maggio.

(Biserta, Tunisi, La Goletta), che già la Francia aveva messo a disposizione dell'Asse per lo scarico di una piccola parte di rifornimenti. Disporre pienamente dei porti della Tunisia significava di permettere di ridurre alla metà (160 miglia) il percorso dei piroscafi diretti a Tripoli (320 miglia), per poi avviare i carichi a destinazione per mezzo di strade rotabili e in parte per ferrovia. Tutto ciò avrebbe anche comportato una maggiore sicurezza per via marittima e quindi una riduzione delle perdite di naviglio per offesa nemica.

Nel frattempo le flotte britanniche aveva ripreso la loro attività offensiva con ritmo frenetico, che appariva inarrestabile. Mentre la Forza H continuava ad operare nel Mediterraneo occidentale per rifornire di aerei da caccia l'isola di Malta, la Mediterranean Fleet continuò a dominare il bacino orientale, spingendosi fino a Malta per rifornìrla del combustibile necessario all'attività delle navi di superficie presenti a La Valletta.

Il 21 aprile, lo stesso giorno del bombardamento di Tripoli, temendo che l'arrivo in Libia della 15ª Panzer-Division potesse peggiorare la già pessima situazione dell'Esercito britannico operante in Cirenaica, il Comitato di Difesa riunitosi a Londra propose di inviare i Egitto un convoglio di sei grossi piroscafi veloci, trasportanti 395 carri armati tipo Matilda e Crusader e 53 velivoli da caccia Hurricane, facendoli passare per la rotta più breve, che passava per il Mediterraneo. Sulla base di questo progetto, l'Ammiragliato britannico pianificò l'Operazione "Tiger", che ebbe inizio l'8 maggio con la partenza da Gibilterra della Forza H, comprendente l'incrociatore da battaglia *Renown*, la portaerei *Ark Royal* e otto cacciatorpediniere. Queste navi accompagnarono, fino all'estremità occidentale del Canale di Sicilia, il convoglio proveniente dall'Inghilterra, che era scortato da un gruppo navale destinato a rinforzare la *Mediterranean Fleet*, costituito dalla corazzata *Queen Elizabeth*, da due incrociatori e da sei cacciatorpediniere.

Nel frattempo aveva preso il mare da Alessandria la *Mediterranean Fleet*, la quale, disponendo, delle corazzate *Warspite*, *Valiant* e *Barham* e della portaerei *Formidable*, dopo aver scortato due convogli a Malta, si avvicinò da levante al Canale di Sicilia per prelevarvi il convoglio "Tiger" e la sua scorta.

Condizioni di tempo particolarmente cattive agevolarono i movimenti navali britannici, impedendo all'aviazione dell'Asse di avere una chiara idea dei loro movimenti. Ragion per cui gli scarsi attacchi condotti a termine furono frustrati, oltre che dalle condizioni meteorologiche, da una reazione decisa delle navi e portarono ad un solo risultato positivo, costituito dal danneggiamento del cacciatorpediniere *Fortune* per opera di bombardieri S.79 italiani. Ne conseguì che le uniche perdite riportate dall'importante convoglio "Tiger" furono determinate dallo sbarramento minato "S. 11", che era stato posato alla fine di aprile presso Capo Bon dagli incrociatori e dai cacciatorpediniere italiani della 4ª Divisione Navale, e sul quale, nella notte del 9 maggio, andò perduto il piroscafo *Empire Song* e restò danneggiato il *New Zealand Star*. Con l'*Empire Song* andarono perduti 57 carri armati e 10 caccia.

16) La mancata realizzazione delle operazioni di sbarco in Corsica a Prevesa e a Cefalonia

L'11 gennaio 1941, il generale Alfredo Guzzoni, richiese a Superesercito, Supermarina e Superaereo di studiare, per ordine del Duce, l'eventuale occupazione di territori francesi, dal confine italiano fino al Fiume Rodano, inclusa anche la Corsica (Operazione "C"). Quest'isola doveva essere invasa dal mare con un corpo di spedizione di tre divisioni dell'Esercito, forte di circa 40.000 uomini, trasportato e appoggiato dalle unità navali e dai reparti aerei della Marina e dall'Aeronautica.

L'ammiraglio Riccardi, oltre ad obiettare che il trasporto delle truppe e dei mezzi era subordinato alla possibilità di utilizzare parte dei piroscafi al momento impegnati nel traffico con l'Albania e con la Libia, di fronte alla complessità di questa operazione di sbarco denunciò, con tre successivi promemoria, tutta una serie di problemi. In particolare mostrò di temere la possibile reazione che poteva derivare dall'intervento dei due moderni incrociatori da battaglia francesi tipo "Strasbourg" (*Strasbourg* e *Dunkerque*), di base a Tolone, a cui poteva aggiungersi il contrasto delle forze navali inglesi presenti a Gibilterra. Possibilità, affermò il Capo di Stato Maggiore della Regia Marina, che avrebbe fatto mancare alla flotta italiana "*la superiorità di forze che è presupposto fondamentale per l'esecuzione dell'operazione*". In realtà soltanto uno degli incrociatori da battaglia era efficiente, lo *Strasbourg*; il ché dimostra che le considerazioni di Riccardi erano errate, in quanto avrebbe dovuto sapere che la *Dunkerque* abbisognava di estesi lavori per ripristinare la sua efficienza dopo i fatti di Merse el Kebir del 3 e del 6 luglio 1940.

L'incrociatore da battaglia francese *Dunkerque*. L'immagine è del 1939. Assieme all'unità gemella *Strasbourg* (pagina successiva) si trovava a Tolone. Di 36.400 tonnellate, erano armati con otto cannoni in impianti quadrupli da 330 mm e possedeva una velocità di circa 30 nodi. Un loro intervento contro le navi da battaglia italiane che proteggevano i convogli di un eventuale sbarco italiano in Corsica (Operazione "C"), appoggiato da unità britanniche, e che fu studiato per ordine del Comando Supremo, a sua volta su richiesta di Mussolini, fu sconsigliato da Supermarina.

L'incrociatore da battaglia francese *Strasbourg*.

Parallelamente alla pianificazione dell'Operazione "C", a partire dal 29 gennaio il Comando Supremo aveva ordinato ai tre Stati Maggiori delle Forze Armate di preparare uno studio per effettuare, al momento opportuno, un'ardita azione sulla costa occidentale della Grecia, sbarcando a Prevesa quattro battaglioni di Camicie Nere. Supermarina, con promemoria del 1° marzo, fissò i mezzi necessari per il trasporto di oltre tremila uomini in quattro piroscafi, otto motovelieri e due motocisterne, e quelli necessari per la protezione ravvicinata e di concorso alle operazioni di sbarco nei due incrociatori della Forza Navale Speciale *Bari* e *Taranto* e sei torpediniere. L'Operazione denominata "4 B" doveva essere protetta dalle corazzate e dagli incrociatori della Squadra Navale.

Supermarina mise però in risalto che la spedizione marittima poteva *"essere eseguita soltanto con condizioni meteorologiche favorevoli, e se le forze navali maggiori del nemico"* fossero state *"lontane dalla zona dell'operazione e le sue forze aeree"*, ripartite nei numerosi aeroporti dell'Epiro occidentale e della Morea, fossero state *"preventivamente neutralizzate"*. Infine, occorreva venissero impiegati, con *"preavviso di sette giorni"*, i mezzi navali in quel momento utilizzati per i trasporti in Albania, che avrebbero pertanto subito un temporaneo rallentamento.

Il 5 marzo, in una riunione tenuta presso Superesercito, in cui fu ancora discussa la questione della conquista della Corsica e, soprattutto, quella di precedere l'azione offensiva tedesca in Grecia fissata per il 5 di aprile, con un'azione a fondo del Regio Esercito, fu nuovamente riproposta l'occupazione dell'Isola di Cefalonia, già studiata nel corso del 1940 ma non attuata per difficoltà di carattere operativo e logistico. Ancora una volta - fatto un succinto quadro degli oneri che l'operazione avrebbe comportato anche dal punto di vista della convenienza operativa - Supermarina arrivò alla conclusione che l'avanzata dell'Esercito in Grecia avrebbe reso lo sbarco nell'isola del tutto superfluo.

Nel frattempo, proseguivano gli studi per la conquista della Corsica e dei territori francesi, che Supermarina concretò con due direttive generali di operazioni denominate "D.G. 5" e "D.G. 5 bis", e per lo sbarco a Prevesa. Circa l'attuazione di quest'ultimo, il 30 marzo Supermarina diramò un documento dall'oggetto *"Operazioni nello Jonio e nel Basso Adriatico"*, in cui erano fissati tutti i dettagli per portare lo sbarci a buon fine.

La rapida avanzata dell'Esercito germanico in Grecia, iniziata il 6 aprile, convinse il giorno 10 il Comando Supremo a preparare l'operazione contro Prevesa con quarantotto ore di preavviso. Supermarina, con promemoria dell'11 aprile espose i preparativi in atto, e fece conoscere che le forze di sbarco e il loro gruppo d'appoggio, costituito dalle unità della Forza Navale Speciale, sarebbero stati protetti dagli incrociatori pesanti della 3ª Divisione, che per l'alba del giorno dello sbarco avrebbero dovuto portarsi a 50 miglia a ponente di Prevesa, mentre il resto della Squadra Navale si sarebbe tenuto pronto a muovere a Taranto e a Brindisi.

L'indomani il Comando Supremo stabilì che lo sbarco dovesse avvenire il 15 aprile. Sulla base di questa previsione il Comando in Capo della Squadra Navale compilò "*l'Ordine Generale di Operazione n° 40*", da diramare alla 3ª Divisione incrociatori, che però non poté muovere perché nel frattempo l'Operazione "4.B" era stata rinviata e poi annullata in seguito alla resa della Grecia, determinata dai colpi di maglio della Wehrmacht e della Luftwaffe.

Per lo stesso motivo non entrò in vigore un'altra Operazione, denominata "2 P", che era stata pianificata congiuntamente da Superesercito e da Superaereo, per ordine del Comando Supremo, allo scopo di conquistare con una rapida azione di paracadutisti il Canale di Corinto. Questa operazione, alla quale la Marina avrebbe dovuto partecipare soltanto in modo marginale, fornendo appoggio dal mare con qualche Mas, fu però ritardata per la necessità di trovare i mezzi aerei di trasporto necessari per l'aviosbarco, e fu poi preceduta nella sua attuazione da paracadutisti tedeschi della 7ª Divisione aviotrasportata lanciati con successo sullo stesso obiettivo il 29 aprile.

17) *La partecipazione della Regia Marina alla conquista della Jugoslavia della Grecia e di Creta*

Le intenzioni di Hitler, di eliminare prima la Jugoslavia e poi la Grecia, erano state portate a conoscenza dal Comando Supremo il 28 marzo 1941, assieme allo schema di azione che sarebbe stato seguito dalle Forze Armate germaniche e alla richiesta per la cooperazione di quelle italiane. Esse furono trasmesse due giorni più tardi ai tre Capi di Stato Maggiore delle Regie Forze Armate, dopo che il Duce aveva dato la sua assicurazione al generale von Rintelen, che l'Italia avrebbe schierato ingenti forze terrestri, aeree e navali per l'offensiva in Dalmazia.

L'indomani, 31 marzo, Mussolini emanò le "*Direttive per le operazioni contro la Jugoslavia*", in cui alla Regia Marina era affidato il compito di "*tendere e distruggere la marina jugoslava*", di "*interdire i movimenti nemici attraverso il Canale d'Otranto*", e di "*continuare ad assicurare le comunicazioni marittime con l'Albania e con la Libia*". Direttive che Supermarina fissò nel promemoria "*Operazioni in Adriatico*", in cui si stabilivano gli obiettivi prioritari per l'occupazione delle principali isole della Dalmazia e la dislocazione dei sommergibili di fronte alle principali basi della Marina jugoslava (Cattaro, Spalato e Sebenico) e nel Canale d'Otranto, mentre gli incrociatori leggeri della 4ª Divisione *Da Barbiano* e *Bande Nere* dovevano raggiungere Pola, per essere in grado di fronteggiare le modeste forze navali Jugoslave. Successivamente furono anche stabiliti i compiti di vigilanza della Ricognizione Marittima e quelli di appoggio alle operazioni navali da richiedere all'Aeronautica. Quest'ultima nelle sue direttive per le grandi Unità Aeree fissò quale compito primario quello di impedire alla flotta jugoslava di attraversare indenne il Canale d'Otranto per tentare di raggiungere i porti della Grecia.

Infine, le possibilità di attacco delle siluranti jugoslave contro il traffico per l'Albania furono prese in considerazione da Supermarina subito dopo l'inizio delle ostilità, arrivando al convincimento che l'unica difesa contro attacchi notturni risiedeva nel mantenere "*già in mare forze navali adeguate*".

Le operazioni contro la Jugoslavia, iniziate il 6 aprile, ebbero termine la sera del 19 con condizioni armistiziali durissime imposte a quella nazione. Nel contempo si stava consumando anche la disfatta della Grecia, attaccata al confine dalla Bulgaria dalla 12ª Armata germanica, sostenuta dalle unità aeree dell'8° Corpo Aereo (VIII Fliegerkorps), e sul fronte dell'Epiro dall'Esercito italiano appoggiato massicciamente dalle unità aeree dell'Aeronautica basate in Albania e nelle Puglie.

Fin dal 26 marzo la Seekriegleiutung aveva preso contatto con Supermarina, tramite il contrammiraglio Weichold, per chiarire *"le questioni inerenti alla comune condotta della guerra navale nelle acque greche per ottenere la massima efficacia possibile"*. Esse riguardavano la difesa costiera e del traffico marittimo tra le isole dell'Egeo, la responsabilità che avrebbe assunto l'Ammiraglio tedesco Sud-Est a cui, per ordine del Führer, sarebbe spettato il controllo di quel tratto di mare fino all'altezza del Canale di Corinto, lasciando l'altra parte sotto la giurisdizione italiana.

Ma soprattutto, non disponendo di proprie forze navali da impiegare in Egeo, la Seekriegsleitung chiedeva a Supermarina che fossero messe a disposizione dell'Ammiraglio Sud-Est, per disimpegnare i suoi molti compiti, due flottiglie di cacciatorpediniere e torpediniere, due o tre squadriglie di Mas, due squadriglie di cacciasommergibili, sei posamine e sei sommergibili. Erano anche richieste unità ausiliarie e per la protezione dei porti, navi da trasporto, cisterne e mezzi di rifornimento. La Regia Marina era poi invitata a provvedere allo stazionamento in Egeo di altre unità navali leggere da impiegare per il disimpegno dei compiti operativi, e che avrebbero dovuto agire sotto la responsabilità dell'Ammiraglio tedesco Sud-Est, Karl Georg Schuster, a cui, secondo gli ordini impartiti da Hitler, spettava la responsabilità della condotta della guerra navale in quel settore.

Queste richieste, non di poco conto, furono esaminate da Supermarina e portate alla conoscenza del Comando Supremo con un promemoria del 28 marzo dall'oggetto *"Chiarimenti che si chiedono all'Oberkommando della Marina Germanica"*. In esso si affermava che la divisione dello scacchiere dell'Egeo in due settori, uno controllato dagli italiani e l'altro dai tedeschi, era un controsenso, perché avrebbe inciso nell'insieme dei compiti operativi; ma soprattutto, nel documento si lamentava che in quel momento gran parte del naviglio leggero richiesto dai tedeschi era impegnato nella protezione del traffico con il Nord Africa.

Tuttavia il 9 aprile, tre giorni dopo l'inizio dell'attacco alla Grecia e la richiesta della Seekriegsleitung di fornire all'Ammiraglio tedesco Sud-Est le informazioni sui movimenti delle unità navali italiane da trasmettere ai reparti della Luftwaffe operanti nelle acque greche, Supermarina accettò di mettere a disposizione del Comando tedesco le unità navali richieste il 26 marzo. Chiese però che quelle di Egeomil restassero sotto esclusiva direzione italiana, e come aveva fatto notare il Comando Supremo, avanzò riserve sull'opportunità di dividere l'Egeo in due settori, soprattutto nei riguardi della protezione del traffico navale.

Esistevano ancora dettagli da chiarire, perché la Seekriegsleitung non intendeva recedere sulla richiesta di assegnare ai tedeschi la condotta delle operazioni navali in Egeo, motivata *"per garantire l'unità generale in quel settore"*. Pretesa peraltro giustificata pienamente dal fatto che quelle operazioni sarebbero state coordinate con quelle della Wehrmacht e della Luftwaffe, mentre veniva lasciata alla Regia Marina la condotta operativa della sua flotta eventualmente intervenuta in sostegno alle operazioni germaniche, muovendo dai porti dell'Italia. Su queste basi Supermarina, con promemoria approvato dal Duce il 16 aprile, ritenne necessario *"Lasciare alle forze armate tedesche la responsabilità, e quindi la direzione, delle operazioni locali in Egeo"*, e confermò di voler mettere a disposizione dell'Ammiraglio Sud-Est gran parte dei mezzi navali richiesti. Non ritenne invece opportuno di sottrarre i propri sommergibili ad una condotta unitaria della guerra subacquea nel Mediterraneo, diretta da Maricosom, mentre considerò necessario discutere sulla dipendenza delle forze navali del Dodecanneso per rendere possibile il coordinamento delle forze navali italiane in Egeo con quelle provenienti dalla Madre Patria.

In seguito a ciò il 15 aprile gli ammiragli Riccardi e Weichold ebbero un colloquio chiarificatore, in seguito al quale da parte tedesca fu compilato un verbale da portare all'attenzione di Supermarina, e da questa in piccola parte modificato. Con esso veniva pertanto deciso che la Regia Marina avrebbe messo a disposizione le unità leggere, sottili e ausiliarie richieste dalla Seekriegsleitung, da consegnare all'Ammiraglio tedesco Sud-Est nelle migliori condizioni di efficienza e sotto il Comando di un Ufficiale superiore italiano; ed era parimenti concesso il temporaneo *"prestito"* delle forze navali italiane dell'Egeo per appoggiare le operazioni tedesche , con preavviso di ventiquattr'ore. Non fu invece accettata la cessione di sei sommergibili, con la giustificazione che in quel momento *"le forze subacquee italiane erano tutte impegnate per compiti offensivi contro il ritrasporto* [evacuazione] *dalla Grecia del Corpo di spedizione inglese";* impegno che era previsto sarebbe durato *"ancora per parecchio tempo"*. Infine fu stabilito che il capitano di vascello Corso Pecori Girardi, già Addetto Navale a Berlino, avrebbe tenuto, con l'incarico di Capo di Stato Maggiore Aggiunto, il collegamento presso l'Ammiraglio tedesco del Sud-Est, dal quale avrebbe ricevuto gli ordini operativi.

Pireo, maggio 1941. L'Ammiraglio tedesco del Sudest Karl-Georg Schuster passa in rassegna, nel porto del Pireo (Atene) gli equipaggi italiani della 1ª Squadriglia Torpediniere appena arrivata al Pireo dall'Italia.

All'attracco alla banchina della cerimonia, vicino ad un natante affondato, due delle quattro torpediniere della 1ª Squadriglia, la *Sagittario* e la *Sirio*

La Seekriegsleitung aderì pienamente a quanto concordato tra gli ammiragli Riccardi e Weichold, e ringraziò sentitamente *"per la straordinaria condiscendenza della Regia Marina nelle questioni della comune condotta della guerra navale nell'Egeo"*. Infine sollecitò l'approntamento e l'invio delle unità navali italiane nei porti della Grecia, ricevendone assicurazione da Supermarina una settimana più tardi.

L'attacco della Wehrmacht contro la Grecia, che fu conquistata dalla 12ª Armata, appoggiata dalle unità aeree dell'8° Fliegerkorps, in soli venti giorni, costrinse le forze britanniche ad una rovinosa ritirata e ad una rapida evacuazione. Essa si svolse sotto il solo contrasto della Luftwaffe, dal momento che scarso fu l'apporto offerto dall'Aeronautica italiana dell'Egeo, e assolutamente nullo quello della Regia Marina, poiché il modesto naviglio sottile, dislocato in quella zona, e i pochi sommergibili inviati in agguato intorno a Creta non conseguirono alcun successo.

Una attività di un certo rilievo fu invece offerta dal naviglio leggero dislocato in Egeo, dal momento che sei unità, due cacciatorpediniere e quattro torpediniere, impiegati ai primi di maggio da Supermarina su esplicita richiesta della Marina germanica, contribuirono attivamente alla protezione di contingenti di forze terrestri, tedesche e italiane, destinate ad occupare le isole del vasto arcipelago ellenico.

Quanto alla Squadra Navale, che con il rientrato in servizio della corazzata *Littorio* era stata ristrutturata il 2 aprile, essa non si mosse assolutamente da Taranto, nonostante da parte germanica fosse stato gradito un gesto di buona volontà che portasse ad insidiare evacuazione britannica dalla Grecia. Ciò anche perché la Regia Marina era vincolata ad una direttiva impartita il 31 marzo da Mussolini, il quale, dopo il disastro di Capo Matapan, aveva ordinato che le unità della flotta non dovevano spingersi al di fuori del raggio di azione della caccia di scorta, stabilito in 100 miglia dagli aeroporti terrestri nazionali.

Il 1° maggio 1941 il contrammiraglio Weichold portò a conoscenza di Supermarina il piano tedesco per la conquista di Creta. In esso era richiesto l'appoggio delle unità della Regia Marina, non dipendenti dall'Ammiraglio Sud-Est, per lo sgombero delle mine, allo scopo di rendere sicure le rotte tra l'Italia e l'Egeo, per le quali sarebbero affluiti in Grecia i rifornimenti e i rinforzi di truppe, trasportati da piccoli piroscafi tedeschi, sottratti temporaneamente alle rotte libiche. Era pure richiesto l'appoggio delle forze navali del Dodecanneso, in base agli accordi di massima già stabiliti, e l'impiego di sommergibili da schierare a nord di Creta, per contrastare eventuali interventi della flotta britannica contro i convogli da sbarco tedeschi, scortati dalle unità italiane già poste agli ordini dell'Ammiraglio Sud-Est. Queste ultime, che stavano già cominciando ad affluire in Grecia, costituivano il Gruppo Italiano Egeo Settentrionale con sede temporanea di Comando a Sofia, alle cui dipendenze, con base principale al Pireo, si trovavano un totale di quarantuno navi che includeva otto torpediniere, quattro mas, dodici dragamine d'altura, otto cacciasommergibili e nove unità minori.

Il 9 maggio, annunciando che la data prevista per lo sbarco a Creta era probabilmente da ritenere fissata per il giorno 16, l'Ammiraglio Sud-Est chiese a Supermarina di mettere a sua disposizione, per il periodo delle operazioni, anche una Squadriglia di cacciatorpediniere; ma l'Organo Operativo dell'Alto Comando Navale rispose che l'impegno dei trasporti per la Libia, che avevano carattere preminente, non rendeva possibile di aderire a tale richiesta.

Successivamente però, il 14 maggio, quando la pianificazione dell'Operazione "*Merkur*" si apprestava ad entrare nella fase decisiva, e le unità leggere assegnate da Supermarina si trovavano già schierate secondo i desideri tedeschi, il Comando Supremo delle Forze Armate italiane ricevette da Berlino l'invito a partecipare all'invasione di Creta, appoggiandola, se ve ne fosse stata la possibilità, anche con il grosso della flotta. Supermarina fu messa al corrente di tale desiderio dell'alleato, e due giorni più tardi l'ammiraglio Riccardi, prospettando la gravità dei rischi da correre e sopravvalutando le forze navali nemiche da impegnare, rispose al Comando Supremo in forma talmente desolante da rendere praticamente nulla ogni possibilità di appoggio della flotta all'operazione di aviosbarco tedesca, che ebbe inizio il mattino del giorno 20 con l'impiego di quasi mille velivoli, dei quali oltre cinquecento da trasporto. Nelle due settimane seguenti gli aerei della Luftwaffe, scarsamente contrastati dalla R.A.F., dominarono letteralmente le acque intorno a Creta, infliggendo alla *Mediterranean Fleet* un vero salasso. Quattro incrociatori (*Gloucester*, *Fiji*, *Calcutta*, *York*)[19] furono affondati assieme a sei cacciatorpediniere – due dei quali, *Juno e Imperial* dagli aerei da bombardamento dell'Aeronautica italiana dell'Egeo – e a numeroso naviglio minore e mercantile, mentre gravi danni riportarono due delle quattro corazzate della flotta britannica (*Warspite* e *Barham*), assieme all'unica portaerei (*Formidable*), a sei incrociatori e a parecchi cacciatorpediniere.

---

[19] L'incrociatore pesante britannico *York*, attaccato in più occasioni in picchiata dai bombardieri Ju.88 tedeschi del 1° Gruppo del 1° Stormo Sperimentale (I./LG.1), ebbe il colpo di grazia nella Baia di Suda, ove il mattino del 26 marzo 1941 era stato immobilizzato dai barchini d'assalto della X M.A.S. della Regia Marina.

La portaerei Formidable, che il 26 maggio fu gravemente danneggiata con due bombe sganciate dagli Ju.87 tedeschi del 2° Gruppo del 2° Stormo Stuka (II./St.G.2). Da questo momento, partita da Alessandria la *Formidable* per riparazioni nell'arsenale di Bombey (India), la Mediterranean Fleet non ebbe più a disporre navi portaerei nel restante periodo della guerra.

Se la flotta italiana fosse intervenuta nella battaglia avrebbe potuto infliggere al nemico perdite ancora maggiori, forse decisive per le sorti della guerra nel Mediterraneo. Rimaste le grandi navi nei porti, l'attività dell'attività della Regia Marina in Egeo restò invece affidata alle poche unità leggere poste a disposizione delle forze d'invasione tedesche. Esse si distinsero bravamente contro le unità di superficie britanniche, dirette all'attacco dei piccoli convogli di motovelieri germanici destinati a raggiungere Creta con le forze da sbarco, ed in particolare, pur non conseguendo successi, furono degne delle migliori tradizioni della Marina le torpediniere *Lupo* e *Sagittario*. I loro comandanti, nei giorni 21 e 22 maggio, non esitarono ad impegnare le divisioni di incrociatori e cacciatorpediniere britannici, inviate ad attaccare i convogli di motovelieri tedeschi diretti a Creta, la cui modesta scorta era stata esclusivamente affidata a quelle piccole unità italiane.

Infine dobbiamo brevemente accennare all'operazione di sbarco di un corpo di spedizione dell'Esercito italiano sulle coste orientali di Creta, a Sitia, la cui attuazione era stata richiesta direttamente dai tedeschi per venire in aiuto ai reparti germanici impegnati in duri combattimenti. Essa venne rapidamente pianificata dal Comandante delle Forze Armate dell'Egeo, generale d'armata Ettore Bastico, e fu portata facilmente a conclusione il 29 maggio da un piccolo corpo di spedizione dell'Esercito, con 2.500 soldati della Divisione "Regina", partito da Rodi a bordo di piccoli piroscafi e motovelieri, e con l'appoggio delle unità navali leggere e sottili a disposizione di Egeomil.

Invece l'attività dei sommergibili italiani, operanti nel Mediterraneo orientale, fu di carattere molto deludente, dal momento che, a parte il discutibile affondamento di un piroscafo di nazionalità turca, tra il maggio ed il giugno non furono realizzati successi, nonostante il gran numero di battelli impiegati e la grande quantità di traffico nemico che si svolgeva tra la Grecia e i porti egiziani.

Al contrario gravi perdite furono inflitte nel Mediterraneo al naviglio italiano dai sommergibili britannici. Questi, che nei primi mesi del 1941 avevano limitato la loro attività quasi esclusivamente lungo le rotte libiche – stazionando lungo le coste della Tunisia, alle entrate settentrionale e meridionale dello stretto di Messina, nel golfo di Taranto, nel canale d'Otranto e nei pressi del porto di Tripoli – a partire dal mese di maggio avevano esteso la loro fruttifera area di caccia anche al medio e all'alto Tirreno, vicino al porto di Bengasi, lungo le coste della Grecia e in Egeo. Il loro maggiore successo fu conseguito dall'*Upholder*, che il 24 maggio attaccando un convoglio di motonavi trasporto truppe per la Libia, silurò ed affondò il transatlantico italiano *Conte Rosso*, a sud di Siracusa. Vi fu un ingente perdita di vite umane.

18) Progetti operativi per la conquista di Malta e per la difesa contraerea e antinave della Libia

Nell'aprile 1941 la spinosa questione di neutralizzare la base aeronavale di Malta, mediante sbarco sulle coste dell'isola, era stata presa in esame da Superesercito, elaborando uno studio particolareggiato che fu portato alla conoscenza del Comando Supremo. Presane visione, il 7 maggio il generale Alfredo Guzzoni inviò agli Stati Maggiori delle tre Forze Armate una lettera con cui si chiedeva di studiare "*le possibilità operative*" esistenti per attuare una simile impresa.

Mentre l'Aeronautica si dichiarò disponibile a poter impegnare a diretto sostegno di uno sbarco cinque stormi da bombardamento, cinque da caccia e due squadriglie di aerosiluranti, resisi disponibili con la fine della campagna balcanica, l'esercito non si mostrò entusiasta dell'operazione. Quanto a Supermarina, tenendo in considerazione l'eventualità di dover sostenere uno scontro diretto con la Royal Navy, il cui intervento avrebbe potuto mettere in pericolo lo sbarco di circa 40.000 uomini del corpo di spedizione, si dimostrò nettamente contraria ad attuarla.

Particolare dell'armamento contraereo da 100 mm di un incrociatore leggero italiano.

Aerosiluranti S.79 della 181ª Squadriglia Autonoma nell'aeroporto di Gadurra sull'Isola di Rodi. L'immagine è del marzo 1941.

La decisione definitiva spettò al generale Ugo Cavallero, rientrato dall'Albania per riprendere il suo incarico di Capo di Stato Maggiore Generale, il quale, sentito il parere dei Capi di Stato Maggiore delle tre Forze Armate in una riunione del 18 maggio tenuta al Comando Supremo, e presa visione dei loro scoraggianti studi, in cui, tra l'altro, si arrivava ad una grande sopravvalutazione delle reali possibilità difensive del nemico, decise di accantonare l'invasione di Malta.

Un altro importante ed urgente problema che fu discusso nella riunione al Comando Supremo del 18 maggio fu quello della *"Difesa contraerea e antinave della Libia"*. La questione era stata sollevata il 28 aprile dal Comandante Superiore delle Forze Armate Africa Settentrionale, generale Italo Gariboldi, il quale, prendendo lo spunto dal bombardamento effettuato il giorno 14 contro Tripoli dalle corazzate della Mediterranean Fleet, si era reso conto che occorreva rinforzare le difese di quell'importante porto. Egli riscontrò che nell'occasione si erano verificate grosse lacune difensive, derivanti: dall' *"Insufficienza qualitativa delle batterie antinavi a lunga gittata"*; dello *"sbarramento di mine a protezione del porto"*; dall'*assenza di navi antisiluranti"*; dalla *"mancata possibilità di intervento aereo"*, in quanto che nella zona di Tripoli vi erano soltanto poche squadriglie di aerei da caccia. Infine, lamentò l'*insufficienza della difesa contraerea"*, soprattutto riguardo alla quantità e qualità delle artiglierie, del munizionamento e dei proiettili.

Dal momento che queste deficienze erano riscontrabili anche negli altri porti della Libia, il generale Gariboldi chiese al Comando Supremo di conferire alle organizzazioni difensive della colonia, in particolare al porto di Bengasi, la necessaria *"capacità di contrastare le prevedibili offese nemiche"*. Queste richieste, trasmesse a Roma per Teleavio (con trasporto aereo), furono portate, il 10 maggio, alla conoscenza dei tre Stati Maggiori delle Forze Armate, ciascuno dei quali fu interessato di trattare le questioni di propria competenza.

Supermarina, a cui era stato richiesto di provvedere a migliorare la difesa antinave di Tripoli - da realizzare potenziando gli sbarramenti minati e i mezzi antisiluranti - e di assicurare la protezione delle maggiori località costiere della Cirenaica, rispose al Comando Supremo, con due lettere successive datate 15 maggio e 3 giugno. Con esse assicurò che avrebbe fatto il possibile per contribuirvi, pur nei limiti concessi dalle necessità di assicurare la difesa anche al Canale di Corinto e alle isole greche recentemente occupate.

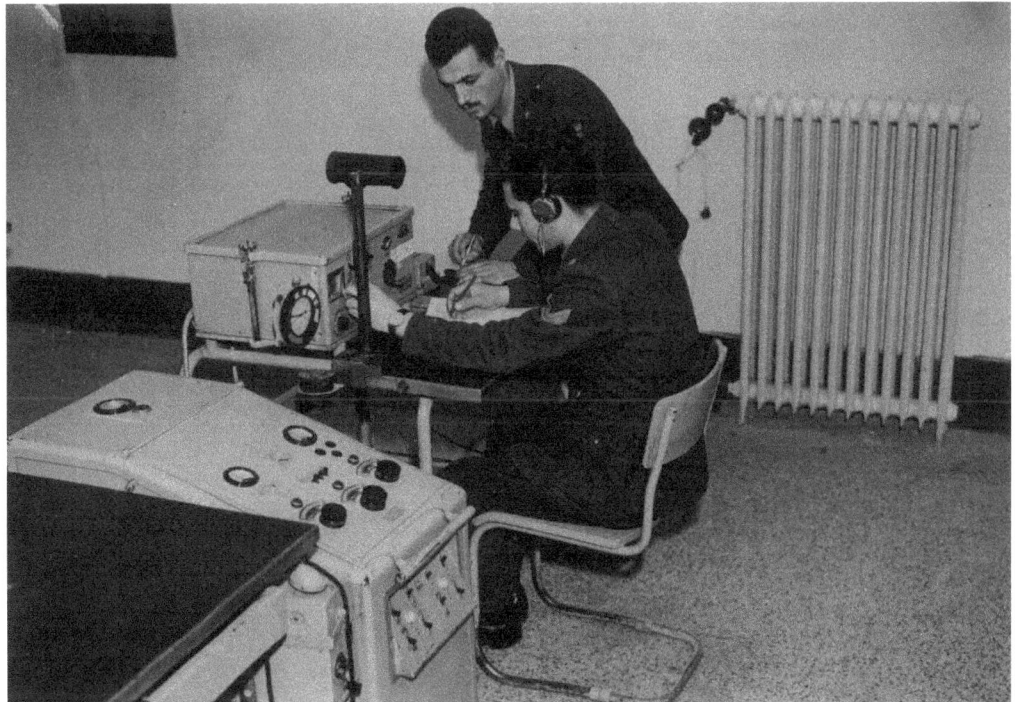

Sala radio dell'idroscalo di Siracusa nella primavera 1941. Ad Augusta e Siracusa erano di base numerosi idrovolanti Cant.Z.501 e Cant.Z.506 dell'83° Gruppo della Ricognizione Marittima.

Esposte le difficoltà che si opponevano a dislocare a Tripoli i vecchi incrociatori tipo "Bari" (*Bari* e *Taranto*) e i pontoni armati con cannoni di grosso calibro, a causa dell'insufficienza del porto, e lamentando l'impossibilità di rinforzare le unità sottili, tipo torpediniere, perché tutte impegnate nelle esigenze del traffico, Supermarina trovò difficoltà anche a trovare i cannoni necessari per la difesa delle località costiere; e ciò perché aveva già ceduto all'Esercito un gran numero di batterie antinave, e quelle che restavano non potevano essere sottratte alle altre esigenze derivanti dalla difesa delle coste e dei porti metropolitani. Ragion per cui Supermarina chiese al Comando Supremo di interessare l'O.K.W., affinché i tedeschi cedessero le armi pesanti necessarie a fronteggiare la situazione lacunosa venuta a crearsi nella difesa costiera della Libia.

Il Comando Supremo, approvando in pieno le obiezioni di Supermarina e i provvedimenti che essa intendeva adottare, il 12 giugno, dopo uno scambio di corrispondenza con gli altri due Stati Maggiori, portò a conoscenza del generale Gariboldi che, per la difesa della Tripolitania e della Cirenaica, la Marina avrebbe inviato a Tripoli una batteria di quattro cannoni da 120 mm, prelevati dalla difesa del porto di Ancona, a cui si sarebbero aggiunte, da parte dell'Esercito, altre ventiquattro batterie di vario calibro da posizione e ventisette batterie da 20 mm, cinque delle quali mobili.

Inoltre la Marina, dopo aver realizzato in aprile sbarramenti minati di tipo offensivo nel Canale di Sicilia, si impegnava a realizzare sbarramenti di tipo difensivo per la protezione del porto di Tripoli, divenuto urgente dopo il bombardamento navale di Tripoli del 21 aprile 1941 Questi sbarramenti, iniziati nel mese di maggio, furono completamente attuati nel corso del mese di giugno, per mezzo di due successive spedizioni a cui parteciparono gli incrociatori leggeri della 7ª Divisione Navale (*Eugenio di Savoia, Duca d'Aosta, Muzio Attendolo*), della 4ª Divisione Navale (*Giovanni dalle Bande Nere, Alberto di Giussano*) e da alcuni cacciatorpediniere della classe "Navigatori". Gli sbarramenti difensivi di Tripoli furono realizzati dalle unità navali alle dipendenze dell'ammiraglio Ferdinando Casardi, Comandante della 7ª Divisione.

Maggio-Giugno 1941, ad Augusta. Marinai italiani e germanici sull'incrociatore *Duca d'Aosta*, nave ammiraglia della 7ª Divisione Navale, sistemano gli scivoli per l'imbarco delle mine tedesche, poi posate nelle acque di Tripoli.

Augusta primavera 1941. L'imbarco di una mina magnetica tedesca sull'incrociatore *Duca d'Aosta*; mine che servirono per gli sbarramenti di mine "S" di Capo Bon e "T" di Tripoli. A sinistra due marinai specialisti della Marina Germanica.

19) *Il contrasto antisommergibile*

A partire dal maggio 1941, con la costituzione a Gibilterra della 8ª Flottiglia Sommergibili, che includeva alcuni battelli olandesi a alla quale furono riservate le zone operative del Mar Ligure e del Mar Tirreno, le preoccupazioni dei comandi italiani aumentarono considerevolmente. I sommergibili britannici, che ormai agivano attivamente tra l'Egeo e la Sardegna, stavano causando perdite considerevoli al traffico dell'Asse, anche in zone che fino a quel momento erano apparse relativamente tranquille, minacciandovi particolarmente la navigazione isolata.

Il 10 giugno il Comando Supremo chiese a Supermarina quali provvedimenti intendeva adottare per contrastare l'azione dei sommergibili nemici che si avvicinavano fino alle imboccature dei porti. L'ammiraglio Riccardi, fatto un quadro della situazione che si presentava estremamente deficitaria per mancanza di adatti mezzi aerei e navali antisom e per la necessità di difendere il traffico navale convogliato e le moltissime miglia di coste, tra cui quelle recentemente acquisite in Jugoslavia e Grecia, rispose che l'unico efficace sistema di protezione risiedeva nel concentrare nelle zone ove era stato localizzato un sommergibile i velivoli e le siluranti disponibili e interrompendo temporaneamente il traffico.

Comunque Supermarina affrontò il problema con promemoria del 15 giugno, in cui esponeva le deficienze dei mezzi antisommergibili, essendo disponibili soltanto cinquantacinque unità tra motovedette, motopescherecci, motoscafi ecc, che erano stati adibiti a quel particolare compito, quali mezzi di impiego. Passando ai rimedi che si stava cercando di realizzare con l'aiuto della Germania, a cui erano stati richiesti materiali vari, tra cui gli utilissimi ecogoniometri, e lamentando soprattutto la mancanza di addestramento,

Supermarina ritenne opportuno ricostituire l'Ispettorato Cacciasommergibili, soppresso all'inizio dell'anno, con l'incarico di sovrintendere all'organizzazione e all'impiego dei cacciasommergibili. Questi ultimi da integrare con nuove costruzioni sul tipo di quelle tedesche "R.boot", i cui piani di costruzione dovevano eventualmente essere richiesti alla Marina germanica.

Quello stesso giorno 15 giugno il Comando Difesa Traffico (Maricotraf) denunciò apertamente il pericolo derivante delle azioni dei sommergibili britannici che stavano operando nel Tirreno, affondando navi in pieno giorno e lungo le rotte costiere, usando particolarmente il cannone. Maricotraf ritenne che l'unico possibile rimedio per limitare le perdite fosse quello di istituire delle rotte obbligate di traffico, da sorvegliare nei due sensi con qualche cacciasommergibile e con aerei a disposizione dei locali comandi Marina.

La proposta fu accolta da Supermarina. Tuttavia essa si disse convinta che, per "*ostacolare in modo tangibile le audaci iniziative*" dei sommergibili nemici, occorreva non farsi troppe illusioni sull'efficacia dei rimedi da adottare, perché le norme di contrasto ritenute utili da Maricotraf modificavano "*soltanto il metodo di impiego lasciando pressoché inalterata la consistenza dei mezzi*" disponibili per la difesa. Mentre Maricotraf provvedeva ad emanare subito una direttiva, riguardante le modalità da adottare per la difesa delle "*Rotte di altura per il traffico mercantile nel tratto Napoli-Messina*", Supermarina informava il Ministero delle Comunicazioni, da cui dipendeva il traffico navale di natura civile, che l'unico provvedimento veramente efficace per diminuire i rischi e le perdite, era "*quello di ridurre il più possibile il trasporto marittimo, specialmente quello costiero, utilizzando al massimo i trasporti ferroviari*". Questo provvedimento avrebbe permesso di concentrare i pochi mezzi antisom disponibili, che andavano sempre più assottigliandosi, per la difesa di poche unità da carico nelle zone del Tirreno e dello Jonio ove il traffico era più intenso e le azioni dei sommergibili nemici più pericolose.

Ma ormai, come scrisse l'ammiraglio Riccardi, "*il problema della difesa del traffico marittimo*" stava "*diventando per la nazione un problema di capitale importanza*"; ragion per cui il 5 luglio, il Comando Supremo diramò ai Capi di Stato Maggiore delle tre Forze Armate una direttiva del Duce, dall'oggetto "*Difesa del traffico marittimo contro i sommergibili*", in cui, per fronteggiare quella allarmante situazione, si elencavano varie misure, da attuare nei limiti dei mezzi a disposizione. Esse riguardavano le modalità d'impiego dei mezzi navali ed aerei; la difesa delle rotte; il convogliamento del traffico; lo studio dei nuovi mezzi tecnici.

Idrovolante Cant.Z.506 della Ricognizione Marittima, che veniva impiegato nell'esplorazione, per il soccorso e per le scorte navali antisommergibili a grande distanza.

Tra le misure da adottare quella dell'impiego degli aerei era fondamentale per localizzare i sommergibili e delimitarne le zone di operazioni. I velivoli più adatti a questo scopo erano gli idrovolanti della Ricognizione Marittima (Cant.Z.501 e Cant.Z.506), che però erano già intensamente impiegati nei compiti di esplorazione strategica e per la scorta ai convogli e alle formazioni navali. Volendo evitare un eccessivo logorio di quei preziosi mezzi, che potevano compromettere l'efficienza della Ricognizione Marittima, Supermarina si accordò con Superesercito, il quale assegnò ai propri aerei terrestri da Osservazione Aerea la vigilanza antisommergibile nelle zone costiere di traffico.

Stabilito l'accordo, Supermarina emanò una direttiva con la quale si mettevano al corrente i comandi di Marina indicando le Squadriglie da Osservazione Aerea che avrebbero concorso alla vigilanza antisom nei tratti costieri ad ognuno assegnati e le norme di impiego che i velivoli avrebbero dovuto osservare.

Velivolo Ca.313 dell'Aviazione Ausiliaria dell'Esercito italiano. Fu stabilito che anch'essi dovessero essere impiegati per integrare le scorte protettive dei convogli marittimi. Il velivolo nell'immagine, fu sperimentato, ma senza successo. anche come aerosilurante.

20) *Il progetto di azione aeronavale a massa contro la Flotta inglese nel Mediterraneo*

Il 18 maggio 1941, a pochi giorni di distanza dalla conclusione dell'Operazione britannica "Tiger" (concernente come detto il passaggio di un convoglio di cinque piroscafi dalla Gran Bretagna ad Alessandria, via Gibilterra, trasportante carri armati e aerei da caccia per le operazioni in Cirenaica), il Comandante in Capo della flotta italiana inviò una lettera personale all'ammiraglio Riccardi, in cui l'ammiraglio Iachino denunciava apertamente al Capo di Stato Maggiore della Marina "*il senso di sconforto e di disappunto*" provocato fra gli equipaggi delle sue navi dal mancato intervento contro il nemico e, in particolare, dalle notizie della stampa nazionale che esaltavano l'opera dell'Aeronautica, intervenuta contro il nemico con i suoi bombardieri e aerosiluranti. Lamentandosi per la continua attività passiva imposta alla Squadra Navale da Supermarina, l'ammiraglio Iachino allegò uno studio alla lettera inviata all'ammiraglio Riccardi, in cui analizzava le possibilità che si offrivano per una collaborazione addestrativa ed operativa più efficiente tra Marina e Aeronautica. Ciò allo scopo di arrivare ad "*ostacolare il passaggio dei convogli nemici*", che da occidente intendessero nuovamente attraversare il Canale di Sicilia, "*in modo di arrecare dei danni veramente risolutivi al nemico*", scegliendo quali zone di intervento delle Forze Navali partite da Taranto o da Napoli, quelle a levante del Canale di Sicilia e a sud della Sardegna.

Lo studio dell'ammiraglio Iachino, che Supermarina presentò al Comando Supremo con il promemoria n° 106 del 24 maggio, fu attentamente studiato dal generale Ugo Cavallero, che terminate le operazioni contro la Grecia aveva riassunto il suo incarico di Capo di Stato Maggiore Generale, e quindi del Comando Supremo. Cavallero convinto che, per motivi di *"prestigio"*, occorreva battere la Marina inglese prima che la Germania fosse riuscita a convincere i francesi ad intervenire con la propria flotta contro la Royal Navy, dopo aver discusso l'argomento con i Capi di Stato Maggiore della Marina e dell'Aeronautica, ammiraglio Riccardi e generale Pricolo, ordinò a Supermarina e a Superaereo di compiere uno studio in comune, assegnando l'incarico all'ammiraglio Giuseppe Fioravanzo e al generale Simone Mattei.

Il 30 maggio i due ufficiali presentarono a Cavallero un documento dall'oggetto *"Possibilità di azione a massa aero-navale contro la flotta inglese nel Mediterraneo"*, che venne portato alla consultazione di Mussolini. Trovandolo adeguato ai propri intendimenti, il Duce concordò con il Capo del Comando Supremo una direttiva dall'oggetto *"Azione aeronavale a Massa contro la flotta inglese nel Mediterraneo"*, che fu diramata ai tre Stati Maggiori delle Forze Armate il 14 giugno.

Nel frattempo vediamo quale fosse l'efficienza della Squadra Navale dal punto di vista organico e addestrativo.

A metà maggio l'ammiraglio Iachino aveva lamentato un allarmante situazione nell'addestramento dei cacciatorpediniere alla tattica silurante, perché da mesi essi erano interamente assorbiti in un logorante servizio di scorta ai convogli diretti in Africa Settentrionale. Il Supermarina accettando il suggerimento del Comandante in Capo della flotta, decise di attuare una migliore ripartizione delle siluranti, scegliendo quelle più moderne ed efficienti per il servizio di squadra, mentre con le restanti, da adibire ai convogli per la Libia, fu costituito il gruppo cacciatorpediniere di scorta, alle dipendenze di Marina Napoli e a disposizione della stessa Supermarina.

Il 12 giugno, con il rientro in squadra della corazzata *Vittorio Veneto,* che si affiancò alla *Littorio,* fu ricostituita a Taranto la 9ª Divisione Navale al comando dell'ammiraglio Carlo Bergamini, il quale assumeva anche la carica di Comandante in Seconda della Squadra Navale. Fu anche riorganizzata la stessa Squadra Navale, che disponeva di un complesso di forze ancora poderoso, costituito da cinque corazzate, quattro incrociatori pesanti, dieci incrociatori leggeri, trentasei cacciatorpediniere, di cui ventuno assegnati alle divisioni navali e gli altri sedici al gruppo di scorta.

Contemporaneamente a questa sistemazione organica, sulla base delle direttive di Mussolini del 14 giugno, la Regia Marina e la Regia Aeronautica studiavano nuove norme di impiego miranti ad ottenere un'efficace e tempestivo intervento con la massa delle forze aeree da impiegare in collaborazione con quelle navali, contro aliquote della flotta britannica in navigazione nel Mediterraneo, i cui intendimenti potevano essere quelli di: proteggere convogli;

Giugno 1941. La corazzata *Vittorio Veneto* rientra in squadra nel giugno 1941 dopo il siluramento aereo del 28 marzo a sud dell'Isola di Gaudo (Creta), nel corso dell'operazione che portò alla tragica battaglia di Capo Matapan. L'unità, nel Canale del ponte girevole di Taranto, transita dal Mar Piccolo al Mar Grande.

agire contro obiettivi costieri (nel Basso Tirreno e nel Golfo di Genova); trasferire reparti navali ed aerei dall'uno all'altro bacino; agire contro il traffico marittimo italiano e tedesco.[20]

Si trattava in ogni caso di espletare un intervento non di propria iniziativa, ma in dipendenza dei movimenti delle forze navali britanniche.

Nacque così, su tali norme, la prima edizione della "Di.Na. 7", ossia la *"Direttiva per azioni aeronavali contro forze navali inglesi nel Mediterraneo occidentale e centrale"*, approvata dal Comando Supremo dopo che era stato visionato dal Duce, e che fu diramata da Supermarina il 16 agosto 1941. Alla "Di.Na. 7" fu allegato uno stralcio del documento *"Direttive per l'impiego delle forze aeree nelle azioni aeronavali contro forze inglesi in*

---

[20] Mentre proseguiva l'elaborazione dello studio per l'azione a massa aeronavale, nella terza decade di luglio gli inglesi mettevano in attuazione una grossa operazione, denominata "Substance", con la quale un convoglio di sei piroscafi veloci, partiti dalla Gran Bretagna, arrivò a Malta seguendo la rotta del Mediterraneo occidentale, al momento ritenuta la più sicura dopo l'allontanamento della *Luftwaffe* dalla Sicilia, valendosi dell'appoggio fornito da unità navali prelevate dalla "Home Fleet" e di quelle dalle Forza H di Gibilterra. Nonostante il notevole schieramento di forze attuato dal nemico, il contrasto italiano, ancora una volta affidato esclusivamente agli aerei e alle unità navali insidiose e subacquee, si dimostrò molto valido. Gli aerosiluranti S.79 dell'Aeronautica della Sardegna, che erano stati portati a due squadriglie con un totale di dodici velivoli, pur riportando notevoli perdite attaccarono con decisione affondando il cacciatorpediniere *Fearless* e danneggiarono gravemente l'incrociatore *Manchester* e la petroliera olandese *Hoegh Hood* (quest'ultima salpata da Malta e diretta a Gibilterra); i velivoli da bombardamento della Sicilia colpirono il cacciatorpediniere *Firedrake*, mentre il *Mas 533*, che insieme ad altre unità sottili era stato in agguato nel Canale di Sicilia, silurò il piroscafo *Sydney Star*. Per una completa ricostruzione dell'avvenimento vedi Francesco Mattesini, *L'operazione "Substance"*, in *Bollettino d'Archivio dell'Ufficio Storico della Marina Militare*, giugno 1992, pagg.113-198.

Mediterraneo", compilato da Superaereo e diramato il 21 agosto alle Grandi Unità Aeree a ai Comandi di Aeronautica .[21]

Nella "Di. Na. 7" era previsto l'intervento contro il nemico di un nucleo di unità di superficie, con denominazione convenzionale di "*Gruppo d'attacco*", che doveva essere composto dalle corazzate della 9ª Divisione *Littorio* e *Vittorio Veneto*, da tre o quattro incrociatori pesanti, da due incrociatori leggeri e da un totale di quattordici cacciatorpediniere di scorta. L'intervento del Gruppo d'Attacco era strettamente subordinato a quello dei reparti aerei, che dovevano attaccare il nemico nella fase pretattica ma, per evitare equivoci di riconoscimento, non "*durante il combattimento navale*".[22]

Avendo esaminato i due documenti presentati da Supermarina e da Superaereo, Mussolini approvò una direttiva presentata dal Comando Supremo, che fu diramata il 17 agosto. Con essa il Duce inviatava Supermarina e Superaereo ad "*accelerare i tempi della preparazione*", mediante "*messa a punto dei collegamenti aeronavali*" ed "*esecuzione di esercitazioni con aeri in volo e navi in moto*". Quindi raccomandò di adeguare il potenziamento delle basi aeree e navali, soprattutto quella di Napoli ove doveva essere incrementata la difesa contraerea, necessaria "*per rendere accettabile il rischio di tenervi le corazzate*".

Infine, tenendo in considerazione che esistevano le premesse per estendere l'intervento della flotta anche verso il Mediterraneo orientale, Mussolini ordinava alla Marina e all'Aeronautica di tenersi pronti ad operare in quelle acque, sfruttando le posizioni di appoggio strategico offerte dal possesso di basi in Cirenaica e in Grecia, e

Dovendo preparare i mezzi e perfezionare la cooperazione aeronavale, il 19 agosto il generale Cavallero dispose perché i due ufficiali preposti alla compilazione dei piani aeronavali, l'ammiraglio Giuseppe Fioravanzo e generale il Umberto Cappa, effettuassero delle ricognizioni esplorative nelle basi navali e aeree della Sardegna e della Sicilia. Nel contempo, allo scopo di studiare la già prevista possibilità di impiegare, in appoggio alla flotta, gli aerosiluranti anche nella fase tattica del combattimento navale, Cavallero invitò Supermarina e Superaereo ad organizzare delle esercitazioni di finti attacchi col siluro, da svolgere, contemporaneamente ad esercitazioni di collegamento aeronavale, durante il trasferimento della Squadra Navale da Taranto a Napoli.

Il programma delle esercitazioni, ordinato dal Comando Supremo, fu portato da Supermarina a conoscenza dell'ammiraglio Iachino il 21 agosto. Tuttavia le esercitazioni non

---

[21] Lo stesso documento, nella sua forma completa, è stato riprodotto da Francesco Mattesini e Mario Cermelli nell'opera *Le direttive tecnico-operative di Superaereo*, edito dall'*Uffico Storico dello Stato Maggiore Aeronautica*, Volume Primo - II Tomo Roma 1992, Documento n° 281.

[22] Il pensiero strategico di Supermarina era stato esposto chiaramente nella nuova versione della "Di.Na. 0", edizione 10 luglio 1941, dall'oggetto "*Concetti generali di azione in Mediterraneo nell'attuale fase del conflitto*". In essa si affermava che, pur essendo stato ridotto il controllo nemico alle due estremità del Mediterraneo e nella zona di Malta, in seguito alla conquista della Grecia e di Creta, alla *Royal Navy* si offrivano ancora varie possibilità offensive; in particolare sotto forma di "*intensificazione delle azioni di contrasto*" ai traffici con la Libia, di eventuali attacchi aeronavali contro le principali basi della flotta italiana, ed anche la "*ricerca del combattimento in condizioni vantaggiose*" in zone favorevoli. Per precludere agli inglesi l'iniziativa da parte italiana occorreva cercare di "*impedire spostamenti di flotte navali e di convogli nemici tra i bacini del Mediterraneo, rinforzando gli sbarramenti del Canale di Sicilia*" e insidiando le rotte di approccio a Malta, che era ormai divenuta una efficace base di aerei e di sommergibili. Dovendo evitare di arrischiare "*a cuor leggero*" le proprie forze navali, "*soprattutto in relazione all'incertezza sulla possibile durata del conflitto*" e alle modeste possibilità di rimpiazzare le perdite, era necessario, sosteneva Supermarina, "*evitare di massima di affrontare forze navali nemiche prevalenti*" ed "*impegnare il grosso*" della flotta soltanto nelle zone dove le forze navali nazionali avessero potuto "*avvalersi per la loro difesa del sicuro concorso dei velivoli da caccia*".quelle tedesche di Creta.

poterono svolgersi nel corso del trasferimento delle navi da Taranto a Napoli, perché il 22 agosto, prima di raggiungere il porto campano, le due corazzate della 9ª Divisione Navale ricevettero l'ordine di portarsi nel Basso Tirreno, per una missione di guerra, decisa quello stesso giorno in una riunione dei Capi Militari al Comando Supremo. A tale missione parteciparono i quattro incrociatori pesanti della 3ª Divisione Navale e un totale di ben ventitré cacciatorpediniere, che avrebbero dovuto impegnare il grosso della flotta nemica, mentre una seconda formazione navale costituita da tre incrociatori leggeri e cinque cacciatorpediniere, fatta salpare da Palermo, doveva contemporaneamente operare nei pressi dell'Isola La Galite per cercare di intercettare un eventuale convoglio.

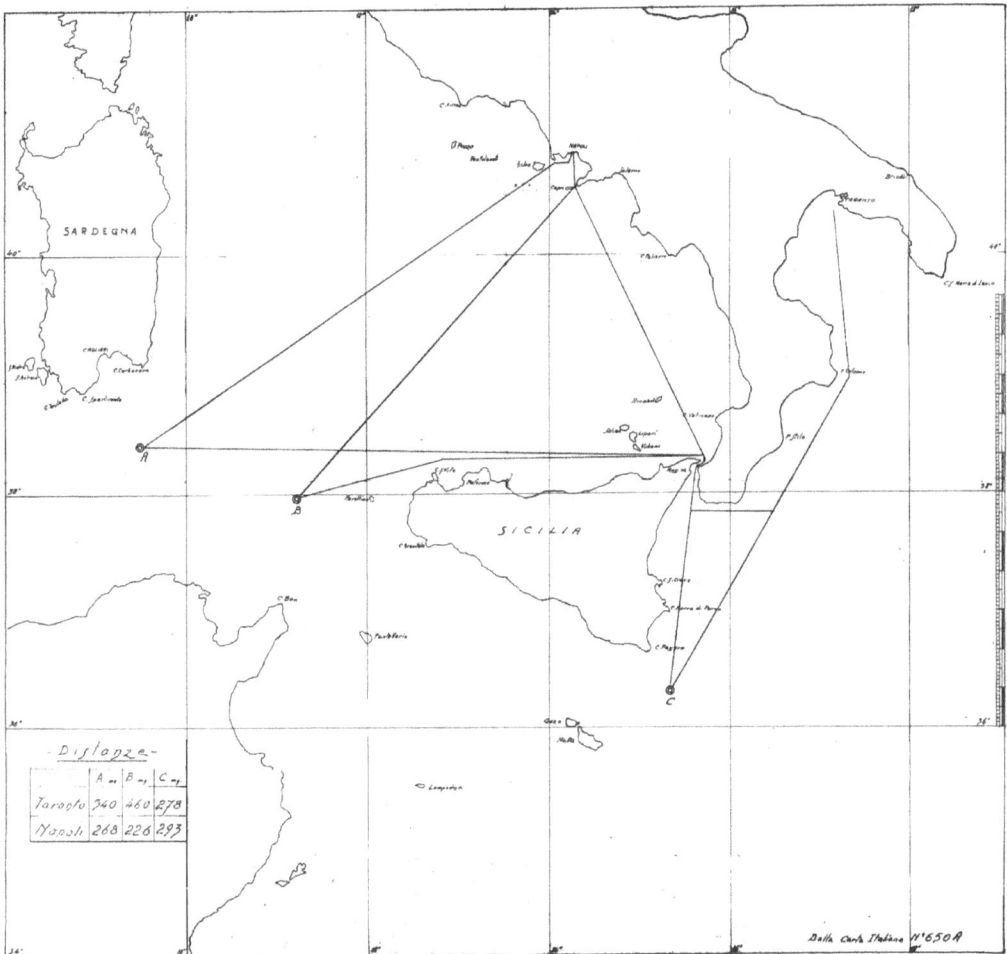

Carta Allegata al Promemoria n. 106 di Supermarina. Punti A, B e C in cui dovevano spingersi, con la copertura della caccia di scorta, le Forze Navali italiane per attaccare le Forze Navali britanniche.

Era il primo intervento della flotta italiana pianificato secondo le ipotesi prospettate nella Di. Na. 7; ma l'azione non si concretò in un contatto balistico con la Forza H, che era salpata da Gibilterra con la corazzata *Nelson*, la portaerei *Ark Royal*, un incrociatore e alcuni cacciatorpediniere, perché le navi britanniche non intendevano spingersi verso levante, in quanto stavano soltanto coprendo, con la loro presenza, una riuscita missione di minamento espletata nella notte del 23 nelle acque di Livorno dal posamine veloce *Manxman*. Purtroppo, nella rotta di ritorno degli incrociatori a Messina, il sommergibile britannico *Triumph* (capitano di corvetta Wilfrid John Wentworth Woods) silurò il *Bolzano*, costringendolo a rientrare faticosamente in porto con gravi danni, riparati in in un periodo di tre mesi.

Il posamine veloce britannico *Manxman*. L'immagine dell'unità, priva di mimetizzazione, è del 7 luglio 1941. Il 23 agosto raggiunse inavvistato le acque di Liverno dove poso uno sbarramento di mine, che però fu subito scoperto e dragato dagli italiani.

La nave da battaglia britannica *Nelson*, di 33.000 tonnellate, ammiraglia della Forza H di Gibilterra, armata con nove cannoni principali da 406 mm, tutti disposti a prora su tre torri trinate.

Nonostante il mancato contatto balistico, l'ammiraglio Iachino considerò lo scopo della missione molto lusinghiero, perché permise di stabilire un buon sistema di collegamento radio con gli aerei di scorta. Da parte sua Supermarina, ritenendo erroneamente che lo scopo della Forza H fosse stato quello di scortare un convoglio diretto a levante, asserì in una sua relazione, portata a conoscenza di Mussolini il 4 settembre, che la presenza in mare delle forze navali italiane aveva sconsigliato il nemico dal *"proseguimento dell'operazione"*, costringendo le navi mercantili ad invertire la rotta per rientrare a Gibilterra. Anche l'Organo Operativo dell'Alto Comando Navale mostrò il proprio apprezzamento per gli ottimi risultati conseguiti nella collaborazione aeronavale, ed affermò che *"l'uscita del gruppo "Littorio" e la sua marcia verso il nemico"* erano *"servite ad elevare il morale degli equipaggi da molto tempo obbligati ad una snervante attesa"*.

Conclusosi quel movimento di contrasto all'operazione britannica, dominata "Mincemeat", e contando di poter nuovamente ordinare alla Squadra navale di uscire in mare per affrontare il nemico in uno scontro navale dai risvolti favorevoli, Supermarina studiò l'opportunità di dislocare a Cagliari due incrociatori veloci tipo "Bande Nere" per intercettare un traffico di piroscafi isolati che si svolgeva tra Malta e Gibilterra; ma poi non ne fece nulla temendo che le missioni, se non fossero state accompagnate da tempestive segnalazioni dei movimenti nemici da parte degli aerei e dei sommergibili nazionali, *"non potevano avere successo"*.

Successivamente, il 25 settembre, volendo allontanare il più possibile le navi della flotta dai porti della Sicilia, che rientravano entro una accentuata minaccia dell'aviazione di Malta, i cui reparti da bombardamento Wellington della R.A.F. agivano di notte praticamente indisturbati, Supermarina prese in esame l'ipotesi di trasferire gli incrociatori pesanti della 3ª Divisione da Messina addirittura a La Spezia e quelli leggeri dell'8ª Divisione da Palermo a Taranto. Questi ultimi, dalla nuova base, avrebbero potuto operare sia nel Tirreno sia nello Ionio, assieme alle tre corazzate della 5ª Divisione (*Doria, Duilio, Cesare*) e agli incrociatori leggeri della 7ª Divisione Navale, secondo le varie ipotesi considerate nella Di. Na. 7.

Ma questo duplice movimento non si concretò perché il 26 settembre le corazzate della 9ª Divisione Navale salparono da Napoli, e dopo essersi ricongiunte nel Tirreno alle unità della 3ª e 8ª Divisione Incrociatori, si portarono a sud della Sardegna per contrastare la grande operazione britannica "Halberd".[23] Essa consisteva nell'invio a Malta di un importante convoglio, costituito da nove grossi piroscafi provenienti da Clyde, nella Scozia sud-occidentale, e trasportanti oltre 100.000 tonnellate di rifornimenti, il quale venne inizialmente scortato nell'Atlantico ad un'aliquota della "Home Fleet". Ad essi si aggiunsero, dopo il passaggio dello Stretto di Gibilterra, le unità della Forza H, portando il tutto ad un complesso di forze comprendente le tre corazzate *Prince of Wales, Nelson, Rodney*, la portaerei *Ark Royal*, cinque incrociatori e diciotto cacciatorpediniere.

L'azione di contrasto della squadra navale italiana, le cui proporzioni di forze erano nettamente sfavorevoli a quelle del nemico, potendo contare soltanto sulle due corazzate *Littorio* e *Vittorio Veneto*, cinque incrociatori e quattordici cacciatorpediniere, fu concordata con l'Aeronautica.

---

[23] L'avvenimento è stato trattato ampiamente dall'autore nel saggio *L'operazione Halberd - Cronistoria di una mancata battaglia navale*, stampato nel *Bollettini d'Archivio dell'Ufficio Storico della Marina Militare,* dicembre 1990 pagg. 137-218.

L'arrivo a Singapore, il 4 dicembre 1941, della corazzata briatannica *Prince of Wales*. Sei giorni dopo fu affondata ad est della Malacca da aerei terrestri della Marina imperiale giapponese. Nell'ultima settimana di settembre 1941 aveva partecipato alla grande Operazione "Halberd" nel Mediterraneo occidentale.

La corazzata italiana *Littorio*, la nave ammiraglia della Squadra Navale italiana come appariva con la nuova mimetizzazione nel 1943. Rispetto alla gemella *Vittorio Veneto*, aveva sul torrione, in alto e al centro, le antenne di due radiolocalizzatori (radar) "Gufo".

Questa nella giornata del 27 settembre impiegò a massa ventotto aerosiluranti della Sardegna (S.79 e S.84), i quali, al prezzo di gravi perdite – dal momento che non rientrarono alle basi ben sette di quei velivoli ed uno dei loro caccia di scorta – riuscirono, con il sacrificio del colonnello pilota Helmuth Seidl, Comandante del 36° Stormo, a colpire con un siluro la corazzata *Nelson*, gettando con ciò le basi di un intervento, ad armi pari, della flotta italiana. Ma l'ammiraglio Iachino, temendo di poter cadere in una trappola e di combattere in condizioni di visibilità sfavorevoli, dal momento che il tempo fosco esistente nei quadranti settentrionali rendeva le navi italiane più visibili di quelle britanniche, dopo aver assunto decisamente la rotta giusta per intercettare il nemico preferì disimpegnarsi, tornando verso il Tirreno.

Anche questa deludente missione, che Supermarina aveva pianificato con i solidi vincoli di cautela, nell'occasione condivisi dall'ammiraglio Iachino, servì a rinfuocare con l'Aeronautica una dura polemica. Ciononostante la missione della flotta, pur essendo risultata inconcludente, fu considerata da Supermarina e dal Comando Supremo utile per mettere a punto il delicato sistema della collaborazione aeronavale che, a differenza della missione bellica di agosto, aveva nuovamente riproposto grosse lacune, soprattutto nei confronti degli appuntamenti dei caccia di scorta assegnati alla protezione delle navi.

Nel contempo il Comando Supremo provvedeva a diramare un'importante documento, datato 1° ottobre 1941 e *dall'oggetto "Norme generali per la cooperazione aeronavale nel Mediterraneo"*, che aggiornava quanto stabilito nella "Di.Na. 7" di Supermarina e nelle *"Direttive per l'impiego delle forze aeree nelle azioni aeronavali"* di Superaereo.

Nel documento del Comando Supremo veniva ribadito il concetto di ricercare *"un'efficace, tempestiva e ordinato intervento del massimo numero di forze aeree e di forze e di mezzi navali"* che fosse stato *"possibile concentrare in una determinata azione, contro forze inglesi nel Mediterraneo"*, da compiere su *"iniziativa del nemico o da operazioni compiute su nostra iniziativa"*. Bisognava però non uscire dalla zona delle 110 miglia degli aeroporti terrestri, per usufruire dell'appoggio dei velivoli da caccia, a meno che l'aviazione e i sommergibili non avessero prima messo fuori combattimento le portaerei nemiche.

Soltanto dopo l'intervento preventivo dell'aviazione – esplicato con bombardieri e aerosiluranti impiegati a massa per menomare le corazzate e le portaerei nemiche – che avesse portato a risultati favorevoli, e dopo aver accertato *"tutti gli elementi di un sicuro giudizio della situazione"* e quindi della favorevole *"relatività delle forze"*, il Comandante Superiore in Mare delle Forze Navali avrebbe ricevuto *"libertà di manovra"* per andare contro il nemico.

21) Il progetto dell'Alto Comando della Marina Germanica per sostituirsi a Supermarina nella condotta unitaria della guerra navale dell'Asse nel Mediterraneo

Fin dall'inizio di giugno del 1940, mentre l'Italia si preparava ad entrare in guerra, cominciò a sorgere nell'ambito della Kriegsmarine l'intendimento di declassare l'Italia come potenza assoggettata al volere della Germania, il cui Alto Comando delle Forze Armate (O.K.W.) doveva anche assumere la guida della condotta delle operazioni nel Mediterraneo e nel Nord Africa. Su questa rivendicazione, che avrebbe dovuto sottomettere ogni decisione operativa italiana ai desideri dell'alleato, la Seekriegsleitung insistette molto tra il novembre del 1940 e il gennaio del 1941 perché, dopo l'attacco degli aerosiluranti britannici contro il porto di Taranto, il disastro di Grecia e il crollo del Regio Esercito in Africa Settentrionale, l'Italia era ormai considerata come una potenza modesta, a cui necessitava dare ogni possibile appoggio per evitarne a breve scadenza un probabile crollo.

Tuttavia per ottenere la guida della condotta della guerra nel Mediterraneo occorreva convincere Adolf Hitler e nel contempo acquistare un certo consenso degli italiani i quali, avendo rifiutato nell'estate-autunno 1940 l'invio in Africa Settentrionale della 3ª divisione corazzata germanica, non intendevano assolutamente adeguarsi ad una simile sudditanza in quello che, giustamente, ritenevano essere il loro naturale ed esclusivo scacchiere operativo. Sebbene il contrammiraglio Weichold, scrivendo il 1° gennaio 1941 alla S.K.L., avesse messo bene in chiaro che al momento non esisteva alcuna possibilità per costringere Roma a cedere su quegli intendimenti, il grande ammiraglio Raeder tentò ugualmente di convincere il Führer a prendere in considerazione la necessità di organizzare un comando unico italo-germanico nel Mediterraneo sotto direzione tedesca. Ma Hitler, nel timore che Mussolini potesse reagire col ritiro dell'Italia dall'Asse, e consapevole che all'Italia, per il suo stesso prestigio di nazione, non poteva essere chiesto un tale sacrificio, respinse la proposta del Comandante in Capo della Marina germanica.

Il viceammiraglio Heberhard Weichold, Comandante della Marina Germanica in Italia, discute con un ufficiale a rapporto nel porto di Marsa Matruch nel luglio 1942.

Ne conseguì che nel convegno di Merano del 13-14 febbraio 1941, in cui furono discussi con i colleghi italiani i problemi inerenti la guerra navale, i rappresentanti della delegazione germanica non fecero alcun cenno dei loro desideri di realizzare in Mediterraneo un comando comune diretto dai tedeschi.

Il grande ammiraglio Raeder tornò ad insistere ulteriormente nel rivendicarlo alla fine di marzo, dopo lo scontro navale di Capo Matapan che aveva sollevato polemici commenti da parte della S.K.L.. Pur riconoscendo che *"il fallimento dell'operazione"* era *"in larga parte da ricondurre alle sollecitazioni e alle costanti pressioni "* che erano state esercitate da parte tedesca su Supermarina, tuttavia la S.K.L. affermò: "*Il fatto che questa prima operazione offensiva abbia portato ad una tale disfatta è da ascrivere solo e unicamente alla completa incapacità della Marina Italiana in fatto di esecuzione tattica, padronanza nel comando di formazioni navali e di singole navi e preparazione nell'uso delle navi..... Non è possibile nel dare consigli alla Marina italiana su questioni di carattere operativo, adottare il metodo tedesco di comando, preparazione e rendimento delle forze navali. La S.K.L. si vede costretta per il futuro, data la totale incapacità della Marina italiana, a tralasciare ogni proposta di una più offensiva proposta delle operazioni*".

Nel frattempo Raeder approfittò del previsto attacco alla Grecia per inserire stabilmente nella zona dell'Egeo un comando navale tedesco (Ammiraglio Sud-Est), il quale negli intendimenti del Capo della Kriegsmarine avrebbe dovuto dirigere tutte le operazioni nel Mediterraneo orientale. Gli italiani, sebbene avessero aumentato la loro diffidenza verso l'ambiguo alleato tedesco, che si era insediato in vastissime zone dei Balcani il cui dominio era rivendicato da Roma, non immaginando quale fosse realmente la portata delle mire germaniche dettero, come abbiamo visto, la loro approvazione all'istituzione di quel comando.

La Seekriegsleitung e il contrammiraglio Weichold, che aveva condotto le trattative con Supermarina, ne furono molto soddisfatti perché, come risulta da una lettera del 18 aprile ritennero che la Regia Marina avesse intenzione di accettare "*il predominio assoluto e la competenza della Wehermacht nell'Egeo e la subordinazione senza compromessi delle forze navali italiane, in parte temporaneamente, in parte permanentemente sotto il Comando dell'Ammiraglio Comandante del settore Sud-Est*".

Conclusasi vittoriosamente la campagna balcanica con la rapida conquista della Jugoslavia e della Grecia, seguita da quella di Creta, il 6 giugno la Seekriegsleitung fissò il suo pensiero sulla futura condotta navale della Germania, in un promemoria che fu illustrato dal grande ammiraglio Raeder nel corso di una conferenza tenutasi presso il Quartier Generale del Führer. Riconosciuta l'impossibilità della Germania di attaccare la Gran Bretagna su due fronti, distogliendo forze da impiegare nella prevista campagna contro l'Unione Sovietica (piano "Barbarossa") che ebbe inizio il 22 del mese, il Comandante in Capo della Kriegsmarine rivolse la sua attenzione al Mediterraneo. Nuovamente sottopose a Hitler il suo progetto di condurvi operazioni con guida tedesca, affermando che gli italiani, avendo ampiamente dimostrato di possedere scarso addestramento e nel contempo di non riuscire a fornire un grosso rendimento bellico, non si trovavano in condizioni di condurre con la necessaria determinazione una guerra che richiedeva puntate rapide e decise.

Nel promemoria era chiaramente detto che la Germania doveva assumere nel Mediterraneo la responsabilità della guerra aero-navale contro la Mediterranean Fleet, nell'intendimento primario di eliminare le corazzate e le portaerei nemiche. Occorreva intensificare, per mezzo dei velivoli della Luftwaffe, la guerra delle mine, soprattutto lungo le coste egiziane. Era necessario costringere la Francia a rinforzare le proprie posizioni in Siria per prevenire un invasione britannica, ed occorreva occupare Malta e Gibilterra, per eliminare nel Mediterraneo centrale ogni possibile minaccia lungo le coste libiche e per scacciare definitivamente la flotta inglese dal bacino occidentale. Infine bisognava occupare la piazzaforte di Tobruk ed avanzare verso Suez per dominare anche il Mediterraneo orientale e il Medio Oriente.

Per attuare questo ambizioso programma agli italiani si doveva richiedere di collaborare in vari modi. Essi dovevano richiamare i sommergibili dall'Atlantico per impiegarli contro gli obiettivi della Royal Navy nel Mediterraneo; realizzare, con l'aiuto tedesco, soprattutto sotto forma di cessione di mine, un efficace sbarramento del Canale di Sicilia; bloccare con sommergibili i rifornimenti diretti via mare a Tobruk. Infine, considerando che la flotta italiana era praticamente immobilizzata nei porti per compiti strettamente difensivi, si doveva costringerla ad impiegare intensamente le forze leggere – dagli incrociatori ai Mas – per svolgere operazioni offensive contro il traffico e le forze navali britanniche nel Mediterraneo orientale.

Sulla base degli intendimenti esposti nel promemoria della Seekriegsleitung, a metà giugno l'ammiraglio Weichold consegnò a Supermarina una lettera del Grande ammiraglio Raeder, diretta all'ammiraglio Riccardi, e accompagnata da un memoriale dall'oggetto "*problemi della condotta della guerra navale nel Mediterraneo*": documento che non ci è stato possibile rintracciare nella versione italiana. In quella tedesca, il memoriale illustrava chiaramente il pensiero dell'Alto Comando della Marina germanica sulla situazione Mediterranea, in particolare delle modalità sulle azioni aero-navali da svolgere nel bacino orientale.

Consultato attentamente il memoriale – che rispetto a quello presentato a Hitler era di formato ridotto e dal contenuto alquanto più moderato – il 19 luglio 1941 Supermarina espose con promemoria il suo parere sugli argomenti inseriti in quel documento tedesco, mostrando di non aver compreso l'ingerenza della Seekriegsleitung in una questione bellica che era esclusivamente di sua pertinenza, perché riguardava le condotta delle operazioni navali italiane.

Già il 25 giugno l'ammiraglio Riccardi aveva avuto occasione di riferire all'Addetto Navale germanico a Roma, contrammiraglio Werner Löwisch, che il memoriale inviatogli dal grande ammiraglio Raeder corrispondeva, dal punto di vista strategico e tattico, a quelli che erano i suoi intendimenti. Le uniche riserve si riferiva all'impiego dei sommergibili, la cui attività bellica, da realizzare con un impiego più aggressivo, poteva portare ai migliori risultati auspicati dai tedeschi soltanto se fossero stati appoggiati adeguatamente dall'aviazione, mentre riguardo all'organizzazione dei trasporti con la Cirenaica, per i quali la S.K.L. richiedeva alla Regia Aeronautica di fornire una maggiore protezione, vi erano ancora delle difficoltà che si contava di poter superare.

Le navi mercantili di un convoglio alla fondo in un porto italiano.

Da questo colloquio il contrammiraglio Löwisch ebbe l'impressione, poi riferita a Berlino, che il massimo rappresentante della Regia Marina, pur con alcuni distinguo, fosse pronto a venire incontro a quanto desiderato dalla Seekriegsleitung, poiché sembrava che ne considerasse le indicazioni di carattere operativo giuste e da applicare.

Ma quando due settimane più tardi, dopo un lungo intervallo trascorso dalla consegna del memoriale della Seekriegsleitung, arrivò nella capitale germanica la risposta di Supermarina, essa rappresentò un'autentica doccia fredda, perché le tesi che vi erano esposte dall'ammiraglio Riccardi ricalcavano pienamente quelle già sostenute a metà febbraio nel convegno di Merano dallo stesso Capo di Stato Maggiore della Regia Marina; ed erano anche perfettamente in linea con quelle già esposte dal suo predecessore, ammiraglio Cavagnari, nel precedente convegno di Friedrichshafen del 20-21 giugno 1939.

Nella linea di condotta italiana si continuava infatti a sostenere che mentre in Atlantico la Germania era all'offensiva perché esistevano condizioni per attaccare il nemico, costringendolo a difendere le proprie vie di comunicazione, nel Mediterraneo erano invece gli inglesi che si trovavano nelle condizioni di aggredire, e ciò imponeva che i compiti difensivi della Regia Marina prevalessero su quelli offensivi. Pertanto non era condivisa da Supermarina la proposta della S.K.L. di assegnare alle operazioni di scorta ai convogli e alle missioni di natura offensiva, l'impiego di tutto il naviglio leggero assegnato alla Squadra Navale, e fu ritenuta inaccettabile l'idea di mettere le corazzate in disarmo "*e comunque in stato di non poter operare*".

Supermarina scrisse che se anche fosse stato possibile rinunciare a far operare le corazzate nel Mediterraneo orientale, per favorire l'attività offensiva consigliata dalla S.K.L. – da realizzare con le sole unità leggere, sottili e insidiose, che avrebbero dovuto agire con l'appoggio della Luftwaffe – non era assolutamente possibile sottrarre le corazzate alle operazioni nel Mediterraneo occidentale. Una tale eventualità avrebbe concesso libertà d'azione alla Forza H di Gibilterra, il cui unico freno ad effettuare puntate offensive in profondità era determinato proprio dall'efficienza delle navi da battaglia italiane tenute in potenza (fleet in being). Nello stesso tempo le corazzate dovevano essere in grado di agire nel bacino centrale, perché costituivano elementi indispensabili per l'appoggio ai reparti minori impegnati nella protezione del traffico destinato ad alimentare le operazioni terrestri in Africa settentrionale.

A tutto ciò si aggiungeva il fatto che, essendo stato studiato il problema di agire contro la flotta britannica, occorreva ridare permanentemente alla squadra da battaglia i cacciatorpediniere necessari alla scorta, per consentire in qualsiasi momento di poter impiegare le due corazzate tipo "Littorio" e la divisione degli incrociatori pesanti. Questa eventualità era però vincolata alla possibilità che l'Aeronautica potesse compensare l'inferiorità dei mezzi della Marina attuando, con masse di velivoli ed in collaborazione tattica con le navi nazionali, operazioni risolutive contro le unità navali britanniche; operazioni che la Squadra Navale, dovendo usufruire della scorta degli aerei da caccia entro il raggio delle 100 miglia dagli aeroporti terrestri distribuiti fra la Sardegna e Rodi, poteva attuare tra il meridiano di Capo de Fer (Algeria) e la congiungente Sollum - Isola di Castelrosso (Dodecanneso). E questo sempre che, al centro del Mediterraneo, fosse stata adeguatamente neutralizzata l'Isola di Malta, a cui la Marina contribuiva con agguati di sommergibili e di Mas e con la posa di sbarramenti minati.

Affrontando poi la richiesta tedesca di dislocare incrociatori in Egeo, per minacciare seriamente la corrente di traffico che alimentava la piazzaforte di Tobruk, Supermarina escluse di poterci aderire in quel momento, motivando la sua opposizione con la difficoltà di trovare utili ancoraggi non utilizzati dalla Marina germanica e per il fatto che delle quattro divisioni di incrociatori esistenti, tre erano impiegate a turno nella protezione del traffico con la Libia, e la quarta vincolata alla posa delle mine. Quest'ultima (la 7ª) avrebbe poi dovuto rimpiazzare nella difesa del traffico quella costituita dagli incrociatori pesanti (la 3ª), il cui nuovo incarico sarebbe stato quello di agire con le corazzate, al cui impiego l'Organo Operativo dell'Alto Comando Navale ribadì di non poter rinunciare.

Infine fu affrontata la questione della nafta, il cui consumo influiva negativamente sull'auspicato aumento di attività della Marina. Dal momento che il consumo medio mensile di 100.000 tonnellate era stato ridotto a 75.000, ne era conseguita una limitazione dell'attività addestrativa dei reparti e dell'impiego delle unità navali per quelle missioni di guerra assolutamente indispensabili. Era pertanto necessario che la Germania venisse incontro alle esigenze italiane aumentando la quota dei rifornimenti, perché le 50.000 tonnellate mensili di nafta assegnate per il futuro non avrebbero reso possibile continuare a mantenere un'attività bellica, che già risultava al di sotto delle reali necessità. Il rischio, secondo quanto specificò l'ammiraglio Riccardi, sarebbe stato di arrivare ad una completa immobilizzazione della flotta.[24]

Traendo nel suo promemoria le sue conclusioni, Supermarina ritenne che per arrivare alla soluzione dei problemi esposti dalla Seekriegsleitung, sarebbe stato necessario da parte della Luftwaffe, di partecipare con forze ingenti alla neutralizzazione di Malta, e nel contempo studiare un piano comune italo-tedesco di invasione dell'isola. L'eliminazione di Malta avrebbe reso disponibili forze navali da impiegare contro la flotta britannica, svincolandole dalle scorte ai convogli libici, mentre elemento utile per l'operazione nel Mediterraneo orientale sarebbe stato il perfezionamento del coordinamento operativo tra le forze navali italiane e quelle tedesche dell'Egeo, da realizzare anche potenziando la posizione strategica di questo arcipelago.

Quanto sostenuto dall'ammiraglio Riccardi creò un clima di delusione e di irritazione nell'Alto Comando della Marina germanica, poiché dalle risposte dell'alleato, ritenute ancora una volta di contenuto poco soddisfacente, appariva evidente che la Regia Marina avrebbe continuato a seguire una cauta linea di condotta in fase difensiva, nella quale non si scorgeva alcuna possibilità e capacità di agire offensivamente contro il nemico. In definitiva, come annotò la Seekriegsleitung nel suo Diario di guerra, *"non vi era da confidare in futuro in alcun mutamento della guerra nel Mediterraneo attraverso un'attività più dinamica e maggiormente offensiva"*; anzi esistevano le premesse di una maggiore paralisi della flotta italiana *"per effetto della catastrofica mancanza di combustibile"*.

Dal momento che il pensiero della Regia Marina e quello della Kriegsmarine erano mentalmente all'opposto, vi erano poche speranze di arrivare a livello strategico-operativo ad una efficace cooperazione.

Una settimana più tardi il Comando in Capo della Squadra Navale assicurò di aver già da tempo impartito disposizioni intese a ridurre al minimo il consumo di nafta, ed elencò tutta una serie di provvedimenti presi, proponendo anche di ridurre a 4/5 il carico massimo di combustibile imbarcato sugli incrociatori, in considerazione del limitato raggio d'azione richiesto nelle normali missioni di scorta esercitate nel Mediterraneo centrale. Autorizzazione che Supermarina accordò con lettera del 24 agosto.

---

[24] Il luglio 1941 Supermarina emanò una direttiva concernente norme che imponevano al Comando della Squadra della Squadra Navale e ai Comandi di Dipartimento e Marittimi di esercitare la massima economia di combustibili, attenendosi alle disposizioni specificate in un dispaccio del 26 febbraio 1941. Con la direttiva era specificato che la necessità urgente era quella *"di diminuire il consumo di nafta per evitare a breve scadenza l'inutilizzazione del Naviglio Militare"*.

Infatti al difensivismo ad oltranza di Supermarina, imperniato nella dottrina della flotta in potenza e strettamente connesso alla protezione delle proprie linee di comunicazione e degli obiettivi costieri del territorio metropolitano, cozzava nettamente con l'offensivismo ad oltranza della Seekriesleitung. Quest'ultima mostrava non rendersi conto di quanto il teatro di terra del Mediterraneo fosse differente da quello dell'Atlantico, anche perché gli italiani erano costretti a battersi contro un nemico agguerrito in condizioni sfavorevoli, purtroppo in gran parte derivanti da proprie lacune di comando, di scelta di materiali e di addestramento.

Il pensiero della Kriegsmarine era poi da considerare nettamente contraddittorio e nel contempo eccessivamente pretestuoso, perché l'esperienza avrebbe dimostrato che la stessa *S.K.L.*, in seguito all'affondamento della grande corazzata *Bismarck* verificatosi il precedente 27 marzo 1941, sarebbe stata costretta ad assumere con la flotta un atteggiamento sempre più difensivo, che si sarebbe concretizzato con il ritiro dal fronte dell'Atlantico delle sue grandi navi da corsa, e con la limitazione dell'attività offensiva all'impiego dei sommergibili e agli incrociatori ausiliari. Le corazzate e gli incrociatori tedeschi rimasero immobilizzati quasi sempre nei porti, per svolgere nelle acque norvegesi, fino alla fine della guerra, proprio quelle funzioni di "Fleet in being" che nel Mediterraneo venivano rinfacciate alle grandi navi della Regia Marina.

***

Mentre Supermarina preparava la risposta al memoriale della Seekriegsleitung, nella questione si inserì nuovamente il Comandante in Capo della Marina germanica, il quale, il 12 luglio 1941, inviò una lettera all'ammiraglio Riccardi, in cui affermava che dopo le operazioni contro la Russia il Mediterraneo sarebbe divenuto il "*teatro di guerra decisivo contro l'Inghilterra*". Il grande ammiraglio Raeder affermò che nel frattempo occorreva predisporre con tempestività i mezzi necessari per portare a buon fine quell'impresa. Ragion per cui bisognava rendere sicure le linee dei rifornimenti per l'Africa Settentrionale Italiana, rinforzare le capacità di scarico dei porti di Bengasi e Tripoli, e nel contempo cercare di rendere l'isola di Malta inoffensiva mediante l'azione coordinata dell'aviazione con quella della Marina. Da parte della Kriegsmarine si sarebbe cercato di dare al fronte del Mediterraneo il massimo dell'aiuto possibile, che Raeder indicò in una squadriglia di motosiluranti ed una di dragamine, da ritirare dal Mar Baltico al momento opportuno, e del cui approntamento Hitler fu messo al corrente il 25 luglio dal suo stesso Grande ammiraglio.

In vista di una fattiva collaborazione fra le due marine dell'Asse, Raeder chiese che il suo rappresentante a Roma, contrammiraglio Eberhard Weichold, fosse inserito quale membro nell'organizzazione di Supermarina in modo di dargli la possibilità di una responsabile collaborazione.[25] Proposta che fu accettata dall'ammiraglio Riccardi con la sua risposta, spedita il 5 agosto tramite l'Ufficio di Collegamento della Regia Marina a Berlino, nella quale era fissato che il rappresentante della Kriegsmarine presso Supermarina assumesse anche la carica di Ammiraglio tedesco presso lo Stato Maggiore della Regia Marina.

L'ammiraglio Weichold, che aveva personalmente insistito per avere quell'incarico, perché riteneva necessaria una decisiva influenza tedesca su Supermarina per risolvere positivamente i problemi nella guerra in Mediterraneo, il 16 agosto ricevette dall'ammiraglio Riccardi delle precise direttive. Egli era ammesso ha "*partecipare alla elaborazione dei piani di operazione e degli ordini operativi e alla loro esecuzione*" e ad assistere "*alle riunioni*

---

[25] Già nel precedente mese di febbraio 1941 l'ammiraglio Weichold era stato ammesso alle riunioni di Supermarina, ma soltanto in quelle in cui si faceva riferimento agli argomenti che riguardavano anche l'attività della *Kriegsmarine*.

giornaliere di Supermarina". Era quindi facoltà di Weichold di accedere al *"Salone Operativo"* di Supermarina, per rendersi conto della situazione giornaliera, della quale, per suo continuo orientamento operativo, l'ammiraglio avrebbe ricevuto tutti i documenti e i bollettini tattici e informativi, editi da Supermarina. Inoltre egli era autorizzato a fare proposte, anche quando non fossero stati impegnati nelle operazioni mezzi tedeschi, ciò che lo poneva in grado di collaborare all'attività dell'Organo Operativo dell'Alto Comando Navale italiano *"alla stessa stregua degli altri Ammiragli di Supermarina"*.

Nel frattempo, il pensiero politico-strategico del Comando in Capo della Marina germanica – nei riguardi dell'atteggiamento da tenere dopo che le operazioni sul fronte orientale si fossero concluse con l'eliminazione dell'Unione Sovietica – fu nuovamente esposto dalla *Seekriegsleitung* in un denso e articolato promemoria portato, il 21 luglio, alla visione del Führer e dei principali comandi tedeschi. A differenza di quanto Hitler aveva fissato nella sua direttiva n° 32 del 14 luglio 1941 – in cui si affermava che, dopo la conclusione della campagna orientale, lo sforzo della Germania contro l'Inghilterra doveva avvenire nel Mediterraneo, ribadendo con ciò quanto il grande ammiraglio Raeder aveva esposto all'ammiraglio Riccardi con la lettera del 12 luglio - nel promemoria della S.K.L. si metteva in risalto che la sconfitta della Russia non avrebbe impedito alla Gran Bretagna di rassegnarsi alla pace. Pertanto occorreva sconfiggerla nell'Atlantico, nell'intendimento di spezzare le sue linee di rifornimento oceanico, impegnandovi l'intero potenziale bellico della Germania, che avrebbe dovuto cercare di attirare dalla propria parte anche la Francia da trasformare, con la concessione di favorevoli garanzie, in un'alleata privilegiata a cui richiedere l'appoggio della propria flotta e di basi necessarie per l'offensiva oceanica.

Era invece considerata con pessimismo dalla S.K.L. la possibilità di trasferire nel Mediterraneo lo sforzo maggiore per battere l'Inghilterra, perché le favorevoli situazioni createsi fra l'aprile e il maggio con la conquista della Grecia, di Creta e della Cirenaica, non avevano mantenuto le premesse. E questo sia per effetto delle posizioni conquistate dagli inglesi in Iraq e in Siria, sia per la debole condotta dell'Italia ad agire offensivamente, pur possedendo una forte Marina che avrebbe potuto insidiare il nemico ad oriente, mentre invece essa stentava perfino ad assicurare i rifornimenti al Nord Africa, la cui conservazione e il cui rafforzamento apparivano alla S.K.L. elementi essenziali per favorire le sorti della guerra dell'Asse nel Mediterraneo.

In questa ottica, in cui l'Italia era ormai considerata dalla Seekriegsleitung come alleata di terzo livello, Hilter non si mostrò disposto ad irritare Mussolini, rischiandone il ritiro dal conflitto per favorire la Francia. Pertanto il Grande ammiraglio Raeder si limitò ad esercitare pressioni sull'Alto Comando delle Forze Armate germaniche, per ottenere dagli italiani un impiego più attivo delle loro forze armate, in modo da mandare avanti la guerra nello scacchiere meridionale senza dover attingere ad altre forze tedesche, che in quel momento si trovavano impegnate al massimo sul fronte russo.

Contemporaneamente, il 20 luglio, Hitler aveva scritto a Mussolini e, tra i molteplici argomenti esposti, tornò sulle questioni riguardanti la difesa del traffico e dei porti della Libia e sulla neutralizzazione di Malta, già sollevati dalla S.K.L. In quest'ottica, volendo migliorare nella sostanza la collaborazione già esistente con gli italiani, ma non ancora ritenuta adeguata ai molteplici compiti che erano stati assunti nel Mediterraneo dalle Forze Armate germaniche, il Führer propose al Duce di mettergli a completa disposizione tutti gli Stati Maggiori di Collegamento germanici che si trovavano a Roma, in *"modo che* – specificò Hitler – *il frutto della nostra esperienza sia utile anche alla Vostra guerra"*.

Mussolini rispose quattro giorni più tardi e riferì di essere lieto di accettare le forme di collaborazione desiderate del Fürer, impegnandosi di far subito inserire gli uffici di collegamento germanici nell'ambito degli Stati Maggiori delle Regie Forze Armate. In tal modo dopo l'inserimento dell'ammiraglio Weichold a Supermarina furono ammessi a Superaereo e a Superesercito anche i rappresentanti degli uffici di collegamento della Luftwaffe e della Wehermacht, con le loro relative organizzazioni.

Analizzando, con promemoria del 2 agosto, il contenuto delle proposte e delle richieste di Hitler, Supermarina sostenne che la difesa dei porti era *"sempre stata una delle maggiori preoccupazioni delle Forze Armate"* italiane. Quindi espose i provvedimenti che stava realizzando per rendere più efficiente la organizzazione difensiva dei porti, specialmente quello di Napoli da dove partivano i convogli diretti in Libia, per la cui protezione in mare Supermarina lamentò l'insufficienza del naviglio di scorta, che si trovava distribuito nel Mediterraneo per i più svariati compiti e sottoposto a forte logorio, che ne riducevano l'efficienza bellica, la quale poteva essere incrementata soltanto quando si fossero rese disponibili le unità di nuova costruzione.

Supermarina affermò poi che erano in corso di realizzazione provvedimenti destinati ad aumentare il grado di addestramento collettivo nel campo aeronavale, mentre nell'opera di neutralizzazione di Malta la Marina vi contribuiva indirettamente con i mezzi subacquei, sottili e insidiosi, destinati ad attaccare i convogli di rifornimento britannici che vi erano destinati. Infine faceva presente che nel solo Mediterraneo erano andati perduti fino a quel momento centodiciannove piroscafi per un tonnellaggio complessivo di 372.000 tonnellate, mentre le costruzioni previste entro l'anno 1941 erano di sole quarantacinque motonavi per 200.000 tonnellate.

Nel frattempo l'ammiraglio Riccardi era stato informato dal grande ammiraglio Raeder che il Führer aveva dato la sua approvazione ad inviare motosiluranti e motodragamine in Mediterraneo, dopo la conclusione delle operazioni nel Baltico. Il Capo di Stato Maggiore della Marina convenne con il suo collega tedesco che le zone migliori in cui potevano agire quelle navi erano quelle del Canale di Sicilia e lungo le coste della Libia per la sicurezza del traffico destinato ad alimentare il fronte della Cirenaica. Pertanto l'ammiraglio Riccardi propose quale base principale per le motosiluranti il porto di Augusta e suggerì di ripartire i dragamine tra Tripoli e Bengasi, sistemazione che fu pienamente condivisa dal grande ammiraglio Raeder.

22) *Le richieste francesi per ottenere libertà di movimento alla propria Flotta e l'estensione della ricognizione aerea lungo le coste del Nord Africa*

In seguito ad incidenti causati da navi britanniche nei confronti di quelle francesi, nel corso della primavera del 1941 il Governo di Vichy aveva chiesto a Roma e Berlino di concedere una maggiore libertà di movimento alla propria flotta, il cui grosso si trovava confinato in disarmo a Tolone, di rendere operativi alcuni reparti dell'aviazione e di estendere la libertà di ricognizione aerea nel Mediterraneo occidentale. Lo scopo era quello di poter controllare più adeguatamente i porti del territorio metropolitano e dell'Africa Settentrionale e per opporsi, anche in Atlantico, ad eventuali attacchi della flotta britannica.

Sebbene i tedeschi si fossero dimostrati propensi ad accogliere le agevolazioni richieste dai francesi, in un momento in cui si pensava seriamente ad attirare la Francia nel campo dell'Asse, da parte italiana, tenendo conto di non voler modificare a proprio svantaggio la situazione militare nel Mediterraneo, in cui si voleva eliminare, fino a pace conclusa, qualunque influenza francese, vi fu molta resistenza. In particolare, Supermarina ritenne non fosse conveniente permettere alle navi francesi di lasciare Tolone per trasferirsi in Atlantico, anche perché la loro collaborazione sarebbe risultata preziosa nel Mediterraneo nel caso la Germania fosse riuscita a far entrare in guerra la Francia contro la Gran Bretagna.

Supermarina concesse l'autorizzazione per il trasferimento in Nord Africa di alcune unità sottili (cacciatorpediniere e torpediniere), ma non permise di riarmare dodici sommergibili da impiegare per la difesa dei porti, con la motivazione che essi potevano interferire nelle zone di operazione assegnate ai battelli italiani operanti nel Mediterraneo occidentale. D'accordo con Superaereo fu invece ritenuto di concedere ai francesi la facoltà di svolgere le ricognizioni, però soltanto fino al 5° meridiano est, per non accavallarle con quelle italiane che erano estese fino all'altezza di Algeri.

La concessione portò, per contropartita, a stabilire un accordo con i francesi. Questi, opponendosi a concedere agli italiani la facoltà di sorvolare con i loro ricognitori le acque territoriali dell'Algeria, a levante del 6° meridiano, richiesta che era stata avanzata per rilevare i piroscafi britannici che si trasferivano da Gibilterra a Malta, si impegnarono a diramare a Roma, tramite la C.I.A.F. (Commissione Italiana di Armistizio con la Francia) ed anche per via etere, tutte le informazioni ricavate dagli aerei transalpini nei confronti dei movimenti navali britannici. Le modalità del servizio di scambio delle notizie con sistema diretto di comunicazione in cifra usando un codice comune, furono diramate ai francesi da Supermarina con lettera del 27 giugno diretta alla C.I.A.F.

Tuttavia il sistema di segnalazione concordato mostrò ben presto le sue lacune, dal momento che Supermarina denunciò al Comando Supremo che i francesi trasmettevano agli italiani scarsissime e ritardate informazioni sui movimenti delle navi britanniche. Ciò costrinse, il 16 agosto, il generale Cavallero ad interessare la C.I.A.F. affinché fosse permesso agli aerei nazionali *"di poter più tempestivamente intervenire contro le navi inglesi che da Gibilterra"* dirigevano *"periodicamente verso il Canale di Sicilia"*, nelle zone prossime alle coste dell'Algeria e della Tunisia, dando anche ai velivoli, in caso di necessità, le autorizzazioni per atterrare sugli aeroporti francesi.

Supermarina, che assieme a Superaereo era stata messa al corrente della richiesta del Comando Supremo, allo scopo di evitare equivoci con le navi francesi, raccomandò che i velivoli preposti alle ricognizioni aeree una volta avvistato un piroscafo mantenessero sempre il contatto con esso in modo di stabilirne nazionalità e scopi. La proposta fu accolta da Superaereo, che il 23 agosto impartì i relativi ordini ai Comandi dell'Aeronautica della Sicilia e della Sardegna.

Nel frattempo la C.I.A.F. aveva risposto al Comando Supremo, informando che la Delegazione francese di armistizio si era dichiarata favorevole a raccogliere le richieste italiane, subordinandole però ad una loro richiesta precedentemente non accordata dagli italiani; ossia quella di concedere agli aerei francesi di esplorare una fascia costiera di 20 miglia, estesa dal 5° meridiano est fino al confine libico-tunisino.

Il Comando Supremo suggerì a Superaereo e a Supermarina di accettare la proposta francese, perché un rifiuto avrebbe comportato un diniego anche alle richieste italiane. Ma i due Stati Maggiori, pur riconoscendo che accettando le condizioni proposte dai francesi sarebbe stato permesso *"di ampliare le possibilità operative dei nostri aerei lungo le coste africane e di creare centri informativi sulle coste stesse"*, avanzarono tante obiezioni di carattere tecnico-operativo, da convincere il Comando Supremo e la C.I.A.F. ad arrivare alla conclusione che le richieste italiane *"non potevano trovare immediata attuazione"*. Ciò anche perché da parte della Francia fu chiaramente mostrata la volontà di non trattare se prima non fossero stati definiti *"problemi di carattere politico che molto le stavano a cuore"*, e che riguardavano l'assetto dei suoi rapporti con le due nazioni dell'Asse.

In seguito a queste difficoltà, il Comando Supremo decise di rimandare ogni discussione a circostanze più favorevoli, che si pensava potessero verificarsi nello sviluppo delle prossime trattative da intavolare con la Delegazione francese.

Comunque le trattative sarebbero andate avanti tra reciproche diffidenze, dal momento che da parte italiana veniva continuata la pianificazione per impossessarsi dei territori metropolitani francesi, dalle Alpi fino al fiume Rodano, e della Corsica. Operazione, quest'ultima denominata "C.2", da attuare nel caso truppe britanniche e della Francia libera fossero sbarcate sulle coste occidentali dell'isola. Essa ricalcava i piani già previsti per l'Operazione "C.1", che era stata studiata, come abbiamo visto, tra il gennaio e l'aprile del 1941. La Regia Marina avrebbe dovuto parteciparvi attivamente, assicurando il trasporto e l'appoggio ai reparti del Regio Esercito, da imbarcare nei porti della Sardegna e del Tirreno.

La questione dell'occupazione della Corsica fu poi discussa al Comando Supremo il giorno 3 novembre, presenti i capi dell'Aeronautica e della Marina. Venne concordato, volendo evitare sfavorevoli ripercussioni nel Nord Africa Francese, che lo sbarco italiano sull'isola sarebbe dovuto avvenire soltanto dopo quello di iniziativa anglo-degollista, e se le condizioni di naviglio disponibile per i trasporti, da prelevare anche dalle rotte libiche, e la relatività delle forze in campo, lo avessero reso possibile.

Agendo su queste basi, Supermarina elaborò la sua direttiva "D.G. 5 ter", che sostituiva la "D.G. 5" del marzo 1941, e che fu approvata e firmata dall'ammiraglio Riccardi il 26 dicembre. In essa l'intervento di contrasto delle forze navali allo sbarco nemico era previsto nel tempo massimo di ventiquattro ore su qualsiasi punto della Corsica, mentre il corpo di spedizione italiano, costituito da due - tre divisioni del 7° Corpo d'Armata e da altri reparti minori, sarebbe stato sbarcato sull'isola a scaglioni successivi.

I convogli sarebbero stati protetti dalle unità navali della Forza Navale Speciale dell'ammiraglio di squadra Vittorio Tur, rinforzata da una divisione su tre incrociatori, da designare, il cui compito sarebbe stato quello di contribuire a fornire l'appoggio allo sbarco con la vigilanza e il sostegno delle artiglierie.

L'incrociatore *Bari* era la nave comando della Forza Navale Speciale dell'ammiraglio Vittorio Tur.

Il tutto sarebbe stato appoggiato dal grosso della Squadra Navale dell'ammiraglio Iachino che, usufruendo della collaborazione dell'aviazione e dei sommergibili, avrebbe svolto il *"compito di protezione indiretta, secondo direttive che"* sarebbero *state stabilite in base alla situazione strategica del momento"*.

23) La crisi del traffico con la Libia nell'estate del 1941

Con il trasferimento in Grecia del X Fliegerkorps, iniziato nella terza decade di maggio e concluso ai primi di giugno, il compito di neutralizzare Malta e di proteggere il traffico marittimo dell'Asse nel Mediterraneo centrale fu nuovamente un problema dell'Aeronautica italiana. Ma fu subito evidente che le caratteristiche sorpassate dei velivoli e la tattica di impiego delle unità italiane non erano le più adatte per permettere di tenere Malta sotto pressione. E ciò nonostante il notevole incremento di forze, resesi disponibili con la fine della campagna di Grecia e fatte affluire in Sicilia, che però andarono subito scemando di numero, perché la produzione dei velivoli, specialmente da bombardamento, era appena sufficiente al parziale integro delle perdite.

Ne conseguì che, sebbene si fosse impegnata con grande determinazione, l'Aeronautica della Sicilia poco fu in grado di fare per contrastare l'attività crescente degli aerei di Malta contro i convogli con la Libia che, a partire da giugno, cominciarono a riportare perdite elevate di naviglio mercantile. E ciò avveniva proprio mentre dall'esito dei rifornimenti dipendeva il risultato favorevole delle operazioni terrestri per espugnare Tobruk e per contrastare l'offensiva dell'Esercito britannico alla frontiera orientale della Cirenaica.

Nel frattempo fu necessario adeguare le scorte ai convogli con norme di impiego più confacenti alle caratteristiche di autonomia dei velivoli italiani. In questo contesto, oltre ad esplicare la protezione ai convogli libici, Superaereo, a partire dal 20 maggio 1941, si assunse anche l'onere di scortare quelli diretti in Grecia, dislocando reparti di aerei da caccia nel settore occidentale della penisola ellenica (Peloponneso), in modo da coprire, entro le 80-100 miglia dalle basi terrestri, il tratto di mare tra la Sicilia, la Puglia e la zona di Patrasso. Su questo sistema di copertura aerea ai convogli Supermarina non ebbe nulla da obiettare. Anzi affermò che sarebbe stato sufficiente l'intervento dei velivoli da caccia sul segnale d'allarme per proteggere i convogli meno importanti. Doveva invece essere assicurata la scorta aerea continua a quelli che rivestivano particolare importanza, specialmente se fosse stata segnalata la presenza di navi portaerei nemiche in vicinanza delle zone di transito.

Contemporaneamente, il Comando Supremo, dopo aver compilato un promemoria riepilogativo, il 1° giugno aveva richiesto a Supermarina di risolvere il delicato problema delle scorte navali sulle rotte con l'Africa Settentrionale, perché l'invio di rinforzi a quel fronte terrestre imponeva di aumentare a trenta il numero mensile dei piroscafi da impiegare su quella rotta. Supermarina rispose affermando che, con i programmi in corso, prevedeva di assicurare le scorte fino a trentasei piroscafi mensili; ma nel contempo sollecitò il Comando Supremo ad interessare il Comando Superiore dell'Africa Settentrionale Italiana a prendere i provvedimenti necessari per aumentare le possibilità di scarico nel porto di Tripoli, essendo quello di Bengasi scarsamente utilizzabile dopo l'esplosione delle due motonavi *Birmania* e *Città di Bari*, verificatosi il 3 maggio.

Nel frattempo venivano definite le modalità di scorta antisom sulle rotte Napoli-Tripoli. Fu interessato Superaereo, il quale rispose a Supermarina di impegnarsi ad alternare alle missioni svolte dalla Ricognizione Marittima una protezione giornaliera ai convogli, ed eventualmente anche ai piroscafi isolati, con velivoli S.79 da mantenere permanentemente in volo sulle navi dalle prime luci dell'alba fino al tramonto.

Successivamente, scrivendo l'11 giugno al Comando Supremo, Supermarina sollevò obiezioni sulla possibilità di avviare parte del traffico diretto in Libia al porto di Bengasi, utilizzando la rotta passante a levante di Malta, perché considerata allora troppo minacciata dal nemico. E dal momento che lo stesso porto di Bengasi risultava saturo di relitti di navi affondate, propose di sperimentare alcuni viaggi con unità da carico di modesto tonnellaggio, partenti da Brindisi, che *il* X Filegerkorps avrebbe dovuto proteggere dalla zona situata a ponente di Creta fino a destinazione.

Un altro problema che dovette essere affrontato, in seguito all'incremento degli attacchi esercitati contro i convogli dai bombardieri di Malta, fu quello di aumentare su richiesta di Supermarina, l'armamento dei piroscafi impegnati sulle rotte della Libia con compagnie di mitragliere da 20 mm messe a disposizione dal Regio Esercito. Si trattava di un sistema di difesa che era stato sperimentato dai tedeschi sulle loro navi da trasporto, e che risultava utilissimo soprattutto contro gli attacchi dei bombardieri a bassa quota e a volo radente, che in quel periodo costituivano una grossa preoccupazione, essendo quello il sistema di offesa più redditizio usato dalla R.A.F.

Intanto, nonostante l'Aeronautica della Sicilia avesse dato corso ad un servizio di scorta massacrante ai convogli e alle loro divisioni di incrociatori di scorta (3^a, 7^a, 8^a). si verificarono ugualmente in pieno giorno delle perdite tra il naviglio mercantile, proprio per opera degli attacchi aerei provenienti da Malta. Ciò fu giustificato da Superaereo con il fatto che non sempre i caccia di scorta erano in grado di rintracciare le unità navali e i convogli che dovevano difendere, a causa di improvvisi deviazioni di rotta, imposte alle navi a seguito di avvistamento di ricognitori nemici o per presenza di sommergibili. Nel contempo i velivoli da caccia avevano anche difficoltà a contrastare le incursioni della R.A.F., che generalmente si verificavano ai limiti del loro raggio d'azione, nella zona a sud dell'Isola di Lampedusa e, nelle ore di semioscurità mattinale e serale, quando le scorte aeree non erano ancora iniziate o erano già terminate.

A questa esposizione Supermarina rispose che non era possibile di permettere a gli aerei di scorta di segnalare, come suggerito da Superaereo, le improvvise deviazioni di rotta dei convogli e delle divisioni navali, per non dare al nemico la possibilità di intercettare e decrittare i messaggi, che potevano portare a localizzare le posizioni delle navi. Tuttavia si sarebbe fatto in modo di trasmettere notizie più dettagliate ai velivoli nazionali in partenza dalle basi, per orientarli il più possibile sui fattibili sviluppi della situazione.

Nel frattempo, il 12 luglio, Supermarina aveva diramato ai comandi di Dipartimento Navale di Napoli, Messina e Tripoli, e per conoscenza a Superaereo, una direttiva dall'oggetto "*Protezione diretta e indiretta al traffico per la Libia*"), nella quale erano fissate le norme per rendere efficace la scorta dei velivoli da caccia, da impiegare contro gli aerei nemici, e quella esercitata dai velivoli da bombardamento S.79, ai quali era assegnato il compito di contrastare gli aerosiluranti britannici al di fuori del raggio d'azione della caccia italiana di scorta. Venivano poi elencati i dettagli per svolgere con gli intercettori le azioni su allarme, per rendere più vigile il servizio della ricognizione e quello delle scorte antisom, e infine per tenere Malta sotto pressione con le azioni da bombardamento dirette contro gli aeroporti ed eventualmente contro le basi navali.

In 30 giugno il generale Cavallero presentò al Duce un appunto in cui era preso in attento esame il programma dei trasporti, che dovevano affluire in Libia nei mesi successivi prima che il nemico si sentisse abbastanza forte per attaccare. E dal momento che i piroscafi italiani risultavano di numero insufficiente per approvvigionare contemporaneamente le truppe tedesche e italiane e la popolazione civile, ed il porto di Tripoli risultava insufficiente ad assorbire la quantità di uomini, di mezzi e di merci che si intendeva inviare mensilmente oltre mare, il Capo del Comando Supremo, tra le varie misure da prendere, riferì di essersi accordato con il generale von Rintelen affinché almeno 20.000 tonnellate di rifornimenti germanici fossero fatti affluire a Biserta. Ciò avrebbe permesso un maggiore afflusso in Libia di complementi per le divisioni del Regio Esercito.

Quello stesso giorno 30 giugno si svolse al Comando Supremo una riunione, a cui parteciparono delegati di Supermarina e di Superaereo. In essa fu discusso il problema di stabilire migliori collegamenti radiotelegrafici tra i comandi dei convogli e quelli degli aeroporti che dovevano fornire la protezione aerea, tuttavia con la norma cautelativa di effettuare le trasmissioni soltanto in caso di assoluta necessità. Sulla base di quanto discusso in quell'occasione, il generale Cavallero invitò gli altri enti a prendere gli opportuni accordi di dettaglio, che negli intendimenti dovevano portare a realizzare un buon sistema di collegamento aero-navale.

In una nuova riunione tenuta sempre al Comando Supremo, il mattino del 5 luglio, fu preso in esame il sistema da adottare per avviare e proteggere i convogli veloci sulle rotte passanti a levante di Malta che, sebbene risultassero più lunghe rispetto a quelle che costeggiavano il litorale della Tunisia, erano considerate più sicure dagli attacchi aerei provenienti da Malta, e meglio difendibili con i velivoli di scorta ubicati nelle basi della Sicilia, della Grecia e della Libia.

Raggiunto l'accordo, l'8 luglio il Comando Supremo invitò i Capi di Stato Maggiore della Marina e dell'Aeronautica a stabilire subito le migliori modalità per rendere più sicure possibili le traversate dei convogli veloci e per distribuire negli aeroporti terrestri i velivoli da caccia nel modo più opportuno. Supermarina fece sapere che sarebbero stati impiegati nelle traversate cinque grosse motonavi, generalmente da far partire da Taranto e saltuariamente anche da Napoli; e ciò allo scopo di non seguire troppo spesso il medesimo itinerario a levante di Malta, per non fornire al nemico elementi che gli avrebbero potuto permettere di attaccare con maggiori possibilità di successo.

Quello che in quel periodo di inizio estate costituiva un vero incubo per i Comandi dell'Asse, impegnati nella pianificazione dei convogli Libici, era rappresentato dalla possibilità che gli inglesi, con attacchi aerei navali, riuscissero a bloccare o a rallentare l'attività del porto di Tripoli, che il nuovo Comandante Superiore delle Forze Armate dell'Africa Settentrionale, generale Italo Gariboldi, volendo migliorarne l'organizzazione di scarico e di protezione, aveva stabilito fosse sotto l'esclusiva dipendenza del generale Intendente Giordano. Tra le misure da prendere, essenziale risultò per il Comando Supremo quella di rinforzare le difese di Tripoli, sotto forma di maggiori aliquote di artiglieria contraerea e con l'impiego di velivoli da caccia notturna. Una specialità, quest'ultima, assolutamente insufficiente nell'ambito della Regia Aeronautica, che necessitava di essere potenziata al massimo. Ma occorreva anche che lo stesso funzionamento portuale, diretto dal generale Giordano, potesse essere messo nelle condizioni di funzionare al meglio, e questo comportava di coordinare tutta l'attività dei mezzi disponibili.

Le pressioni maggiori per questa realizzazione, di difficile soluzione perché partecipavano all'attività e alla protezione del porto di Tripoli molte organizzazioni militari e civili, venivano soprattutto dal Comando Superiore delle Forze Armate dell'Africa Settentrionale, il quale, con lettera del 14 luglio indicò al Comando Supremo i provvedimento ritenuti necessari e di urgente realizzazione. In particolare per quelle inerenti all'incremento della difesa del porto e dei convogli in arrivo.

Ma le medesime pressioni pervenivano anche dai Comandi tedeschi in Libia i quali, tramite il contrammiraglio Weichold, chiesero che nelle notti di luna i piroscafi sotto scarico venissero sparpagliati lontano dal porto di Tripoli, restando alla fonda nei pressi della costa, per evitare di essere localizzati e colpiti dagli attacchi aerei. Ma Supermarina, considerando il sistema proposto molto pericoloso, perché fuori dai moli le navi erano soggette alla grave minaccia costituita dai sommergibili e dagli aerosiluranti, suggerì che la difesa migliore sarebbe stata quella di aumentare il numero delle batterie contraeree, in modo da rendere più pericoloso al nemico l'attacco a bassa quota contro le unità ormeggiate nel porto.

Il 16 luglio Benito Mussolini emanò una direttiva al Comando Superiore delle Forze Armate dell'Africa Settentrionale, nella quale prevedendo che l'Asse, dopo la conclusione della campagna di Russia, avrebbe sviluppato *"una doppia contemporanea azione offensiva contro l'Egitto dalla Cirenaica e dal Medio Oriente"*, affermava che occorreva potenziare al massimo, a partire dall'agosto, il fronte della Cirenaica. Era pertanto necessario farvi affluire nuove forze, che sarebbero state inviate oltremare dall'Italia *"a prezzo di grandi sforzi"*, per costituire in Libia *"appena possibile un gruppo corazzato mobile agli ordini del generale Rommel"* e crearvi una forte riserva motorizzata di manovra. Pertanto, specificò il Duce, era necessario migliorare le difese costiere, per prevenire uno sbarco dal mare, cercare di espugnare al più presto possibile la piazzaforte di Tobruk, ma soprattutto doveva essere fatto *"ogni sforzo per migliorare quanto più possibile la capacità di sbarco di Tripoli e di Bengasi, e l'organizzazione di difesa aerea e contraerea di tali località"*.

Successivamente, il 20 luglio, il Comando Supremo inviò agli altri Stati Maggiori una lettera dall'argomento *"Protezione aerea dei convogli per l'A.S.I. a levante di Malta"*. In essa, oltre a richiedere ad assicurare le scorte aeree necessarie per contrastare l'attività della R.A.F. di Malta, si raccomandava di esercitare con la ricognizione aerea il controllo delle basi dell'isola. Ma soprattutto, occorreva sorvegliare i movimenti delle forze navali britanniche provenienti da Alessandria, le quali potevano esercitare un pericolosissimo contrasto al movimento dei convogli, da prevenire ad ogni costo.

Della stessa idea era anche il nuovo governatore della Libia e Comandante delle Forze Armate dell'Africa Settentrionale, generale Ettore Bastico, il quale era stato sostituito nel comando dell'Egeo dall'ammiraglio di squadra Inigo Campioni, che a sua volta era stato rimpiazzato nella carica di Sottocapo di Stato Maggiore della Marina dall'ammiraglio Luigi Sansonetti, sostituito nel comando della 3ª Divisione Navale dall'ammiraglio Bruno Brivonesi. Scrivendo il 3 agosto all'amico ammiraglio Riccardi, Bastico mise anche in risalto il pericolo che derivava al traffico di cabotaggio, tra Tripoli e Bengasi, dall'intensa attività dei sommergibili britannici. Egli pertanto sollecitò un maggiore aiuto di unità adatte a contrastare quella minaccia, sotto forma di qualche torpediniere e di qualche cacciasommergibile, per rendere sicura quell'importante servizio per via marittima, il solo in grado di diminuire il logorio imposto agli autocarri che percorrevano la strada costiera Balbia tra le due località libiche. Inoltre il generale Bastico sollecitò anche la dislocazione di qualche Mas a Porto Bardia, per attaccare le unità navali britanniche che avevano aumentato la loro attività per rifornire Tobruk, agendo in collaborazione con i pochi aerosiluranti italiani dislocati in Cirenaica, allora limitati ad una sola squadriglia di sei velivoli.

L'ammiraglio Riccardi rispose con notevole ritardo, il 6 settembre, lamentando le difficoltà che si frapponevano a dislocare unità di scorta in Libia, per le molteplici esigenze a cui la Marina era chiamata ad esplicare. Egli affermò che era più conveniente tenere raggruppate le unità antisom, per dare la caccia ai sommergibili avvistati in una determinata zona, piuttosto che proteggere insufficientemente le piccole unità mercantili adibite al traffico di cabotaggio. Tuttavia promise che le esigenze della Libia, perfettamente conosciute, sarebbero state soddisfatte con priorità non appena si fossero resi disponibili i mezzi antisomm che si trovavano in corso di realizzazione.

Un piccolo convoglio di due moderne motonavi tipo "Filzi" scortato da un cacciatorpediniere tipo "Navigatori" in rotta per la Libia.

Quanto al disturbo del traffico inglese per Tobruk, il Capo di Stato Maggiore della Regia Marina, affermò che esso non poteva "*essere tentato che con sommergibili*", i quali però trovavano difficoltà ad agire per il forte contrasto difensivo attuato dal nemico con le sue unità aeree e navali, che si trovavano agevolate nella caccia ai sommergibili "*dalle condizioni meteorologiche e dalla trasparenza del mare in quella zona*".

Infine l'ammiraglio Riccardi affermò, che l'importanza di proteggere il traffico tra l'Italia e la Libia, difficile da mantenere "*avendo nella zona quel terribile nido di vespe*" rappresentato da "*Malta*", era considerato dalla Marina nel suo pieno valore, perché legato al "*saldo possesso dell'Africa Settentrionale*", per difendere la quale era necessario fare ogni sforzo.

Anche il Comandante Superiore della Regia Marina in Libia (Marilibia), ammiraglio Pellegrino Matteucci, ebbe a lamentare in questo periodo le difficoltà a cui andavano soggetti i convogli e le loro divisioni di incrociatori di scorta, per le offese nemiche. Egli propose di imitare quanto adottato dai tedeschi nel trasporto delle truppe, mediante l'impiego di mezzi aerei, al duplice scopo di rendere più sicura l'incolumità degli uomini e meno oneroso il loro trasporto da Tripoli a Bengasi per via terrestre. Ma le difficoltà di reperire un sufficiente numero di aerei da trasporto nell'ambito della Regia Aeronautica, non rese allora attuabile quel servizio.

Nel contempo Supermarina, di fronte all'attività sempre più minacciosa della R.A.F. che, essendo considerevolmente aumentata durante il mese di luglio e nei primi giorni di agosto, aveva portato all'affondamento di molte navi da carico con attacchi di bombardieri

Blenheim a volo radente, tornò sulla questione di una maggiore protezione contraerea da offrire ai convogli. Chiese pertanto a Superesercito di aumentare l'armamento dei piroscafi con altre compagnie di mitragliere da 20 mm, non essendo possibile incrementare le scorte navali, che al momento venivano effettuate con cinque o sei siluranti per convoglio, e quelle aeree, dal momento che anche Superaereo trovava notevole difficoltà a reperire i necessari velivoli.

Tale richiesta fu accolta dall'Ufficio Servizi dello Stato Maggiore dell'Esercito che, come prima misura, sostituì parte delle armi che erano andate perdute con i piroscafi affondati. Quindi, per ordine del Comando Supremo, furono ritirate tutte le armi contraeree da 20 mm che si trovavano ancora in Albania, e con esse Supermarina fu in grado di assegnare sedici mitragliere ad ogni piroscafo da passeggeri e otto mitragliere ad ogni piroscafo da carico.

Quello della perdita dei piroscafi stava diventando un problema che incideva parecchio sulle possibilità di mantenere elevato il ritmo dei trasporti con al Libia, perché, causa le carenze di materiali siderurgici, vi erano difficoltà di rimpiazzare le navi affondate, in quanto non risultava allora possibile attuare un nuovo programma di costruzioni, prospettato in una riunione tenuta il 23 giugno. Esso avrebbe dovuto portare a realizzare 800.000 tonnellate di naviglio mercantile entro il 1942, in aggiunta alle quattordici navi per 75.775 tonnellate costruite fra il settembre 1939 e il luglio 1941, mentre altre ventidue navi per 180.920 tonnellate dovevano essere realizzate entro i restanti mesi del 1941.

Il 18 agosto Supermarina, sempre più allarmata dalle perdite causate dall'incontenibile offensiva degli aerei di Malta – che la Regia Aeronautica pur attaccando il nemico sulle sue basi dell'isola al prezzo di gravi perdite non riusciva assolutamente a mitigare – invitò Superaereo a coprire il tratto di mare tra Pantelleria e Tripoli, che si trovava al di fuori dei limiti della caccia di scorta, costruendo un aeroporto nell'Isola di Lampedusa. L'Organo Operativo della Regia Aeronautica rispose che i lavori per realizzare una pista di volo per pochi velivoli erano già in corso; ma aggiunse che i lavori erano resi difficoltosi dalla ristrettezza di spazio nell'isola e dalla natura del terreno, a cui si aggiungeva la mancanza sul posto di attrezzature e di personale, che occorreva incrementare subito per via marittima.

Nel frattempo Supermarina con promemoria *dall'oggetto "Trasporti per l'A.S.I."* era tornata ad esaminare le possibilità che si offrivano a mantenere quel servizio indispensabile.

Sempre il 18 agosto il generale Bastico aveva sollevato verso il Comando Supremo la questione della segretezza del traffico, perché sospettava che lo spionaggio nemico fosse preventivamente informato dell'arrivo dei convogli a Tripoli, mediante informazioni carpite in Italia, negli stessi porti d'imbarco dei piroscafi. Tra l'altro, in base a segnalazioni giuntegli dal generale Rommel, che denunciava attacchi della R.A.F. contro Bardia ogni qualvolta era in arrivo un sommergibile da trasporto, espose l'ipotesi che da parte britannica si riuscisse ad *"intercettare e decifrare le comunicazioni radio relative"*. Sospetto ben fondato dal momento che il nemico decodificava i messaggi italiani e tedeschi trasmessi con macchina cifrante "Enigma", tramite la sua organizzazione crittografica "Ultra".

La lettera di Bastico fu portata a conoscenza ai tre Stati Maggiori delle Forze Armate, che furono invitate dal Comando Supremo a prendere le seguenti misure di sicurezza: esercitare una maggiore censura su posta e telegrammi diretti in Libia; mantenere con enti civili interessarti ai trasporti la massima possibile segretezza; evitare comunicazioni radio non indispensabili, e a rendere più ermetiche, con frequenti cambi di cifrari, quelle necessarie.

Superaereo assicurò di essersi sempre attenuto al massimo regime di riservatezza, e portò a conoscenza del Comando Supremo una direttiva emanata il 5 settembre a tutti i maggiori Comandi, in cui era raccomandato di attenersi a misure di sicurezza ancora più ermetiche.

Aeroporto di Ciampino (Roma), 30 ottobre 1941. I generali Ugo Cavallero e Francesco Pricolo (3° e 4° da destra), rispettivamente Capo di Stato Maggiore Generale e Sottosegretario di Stato e Capo di Stato Maggiore della Regia Aeronautica, ispezionano i nuovi velivoli Mc.202 del 17° Gruppo del 1° Stormo Caccia in partenza per la Libia. Sull'attenti, alla destra di Cavallero, il comandante del 17° gruppo tenente colonnello Bruno Brambilla. Da sinistra sono i generali Erardo Ilari (Comandante della 3ª Squadra Aerea), Giuseppe Santoro (Sottocapo di Stato Maggiore dell'Aeronautica) e Ruggero Bonomi (dello Stato Maggiore Aeronautica).

Supermarina, sostenendo di aver sempre ridotto al minimo indispensabile le comunicazioni radio e la diramazione di notizie sui movimenti del traffico, ritenne di escludere, illudendosi, che il nemico potesse arrivare a conoscere il movimento dei convogli, e quindi gli itinerari e le date di arrivo, per mezzo delle comunicazioni radiotelegrafiche trasmesse dalle unità in mare, *"perché il silenzio R.t. in mare"*, specie per quanto riguardava il movimento dei sommergibili da trasporto, era *"sempre scrupolosamente osservato"*. Comunque propose di migliorare la riservatezza nei porti di partenza, esercitando maggiori controlli, soprattutto proibendo comunicazioni telefoniche e telegrafiche, e sospendendo la corrispondenza fino ad avvenuta partenza delle navi.

24) *Il fallimento dell'Operazione "B" per il minamento difensivo del porto di Bengasi e la pianificazione, non realizzata, di incursioni della Squadra Navale italiana a nord della Cirenaica*

Una delle conseguenze negative determinata dall'uscita della flotta italiana per contrastare alla fine di settembre 1941 l'operazione britannica "Halbert", fu rappresentata dalla mancata attuazione dell'Operazione "B", che consisteva nella costituzione di uno sbarramento minato a carattere difensivo da attuare nelle acque prospicienti il porto di Bengasi, e che avrebbe dovuto iniziare il 26 del mese.

Quello degli sbarramenti minati necessari per interdire il transito alle navi nemiche nel Canale di Sicilia e intorno a Malta, nonché per proteggere i principali porti delle coste libiche ove affluivano gli indispensabili rifornimenti per le truppe italo-tedesche che combattevano una dura e lunga battaglia nella Cirenaica orientale, era uno dei maggiori problemi su cui insistevano presso Supermarina le autorità della Marina germanica. Le discussioni erano iniziate nel febbraio del 1941 e la Kriegsmarine aveva fornito le mine magnetiche necessarie per attuare, tra l'aprile e il giugno, i grandi sbarramenti "S" di Capo Bon, e "T" di Tripoli, che furono posati tra l'aprile e il giugno dagli incrociatori leggeri della 4ª e della 7ª Divisione Navale e dai cacciatorpediniere della classe "Navigatori".

Nell'estate e nell'autunno vi era poi stato un nutrito scambio di corrispondenza tra la Seekriegsleitung e Supermarina. Tra l'altro, per l'intervento diretto del grande ammiraglio Raeder e dell'ammiraglio Riccardi, furono concordati vari provvedimenti di carattere operativo e logistico, tra cui quelli di rinforzare gli sbarramenti nel Canale di Sicilia e intorno a Malta.[26] (1)

In questo contesto, l'Operazione "B" fu programmata da Supermarina ai primi di settembre, prevedendo l'intervento di due incrociatori della 7ª Divisione e sette cacciatorpediniere, oltre ad una forza navale di sostegno costituita dalla corazzata *Doria* scortata da quattro cacciatorpediniere, mentre la Regia Aeronautica avrebbe fornito l'appoggio aereo, da espletare con scorta diretta alle navi e con intervento offensivo contro unità navali britanniche segnalate nella zona della Cirenaica.

Rimandata al 25 settembre, tra molteplici incertezze, che tra l'altro comportarono una nuova ridistribuzione delle forze navali, dal momento che fu deciso di fare a meno del gruppo di sostegno e nel contempo di portare a tre il numero degli incrociatori della 7ª Divisione destinati alla posa delle mine, l'Operazione "B" fu poi posticipata al 29, per la presenza in mare della *Mediterranean Fleet*, salpata da Alessandria per costituire nel Mediterraneo orientale una diversione all'Operazione "Halberdt". Rimandata ancora al 1° ottobre, a causa delle condizioni sfavorevoli del tempo, e poi al giorno 11 di questo mese, l'operazione "B" ebbe regolarmente inizio alle 02.00 del 12 ottobre, con la partenza da Taranto degli incrociatori *Duca d'Aosta*, *Eugenio di Savoia* e *Raimondo Montecuccoli*, accompagnati da sette cacciatorpediniere, in parte forniti anch'essi di mine.

Tutto sembrava procedere per il meglio, ma poi l'indomani l'Ufficio Informazioni Estere di Maristat segnalò *"movimenti navali tra Alessandria e le basi della Marmarica"*, e il probabile avvistamento della 7ª Divisione, desunto dalla trasmissione di un aereo della R.A.F. del Medio Oriente effettuata alle ore 14.15. La presenza in mare della Mediterranean Fleet fu poi confermata da un aereo della X Fliegerkorps 130 miglia per est-nord-est da Alessandria, ragion per cui, ritenendo che il rischio che correva la 7ª Divisione era troppo forte, Supermarina le ordinò di sospendere la missione per rientrare a Taranto.

E' difficile dire se la decisione di Supermarina, che fece definitivamente tramontare l'O "B", sia stata nell'occasione ben ponderata. Infatti, sebbene due corazzate della *Mediterranean Fleet* (*Quenn Elizabeth* e *Barham*) si trovassero effettivamente in mare per sostenere unità leggere trasportanti a Tobruk rinforzi di truppe, quelle vecchie e vulnerabili navi, ormai da cinque mesi prive di una portaerei che potesse proteggerle lontano dalle proprie basi, difficilmente avrebbero abbandonato le acque di Alessandria per spingersi in una zona lontana come quella di Bengasi, in cui vi era da affrontare il rischio mortale di venire attaccati dall'aviazione dell'Asse già allertata.

---

[26] Il 21 luglio l'ammiraglio Weichold aveva suggerito di neutralizzare Malta, predisponendo una fitta rete di sbarramenti minati nelle acque dell'isola, da attuare con l'impiego di unità navali e di aerei. Supermarina rispose che a quello scopo erano state già eseguite numerose operazioni con l'impiego di incrociatori e cacciatorpediniere, ed altre erano previste per il futuro, ma che nessuno appoggio poteva essere dato dalla Regia Aeronautica, nonostante i numerosi solleciti, non possedendo essa mine che erano ancora allo studio e velivoli adatti per quel particolare impiego.

L'incrociatore *Emanuele Filiberto Duca d'Aosta*, la nave ammiraglia della 7ª Divisione Navale.

Ripresi da un cacciatorpediniere della scorta i tre incrociatori della 7ª Divisione Navale, *Duca d'Aosta*, *Eugenio di Savoia* e *Raimondo Montecuccoli*, in navigazione nel Mediterraneo centrale durante la interrotta Operazione "B".

L'Operazione "B" si era appena conclusa con un nulla di fatto che Supermarina, su richiesta dello Stato Maggiore dell'Esercito, pianificò un'altra missione, questa volta a carattere offensivo, riguardante un bombardamento navale da attuare contro la piazzaforte di Tobruk, ritenuto utile per appoggiare una prevista offensiva delle forze terrestri dell'Asse contro la piazzaforte britannica.[27] Furono preparati cinque progetti, i primi tre dei quali furono inviati all'ammiraglio Iachino perché desse su di essi il suo autorevole parere, apportandovi eventuali varianti, cosa che egli fece con promemoria del 26 ottobre.

---

[27] Già nell'agosto 1941 Supermarina aveva preparato due progetti per incursione della Squadra Navale a nord della Cirenaica e contro Tobruk.

Di fronte all'eventualità di impiegare nel bombardamento soltanto forze leggere, oppure di effettuare "*un'azione di forza con tutta la nostra potenza navale*", nell'intendimento di arrivare "*all'incontro con le forze navali nemiche*" della Mediterranean Fleet, da affrontare in una battaglia decisiva, Supermarina stabilì di effettuare il semplice bombardamento degli obiettivi di Tobruk situati vicino alle coste, impiegandovi due incrociatori pesanti della 3ª Divisione Navale, accompagnati da quattro cacciatorpediniere e due torpediniere; queste ultime per dragare in corsa la rotta delle altre navi durante l'azione di fuoco, che doveva svolgersi nell'arco di tempo tra i venti e i sessanta minuti. Naturalmente occorreva che la ricognizione aerea italiana e germanica avesse prima accertato l'esistenza di condizioni favorevoli, ossia che non vi fossero state "*forze navali uguali o prevalenti*" a quelle *italiane "a ponente del meridiano 26° E*", e che l'aviazione avesse fornito l'appoggio e il sostegno aereo con aerei da caccia e velivoli offensivi.

Oltre a questo progetto, chiamato "Toro", Supermarina ne studiò un altro, denominato "Orione" e dall'argomento "*Operazioni della Squadra Navale a levante*". L'intendimento di quest'ultima operazione era quello di impegnare la Mediterranean Fleet con tutta la potenza navale italiana, e ciò avrebbe comportato l'impiego di ben cinque navi da battaglia, otto-dieci incrociatori e circa venticinque cacciatorpediniere, per affrontare un combattimento che doveva svolgersi a nord delle coste della Cirenaica; sempre che il nemico non avesse disposto "*di più di tre navi da battaglia tipo QUEEN ELIZABETH*" e fosse stata assicurata "*alla Squadra Navale la necessaria collaborazione aerea per contrastare l'azione della navi portaerei nemiche*".

La Mediterranean Fleet disponeva allora di tre corazzate (*Warspite*, *Valiant*, *Barham*) le quali, però, dopo il danneggiamento della Formidable avvenuto per opera degli "Stukas" tedeschi il 26 maggio nelle acque di Creta, non possedeva dell'appoggio di una portaerei, non essendo stato possibile rimpiazzala. In tali condizioni l'eventuale combattimento navale si sarebbe svolto per la Squadra Navale italiana nelle condizioni più favorevoli. Ma il progetto "Orione", presentato assieme al progetto "Toro" al Comando Supremo, e quindi diramato da Supermarina a Superaereo, perché valutasse la possibilità del concorso aereo necessario alla Squadra Navale, che apparve subito di difficile attuazione, a causa delle ristrettezze logistiche in Cirenaica e della lontananza degli aeroporti della Grecia, fu un altro dei tanti progetti non entrati in attuazione. Non ci fu infatti il tempo di affrontare discussioni sugli importanti problemi della collaborazione aeronavale, perché altri gravi avvenimenti, verificatisi nel Mediterraneo centrale, fecero definitivamente tramontare i progetti delle operazioni "Toro" e "Orione".

25) L'offensiva della Regia Aeronautica della Sicilia contro Malta e l'invio nel porto maltese di La Valletta della "Forza K" britannica

Il problema che all'inizio dell'autunno 1941 stava causando ai Comandi italiani le maggiori preoccupazioni era costituito dal rafforzamento di Malta, che era iniziato alla fine di maggio, dopo il ritiro del X Fliegerkorps dalla Sicilia. Le conseguenze che ne derivarono furono rappresentate da un notevole incremento dell'attività degli aerei e dei sommergibili britannici contro i convogli dell'Asse diretti in Libia, guidati da una efficientissima ricognizione aerea e da un ancor più efficiente servizio d'informazioni svolto dall'organizzazione crittografica "Ultra".

Di fronte alla critica situazione venuta a crearsi nel campo dei rifornimenti, il generale Erwin Rommel, Comandante dell'Afrika Korps, rivolse le sue lamentele a Berlino, sollecitando che venissero inviati nel Mediterraneo sommergibili e aerei tedeschi, da impiegare anche sulle rotte britanniche per Tobruk. Hitler dopo averne parlato con Mussolini che concesse di buon grado il suo assenso, alla fine di agosto ordinò che un primo gruppo di sei U-boote si trasferissero dall'Atlantico nel Mediterraneo orientale, per operare, dalla base greca di Salamina, sulle rotte britanniche che rifornivano Tobruk. Il Führer, però, non poté inviare alcun rinforzo di aerei, perché gran parte della Luftwaffe si trovava allora impegnata ad oltranza sul fronte Russo, né poteva sguarnire di aerei la Francia occupata, dove si trovavano i reparti che opertavano in Atlantico contro la navigazione britannica, e la zona tra il Belgio e l'Olanda, da cui dipendeva la protezione aerea della stessa Germania dai massicci attacchi della R.A.F.

Per permettere ai convogli italiani di transitare con alquanta sicurezza nel Mediterraneo centrale, occorreva però che la Regia Aeronautica aumentasse gli sforzi contro Malta, da cui partivano gli aerei e i sommergibili britannici che causavano le maggiori perdite ai convogli italiani; perdite spesso dolorosissime come dimostrò, il 18 settembre 1941 l'affondamento dei transatlantici *Neptuma* e *Oceania*, carichi di soldati, per opera dell'*Upholde*; un sommergibile particolarmente efficace, comandato dal tenente di vascello Malcolm David Wanklyn, che nel corso del 1941 aveva già ottenuto notevoli successi, incluso l'affondamento del transatlantico *Conte Rosso*, il 24 maggio, e il danneggiamento dell'incrociatore *Giuseppe Garibaldi*, il 28 luglio.

Il *Conte Rosso* prima della guerra. Fu il primo dei tre transatlantici italiani che furono affondati sulle rotte per Tripoli dal sommergibile britannico *Upholder*, della 10ª Flottigli di base a Malta.

Sollecitato dal Comando Supremo e da Supermarina ad un maggiore impegno per tenere sotto pressione le basi nemiche, il 29 settembre 1941 il Capo di Stato Maggiore dell'Aeronautica portò a conoscenza del generale Cavallero le proprie direttive per "*Attacchi su Malta*", inviate quello stesso giorno al Comando dell'Aeronautica della Sicilia. Documento, nel quale l'impiego delle forze aeree, che avrebbero dovuto svolgere soprattutto azioni di bombardamento notturno, era esposto secondo il concetto operativo di "*massa*", da sviluppare con il rafforzamento dell'Aeronautica della Sicilia nei limiti del possibile, a causa delle molteplici esigenze degli altri settori di guerra. Il generale Cavallero, affermando che l'esposizione del generale Pricolo corrispondeva alle direttive operative sulle quali egli insisteva da tempo, rispose a Superaereo di voler conoscere il programma della azione aeree da svolgere contro Malta, che ebbero inizio nella prima decade di ottobre, con risultati però del tutto insoddisfacenti[28] Questa constatazione riconosciuta dallo stesso Capo di Stato Maggiore dell'Aeronautica il quale, affrontando con lettera del 18 ottobre l'argomento della protezione dei convogli per la Libia che era stato sollecitato dal Comando Supremo, sostenne che, nonostante fossero stati attuati provvedimenti per potenziare l'Aeronautica della Sicilia, appariva impossibile neutralizzare Malta in modo talmente efficace da impedire la partenza dei suoi aerei offensivi diretti contro i convogli libici.

Recupero da parte di un cacciatorpediniere dei naufraghi delle affondate motonavi *Oceania* e *Neptunia*, affondate dal sommergibile britannico *Upholder* comandato dal tenente di vascello Malcolm David Wanklyn.

Messo di fronte a questa spiacevole realtà, Cavallero invitò l'indomani Supermarina e Superaereo a studiare i provvedimenti più efficaci per migliorare la difesa del traffico con l'Africa Settentrionale, che comportavano pur sempre un intensificato impiego delle azioni aeree contro le basi di Malta, specialmente nelle notti in cui si svolgevano importanti movimenti dei convogli. Ma il generale Pricolo ribadì che la Regia Aeronautica, impiegando la quasi totalità delle forze aeree dislocate in Sicilia per compiti di scorta ai convogli, di interdizione agli attacchi del nemico e di offesa contro gli obiettivi maltesi, non poteva attingere ad altri rinforzi, e pertanto non era in grado di fare contro Malta più di quanto non stesse già facendo.

Questa lettera, dal contenuto alquanto duro, compilata in un momento in cui le relazioni fra Francesco Pricolo e Ugo Cavallero stavano raggiungendo il punto di rottura per divergenze sull'impiego aereo, fu poi abrogata su richiesta dello stesso Cavallero e sostituita

---

[28] Per la direttiva di Superaereo "*Attacchi su Malta*" e per la risposta del Comando Supremo vedi anche: Francesco Mattesini e Mario Cermelli "*Le Direttive Tecnico-Operative di Superaereo*", Volume Primo - II Tomo, Doc. n° 331-332, pagg. 869-873.

con altra di pari numero di protocollo e data, in cui, addolcendo alquanto il suo tono violento, il Capo di Stato Maggiore della Regia Aeronautica assicurava che avrebbe impegnato *"ogni suo mezzo disponibile per la protezione dei convogli e per il controllo di Malta"*.

Ma nonostante queste affermazioni, il problema di Malta continuava a rimanere sempre più spinoso, dal momento che all'inizio di ottobre il numero dei sommergibili dislocati a La Valletta era stato portato a dieci, e un notevole incremento si era verificato anche nel potenziale aereo, dal momento che stazionava negli aeroporti dell'isola circa centosessanta velivoli, dei quali trenta bombardieri, dodici aerosiluranti, dieci ricognitori, in parte forniti di apparati "Radar", e un centinaio di caccia "Hurricane", che a partire dalla primavera del 1941 erano stati rinforzati mediante decollo a sud delle Isole Baleari dalle portaerei *Ark Royal*, *Furious* e *Victorious*; le ultime due distaccate temporaneamente, di volta in volta, a Gibilterra dalla Home Fleet.[29]

La nave portaerei britannica *Victorious*.

I danni che i sommergibili e gli aerei arrecavano al traffico dell'Asse risultavano ingenti. Nondimeno l'Ammiragliato britannico, tenendo in considerazione anche il fatto che verso la metà di novembre era stata pianificata una controffensiva dell'Esercito in Cirenaica (Operazione "Cruseder"), il cui obiettivo primario era quello di prevenire l'offensiva di Rommel contro Tobruk e di tendere e spezzare il blocco alla piazzaforte assediata, decise di dare un'altra spallata alle linee di comunicazione marittime italo-tedesche. Ciò si realizzò concentrando a Malta la "Forza K", una piccola ma efficientissima forza navale di superficie, costituita dai due incrociatori *Aurora* e *Penelope* provenienti dall'Inghilterra, e dai cacciatorpediniere *Lance* e *Lively*, sottratti alla Forza H di Gibilterra.

---

[29] Parte degli Hurricane gtrasferiti con le portaerei, usando gli aeroporti di Malta come trampolino, furono fatti proseguire per l'Egitto, dove alimentarono le forze britanniche impegnate a sostegno del fronte terrestre della Cirenaica e per la protezione delle basi aeronavali, obiettivo dei reparti del X Fliegerkorps e dell'Aeronautica italiana dell'Egeo e della Libia (5ª Squadra). Quest'ultima si rese particolarmente pericolosa con gli aerosiluranti S. 79, che arrivarono più volte a segno, danneggiando anche un incrociatore: il *Phoebe*, che fu colpito il 27 agosto, a 30 miglia a nord di Bardia, dal siluro sganciato dal velivolo del capitano pilota Giulio Marini, comandante della 279ª Squadriglia A.S..

Naturalmente, la presenza a La Valletta della "Forza K", segnalata dalla ricognizione aerea italiana allarmò Supermarina, che il 22 ottobre si rese conto che quelle navi britanniche, giunte a Malta dieci giorni avanti, non erano entrate soltanto per rifornirsi, "*ma per restarvi*". Sulla base di questa constatazione l'ammiraglio Riccardi informò il Comando Supremo che la presenza di quelle navi obbligava a tener fermi i convogli diretti a Tripoli e a Bengasi. Aggiunse che il loro transito per la Libia poteva essere assicurato soltanto fornendo alle scorte navali l'appoggio di due divisioni di incrociatori (la 3ª a Messina e l'8ª a Palermo), il cui impiego avrebbe però comportato il consumo di una grande quantità di nafta e rischi notevoli determinati dall'incrementato numero di sommergibili e di aerosiluranti nemici.

I due incrociatori leggeri della Forza K a Malta. Sopra l'*Aurora*, sotto il *Penelope* mentre procedono a lenta velocità nel Grand Harbour di Malta. Sullo sfondo i bastioni dei forti della Valletta

Era pertanto indispensabile, specificò Riccardi, che l'Aeronautica si incaricasse di rendere impossibile la permanenza a Malta delle navi britanniche. Un invito giunto tramite il Comando Supremo, che il generale Pricolo tradusse in una direttiva in cui ordinava al Comando dell'Aeronautica della Sicilia di fare ogni sforzo per raggiungere lo scopo desiderato dalla Marina.

Tuttavia i risultati dell'offensiva aerea, iniziata nella notte del 24 ottobre con appena quattro bombardieri, e proseguita con forze alquanto modeste anche nei giorni successivi, portò a gravi perdite nell'ambito dell'Aeronautica della Sicilia, che comportarono la sospensione dei bombardamenti diurni, contro i quali il contrasto della caccia britannica si era dimostrato molto pericolosa ed efficace. Inoltre non potevano essere le poche tonnellate di bombe sganciate su La Valletta ad impensierire la permanenza degli incrociatori britannici in quel porto, e di tale fallimento si rese perfettamente conto il generale Pricolo, il quale, considerando che l'unico mezzo per sloggiare quelle navi risiedeva su massicci attacchi con bombardieri in picchiata, il 30 ottobre prese l'iniziativa di richiedere urgentemente al maresciallo Hermann Göring una trentina di Ju.87. La risposta del Comandante in Capo della *Luftwaffe*, arrivata il 17 novembre fu di contenuto negativo in quanto, sentito il parere di Hitler, vi era stato il convincimento che gli attacchi dei bombardieri in picchiata non avrebbero potuto raggiungere i risultati desiderati se non fossero stati preceduti da un indebolimento di tutto il sistema della difesa maltese. Operazione già programmata e che sarebbe stata iniziata, a partire dalla fine dell'anno, con l'arrivo in Sicilia di una nuova Squadra Aerea germanica fortemente dotata di reparti di bombardamento.

Infatti, Hilter si era reso conto che nel Mediterraneo si stava nuovamente per verificare un tracollo per le forze dell'Asse e, giungendo alla conclusione che le operazioni che si combattevano in questo settore potevano essere decisive per la conclusione favorevole della guerra, ordinò ai capi della *Luftwaffe* e della *Kriegsmarine* di fornire i mezzi necessari che già da mesi erano richiesti da Roma e dal generale Rommel.

Velivoli da bombardamento Cant.Z.1007 bis "Alcione" della 210ª Squadriglia del 50° Gruppo che l'Aeronautica della Sicilia impiegava nei bombardamenti diurni e notturni contro gli obiettivi di Malta.

26) Le cause del fallimento della guerra subacquea italiana nel "Mare nostrum" e l'aiuto di Adolf Hitler con il trasferimento dall'Atlantico di sommergibili tedeschi nel Mediterraneo

Verso la fine di marzo 1941 il Grande ammiraglio Raeder, vivamente preoccupato per la sfavorevole situazione strategica determinatasi in Mediterraneo per le difficoltà operative mostrate dagli italiani, in particolare dopo l'episodio di Capo Matapan, arrivò alla determinazione di appoggiare con propri sommergibili le previste operazioni germaniche in Egeo, da svolgere dopo la conquista della Grecia. Ma il progetto non si concretò allora per l'opposizione dell'ammiraglio Karl Donitz, Comandante Superiore dei Sommergibili germanici (Führer der Unterseeboote - B.d.U.), il quale, disponendo in quel momento soltanto di trenta U-boote per operare contro il traffico britannico nell'Oceano Atlantico, si dimostrò nettamente contrario a distaccare proprie unità subacquee nel Mediterraneo.

Con estrema durezza egli riferì alla Seekriegsleitung che era compito degli italiani provvedere a rinforzare quel delicato settore di guerra. E ciò doveva essere fatto riportando in Mediterraneo i sommergibili dislocati a Bordeaux, alle dipendenze di "Betasom", che in Atlantico, per mancanza di esperienza degli equipaggi, lacune di addestramento alla guerra oceanica e di adeguati metodi di impiego, non davano l'aiuto desiderato alle operazioni germaniche contro i convogli, e conseguivano pertanto successi assai modesti.[30]

Le stesse lacune, ansi peggiori, incontravano i sommergibili italiani dislocati nei settori operativi del Mediterraneo, tanto che la mancanza di risultati positivi era stata discussa fin dal mese di marzo con Supermarina dallo stesso Comandante in Capo della flotta subacquea (Maricosom), ammiraglio di Squadra Mario Falangora. Questi, ritornando sull'argomento tra il maggio e il giugno e criticando nuovamente i sistemi di agguato imposti alle unità subacquee da Supermarina, ritenne che l'unico rimedio per conseguire successi, ma soprattutto per proteggerle dall'incombente minaccia di una assai vigile aviazione britannica, fosse quella di ottenere la copertura della caccia nazionale nelle zone in cui si trovavano in agguato i propri sommergibili.

Si trattava di una pretesa fuori dalla realtà, che Superaereo contestò apertamente il 30 giugno, affermando che il raggio degli aerei da caccia dagli aeroporti terrestri non permetteva di concedere ai sommergibili la protezione desiderata dal Comandante di Maricosom. Ciò anche perché operando in emersione, in zone ove agivano contemporaneamente anche unità subacquee britanniche, i sommergibili italiani sarebbero stati difficilmente rintracciabili dagli aerei, dal momento che di giorno operavano costantemente immersi, e vi era il rischio di incorrere in spiacevoli incidenti di identificazione. Inoltre essi erano stati ritirati dalle zone focali di traffico nemiche del Mediterraneo orientale, che rientravano nella zona di possibile appoggio aereo, per ordine dello stesso Maricosom che le aveva ritenute troppo pericolose, mentre Supermarina con l'*Ordine generale di operazione n° 40* dell'11 giugno 1940, ne aveva nuovamente fissate le zone di agguato a carattere difensivo per la protezione delle rotte libiche e delle coste nazionali.

Nel frattempo, il 2 giugno 1941, subito dopo la conquista di Creta, il Führer e il Duce si erano incontrati al Brennero per discutere dei più svariati problemi, in particolare quelli

---

[30] Per l'attività dei sommergibili italiani in Atlantico, si ricorda Francesco Mattesini, *Betasom - La guerra negli Oceani (1940-1943),* Ufficio Storico della Marina Militare, Roma, prima edizione 1993, seconda edizione (riveduta e ampliata) 2003.

concernenti il Mediterraneo e il Nord Africa. In quell'occasione Hitler chiese a Mussolini di ritirare i sommergibili italiani dall'Atlantico, con la semplice giustificazione, suggerita dalla Seekriegsleitung, che la base di Bordeaux serviva per le esigenze tedesche, mentre in realtà appariva chiaro che al richiesta era motivata dallo "*scarso rendimento*" operativo offerto dai battelli italiani e per rinforzare con essi il fronte del Mediterraneo.

Anche il feldmaresciallo Wilhelm Keitel, che al Brennero ebbe dei colloqui con il generale Cavallero, chiese apertamente che i sommergibili italiani venissero ritirati dalla base di Bordeaux per essere impiegati nel Mediterraneo centrale. In seguito a ciò, l'8 giugno lo stesso Capo del Comando Supremo inviò a Supermarina il seguente messaggio: "*Duce a disposto ritiro sommergibili dislocati in Atlantico. Prego comunicarmi il programma*".

Di fronte alle proteste dell'ammiraglio Riccardi, che rispecchiavano lo stato di delusione esistente ai vertici della Regia Marina per l'imposizione tedesca, fu raggiunto un compromesso tra l'ammiraglio Donitz e il Comandante di Betasom contraammiraglio Angelo Parona. Fu infatti deciso di far rientrare nel Mediterraneo soltanto la metà dei sommergibili oceanici italiani (13 unità), che secondo i tedeschi avrebbero dovuto contribuire a migliorare la situazione in detto mare, mentre invece il generale Cavallero affermò di volerli impiegare per aumentare le capacità di rifornimento alle prime linee del fronte africano. In particolare usando come porto di scarico le rade di Bardia e di Derna, ove a partire da quel mese di giugno, dopo discussioni a non finire con i comandi germanici, Supermarina aveva dato inizio, con i sommergibili, ad una continua spola che si prolungò fino alla fine dell'anno 1941 ed anche dopo.

Nel frattempo non era stato raggiunto l'obiettivo di ottenere con i sommergibili di Maricosom un maggiore profitto di carattere offensivo, perché i battelli continuarono ad essere tenuti da Supermarina prudentemente arretrati rispetto alle zone di traffico nemiche, in particolare quello che si svolgeva sulle rotte costiere Alessandria-Tobruk e del Mare del Levante, tra l'Egitto e il Libano.

Questo modo di agire, che negli intendimenti di Supermarina doveva contribuire ad evitare perdite nelle zone controllate dal nemico e nel contempo a rafforzare le possibilità difensive nel Mediterraneo centrale dalle scorrerie delle flotte britanniche, non era certamente condiviso dai tedeschi. In particolare dal generale Rommel, il quale era preoccupato dalla spaventosa falcidia di naviglio mercantile dell'Asse, causato dalle unità della Royal Navy e dai reparti della Royal Air Force sulle rotte tra l'Italia e la Libia, che stava anche generando accese discussioni con gli italiani sul modo di mettervi ripiego. Pertanto, il Comandante dell'Afrika Korps prese l'iniziativa di sollecitare Berlino a prendere misure adeguate per la difesa del traffico marittimo e nel contempo ad inviare degli U-boote nel Mediterraneo, per attaccare le unità e i convogli britannici destinati ad alimentare le possibilità di resistenza dell'assediata piazzaforte di Tobruk.

Vincendo l'opposizione dell'ammiraglio Dönitz, e tenendo in considerazione i suggerimenti del generale von Rintelen e dell'contrammiraglio Weichold, che da Roma sollecitavano da tempo aiuti marittimi e di aerei all'Italia, non esclusi i sommergibili, l'*O.K.W.* riuscì a convincere il Führer a fare qualcosa di concreto per puntellare il pericolante fronte meridionale dell'Asse.

Il 26 agosto, facendo notare al Comandante in Capo della Marina germanica che gli italiani non avevano concluso nulla di concreto con i loro sommergibili per alleggerire la pressione della Royal Navy sul fronte africano, Hitler disse all'ammiraglio Raeder che era "*altamente desiderabile sostenere l'Afrika Korps di Rommel con alcuni battelli tedeschi*". Pertanto, il Führer decise di inviare nel Mediterraneo un gruppo ("Goeben") di sei U-boote che, superato indisturbato lo Stretto di Gibilterra alla fine di settembre – in un epoca in cui contemporaneamente si svolgeva anche il rientro in Italia i sommergibili di Betasom –

raggiunsero Messina, per poi portarsi ad operare in una zona di mare delimitata tra Tobruk e il Canale di Suez, usando quale base il porto greco di Salamina. Subito conseguirono ottimi successi, che si concretarono in ottobre con l'affondamento di due piroscafi, di due mezzi d'assalto per carri armati e di una cannoniera. Seguirono poi altri affondamenti, tra cui quello prestigioso della corazzata britannica *Barham*, che esplose il 25 novembre dopo essere stata silurata, a nord di Sollum, dall'*U-331* del tenente di vascello Freyer von Tiesenhausen.

Nel frattempo, Berlino cominciò a temere che gli inglesi potessero invadere i territori del Nord Africa Francese, con sbarco dal mare, senza che da parte italiana vi fosse stata adeguata reazione. Ciò era ampiamente dimostrato dalla loro stessa incapacità di assicurare il libero transito dei convogli sulle rotte libiche, che in quel periodo, come vedremo, erano letteralmente strangolate dalla "Forza K", come detto una divisione navale britannica dislocata a Malta e costituita da due incrociatori leggeri e da due cacciatorpediniere. Allora Hitler, dopo aver discusso della situazione con l'ammiraglio Raeder, decise di portare il numero dei sommergibili tedeschi operanti nel Mediterraneo a ventiquattro per poi salire a trentasei. In questa scelta di carattere strategico, che portava il Mediterraneo ad essere il maggiore settore di guerra dell'arma subacquea germanica, il Führer dovette vincere le opposizioni degli ammiragli Raeder e Dönitz che, giustamente, erano preoccupati per il proseguimento della guerra in Atlantico; ciò anche perché, nel contempo essi, sempre per ordine di Hitler, avevano dovuto concentrare all'estremità occidentale dello Stretto di Gibilterra gran parte dei battelli rimasti ad operare in oceano.

La corazzata britannica *Barham*, colpita il 24 novembre 1941 da tre siluri del sommergibile tedesco *U-331*, mentre sta affondando, 55 miglia ad ovest di Sidi el Barrani, fortemente sbandata sul fianco sinistro. Seguì l'esplosione della nave che affondò con la perdita di 862 uomini dell'equipaggio.

Al termine di trattative intercorse con Supermarina, che assieme a Superaereo dovette aggiornare le norme per il riconoscimento dei sommergibili nazionali ed alleati, il porto di La Spezia fu messo a disposizione della Marina germanica, per impiantarvi la base di raddobbo degli U-boote operanti nel Mediterraneo occidentale. Nel contempo, a partire dall'inizio di novembre 1941, i sommergibili tedeschi avevano cominciato a transitare per lo Stretto di Gibilterra, per poi portarsi in agguato fra quella base britannica e la zona di Orano, e subito conseguirono un grosso successo con l'*U-81* del tenente di vascello Friedrich Guggenberger, che il giorno 13 del mese silurò ed affondò la nave portaerei britannica *Ark Royal* a 55 miglia ad ovest di Sidi el Barrani (Egitto).

Come logica reazione la vigilanza antisom degli inglesi nella zona di Gibilterra si fece più intensa e portò all'affondamento di cinque sommergibili tedeschi, mentre altri sette, danneggiati, furono costretti a rientrare nei porti francesi del Golfo di Biscaglia.

I sommergibili tedeschi, che alla fine dell'anno 1941 avrebbero raggiunto il Mediterraneo il numero di 25, tra l'ottobre e il dicembre – emulando i notevolissimi successi conseguiti nel corso di quell'anno dalle unità britanniche che tra l'altro avevano affondato l'incrociatore *Armando Diaz* e danneggiato la corazzata *Vittorio Veneto* e i tre incrociatori *Garibaldi*, *Bolzano* e *Trieste* - dettero un contributo decisivo nel cambiare a favore dell'Asse la situazione strategica. Infatti gli U-boote inflissero alla Royal Navy la perdita di undici navi mercantili e di otto navi militari, incluse una portaerei, una corazzata e l'incrociatore *Galatea*, che fu colato a picco il 14 dicembre, all'entrata del porto di Alessandria, dall' *U-557*, che poi per errato riconoscimento fu affondato sulla rotta di ritorno a Salamina dalla torpediniera italiana *Orione*.

La portaerei britannica *Ark Royal*, colpita da un siluro del sommergibile tedesco *U-81* il 13 novembre, fortemente sbandata e in stato di affondamento che si verificò l'indomani a 25 miglia a est di Gibilterra, ripresa di fianco dal cacciatorpediniere *Laforey*,

L'incrociatore leggero britannico *Galatea* che il 14 dicembre, al rientro da una missione nel Mediterraneo centrale, trovandosi sul punto di entrare nel canale di sicurezza del porto di Alerssandria, fu silurato e affondato dal sommergibile tedesco *U-557*.

Tali successi, erano particolarmente lusinghieri, soprattutto in tema di confronto con quelli realizzati dagli oltre cento sommergibili italiani che nel corso del 1941, conseguendo risultati ancora più modesti di quelli ottenuti nel 1940, avevano limitato i loro affondamenti all'incrociatore britannico *Bonaventure* e a quattro navi mercantili.

E' difficile poter comprendere le cause di tanto mediocre comportamento da parte di una flotta subacquea che era considerata all'inizio della guerra la più efficiente del mondo, seconda per quantità di battelli soltanto a quella sovietica. Tale fallimento non può essere assolutamente giustificato con la sola inferiorità delle caratteristiche dei sommergibili italiani rispetto a quelli tedeschi, e per le loro carenze consistenti nella mancanza di centraline elettromeccaniche di lancio, di ecogoniometri e di siluri elettrici. Le cause risiedevano soprattutto nell'adozione di una sorpassata dottrina di impiego e alle lacune di addestramento, che furono apertamente denunciata a Supermarina dall'ammiraglio Falangola in una sua relazione del 10 settembre 1941, e successivamente in un suo delicatissimo e coraggioso "*esame critico*" del 9 dicembre.

Il Comandante in Capo della Squadra Sommergibili, che in quello stesso mese di dicembre sarebbe stato sostituito nell'alta carica ricoperta dall'ammiraglio Antonio Legnani, mise infatti in rilievo che i motivi principali della mancanza di risultati positivi andavano soprattutto ricercati negli schieramenti statici, attuati dalle unità subacquee per assolvere compiti difensivi delle linee di traffico con il Nord Africa e in appoggio alla flotta italiana, e per cercare di ostacolare, senza troppa fortuna, il passaggio delle formazioni navali e dei convogli britannici nel Mediterraneo centrale. Era questo un sistema di impiego che raramente portò ad attuare la ricerca del traffico da attaccare nei pressi delle coste e dei porti nemici, come invece facevano, con esiti tangibili, le unità subacquee britanniche e tedesche.

Il risultato di tale sterile modalità offensiva dell'Arma subacquea italiana fu che una notevole forza distruttiva venne impegnata per lunghi periodi in un'attesa passiva, limitata al contrasto delle unità navali britanniche che si avvicinavano al Mediterraneo centrale in complessi veloci e ben scortati. Ne conseguì che ogni qual volta le navi nemiche entravano nelle zone degli sbarramenti, i sommergibili italiani raramente si trovarono in buona posizione per attaccarle con successo. Lanci di siluri, quasi sempre condotti da grande distanza, portarono al consumo di un ingente numero di armi a cui non corrisposero gli sperati successi, confermando con ciò quanto di negativo avevano già dimostrato le operazioni svolte durante la guerra di Spagna tra il 1936 e il 1937, in cui furono affondate in circa 120 missioni soltanto sei navi mercantili e danneggiati l'incrociatore (*Miguel de Cervantes*) con il *Torricelli* (capitano di corvetta Giuseppe Zarpellon), e il cacciatorpediniere *Churruca* dallo *Jalea* (capitano di corvetta Silvio Carino).

L'incrociatore spagnolo *Miguel de Cervantes*, che operando durante la guerra civile spagnola con la bandiera repubblicana, trovandosi il 22 dicembre 1936 all'ancora nel porto di Cartagena fu silurato e danneggiato gravemente dal sommergibile italiano *Evangelista Torricelli*.

Il sommergibile italiano *Evangelista Totticelli*, al varo nel 1934 nei Cantieri Tosi di Taranto. Nel 1937 fu ceduto alla Marina sopagnola nazionalista che lo chiamò *General Sanjurjo*.

27) *Dalla distruzione del convoglio "Beta" ("Duisburg) alla prima battaglia navale della Sirte, e un nuovo aiuto tedesco all'Italia con il trasferimento nel Mediterraneo della 2ª Flotta Aerea tedesca (Luftflotte 2.)*

La prima misura presa da Hitler per potenziare le rotte libiche fu quella di ordinare al X Fliegerkorps – che da Creta si trovava impegnato ad appoggiare il fronte terrestre in Africa Settentrionale e ad attaccare i centri logistici britannici in Egitto – di dedicarsi anche alla protezione dei traffici fra la Sicilia, la Grecia e la Cirenaica, in modo da permettere alla Regia Aeronautica di concentrare ogni suo sforzo alla protezione delle rotte per Tripoli. Il 3 novembre, approfittando della stasi invernale sul fronte russo, il Führer informò Mussolini di aver deciso di inviare in Italia la 2ª Flotta Aerea (Luftflotte 2) del feldmaresciallo Albert Kesselring. L'ufficiale superiore tedesco arrivò a Roma alcuni giorni dopo per concordare con gli italiani i compiti che gli erano stati affidati da Hitler, assumendo la denominazione di Oberbefehlshaber Sud (Comandante Superiore del Sud), meglio noto come O.B.S. In definitiva era il Comandante di tutte le forzesche a sud delle Alpi, in Grecia, Creta e in Africa Settentrionale. Quindi anche l'Afrika Korps del generale Erwin Rommel era alle sue dipendenze. Dopo che erano state stabilite le sue norme di dipendenza al Duce e le modalità degli ordini che gli sarebbero stati impartiti nel campo operativo dal Comando Supremo, il feldmaresciallo Kesselring concordò con Superaereo le sedi di schieramento dei suoi reparti di volo. Quindi impianto il suo Comando operativo a Frascati (a Villa Falconieri) e quella di Comando tattico a Taormina, per essere vicino alla sede del 2° Corpo Aereo (II Fliegerkorps), che disponeva di circa 400 velivoli ripartiti in dieci gruppi di impiego, la metà dei quali da bombardamento. Alle dipendenze della 2ª Luftflotte passarono poi, per disposizioni di Hitler, il X Fliegerkorps dislocato in Grecia e le forze aeree del Comandante Aereo dell'Africa (Fliegerführer Africa) operanti in Libia, che portarono le forze aeree a disposizione di Kesselring a circa 1.000 velivoli.

Al centro dell'immagine del 1940 il feldmaresciallo Albert Kesselring quando Comandava la 2ª Flotta Aerea (Luftflotte 2.). Nel novembre 1941 fu trasferito da Adolf Hitler in Italia, per assumere, a Frascati (Roma), il Comando (O.B.S.) di tutte le forze tedesche del Mediterraneo e del Nord Africa. Oltre ad essere stato il miglior comandante dell'aviazione tedesca, nel corso della campagna d'Italia, tra il luglio 1943 – il 10 marzo 1945 si dimostrò un eccezionale stratega, che riuscì a contenere l'avanzata delle forze degli anglo-americani prima a sud di Roma e poi dell'Appennino settentrionale. Trasferito a comandare il fronte occidentale tedesco, confermò quelle sue qualità strategiche, riuscendo subito ad evitare l'accerchiamento di due armate tedesche (1ª e 7ª) portandole entro la riva orientale del Fiume Reno. Comandante anche del frunte dell'Ucraina, si arrese agli americani il 6 maggio 1945

Velivolo Ju.88 del II./KG.77, il secondo reparto da bombardamento del II Fliegerkorps ad arrivare in Sicilia nel dicembre 1941. Il Gruppo era al comando del capitano Heinrich Paepcke, uno dei più grandi specialisti del bombardamento tedesco, che fu insignito della croce di cavaliere con fronde di quercia. Decedette durante un'incursione contro Malta il 17 ottobre 1942, abbattuto da un caccia Spitfire V.

Mentre era in atto il trasferimento dei reparti del II Fliegerkorps, che si sarebbero istallati sugli aeroporti della Sicilia e della Puglia, tra la metà di dicembre 1941 e la metà di gennaio 1942, si erano verificati dolorosi avvenimenti determinati dall'attività della "Forza K" di Malta, che costrinse la Regia Marina ad impegnare ogni sforzo nella protezione del traffico fra l'Italia e la Libia.

Nei primi venti giorni di permanenza a Malta, la formazione navale britannica era salpata da La Valletta in due sole occasioni nel tentativo, non riuscito, di intercettare un convoglio e una formazione di tre cacciatorpediniere, segnalati dall'organizzazione crittografica "Ultra". Nel frattempo la "Forza K" fu sottoposta a costante attenzione da parte dell'Aeronautica italiana della Sicilia, anche se la sua attività offensiva contro le unità navali britanniche ancorate nel porto si ridusse al modesto impiego di cinquantasei bombardieri, mentre altri diciotto furono contemporaneamente diretti contro gli aeroporti dell'isola.

L'allarmante presenza a La Valletta di quel pericoloso avversario costrinse Supermarina a rallentare alquanto il traffico con la Libia, per organizzare un grosso convoglio diretto a Tripoli, costituito da cinque piroscafi e due petroliere, e scortato da sei cacciatorpediniere. Inizialmente era stato deciso di affidarne la protezione a due incrociatori leggeri della 8ª Divisione Navale (*Abruzzi* e *Garibaldi*), di base a Palermo, che avrebbe dovuto scortarlo sulla rotta Canale di Sicilia, Pantelleria, Tripoli; ma poi, ritenendo che la rotta passante a levante di Malta sarebbe stata più favorevole, fu ripiegato sulla ben più potente 3ª Divisione Navale, costituita dagli incrociatori pesanti *Trieste* e *Trento* e da quattro cacciatorpediniere.

Il convoglio, denominato "Beta" (o "Duisburg" dal nome del piroscafo tedesco capo convoglio), proveniente in parte da Napoli e in parte da Palermo, si riunì alla 3ª Divisione Navale dell'ammiraglio Bruno Brivonesi a sud dello Stretto di Messina. Nel pomeriggio dell'8 novembre, mentre le navi seguivano un percorso molto allargato verso la costa occidentale della Grecia per tenersi molto lontano dalla minaccia aerea di Malta, il convoglio fu avvistato da un aereo da ricognizione Wellington della R.A.F., che però non riuscì ad individuare la 3ª Divisione Navale.

Immediatamente calata l'oscurità le quattro unità della "Forza K", che come sappiamo erano gli incrociatori *Aurora* e *Penelope* e i cacciatorpediniere *Lance* e *Lively*, salparono inavvistate da La Valletta, al comando del commodoro (capitano anziano) William Gladstone Agnew), e alle 01.00 dell'indomani intercettarono il convoglio "Beta". Dopo averlo avvistato otticamente, e quindi per mezzo dei binocoli, ed essersi avvicinate con una lunga manovra durata ben diciassette minuti, senza che le navi italiani si fossero accorte di nulla, le unità britanniche aprirono il fuoco. Nel breve spazio di soli sette minuti esse annientarono tutti i piroscafi assieme ad uno dei sei cacciatorpediniere di scorta (*Fulmine*), senza che la 3ª Divisione Navale avesse avuto il tempo di parare la minaccia e poi di svolgere un'efficace reazione di fuoco.

Al momento in cui ebbe inizio l'attacco le unità dell'ammiraglio Brivonesi si trovavano leggermente di poppa e a circa 4.000 metri sul fianco sinistro del convoglio, che seguiva rotta sud. La "Forza K" attaccò il convoglio provenendo da sud-est, iniziando il tiro contro i piroscafi e i loro cacciatorpediniere di scorta ad una distanza di circa 6.500 metri. Il Comandante della 3ª Divisione Navale invece di stringere le distanze sul nemico, dirigendo anch'esso con le sue navi per sud-est, in modo da entrare con i quattro cacciatorpediniere e i due incrociatori in azione di mischia, preferì allargare per mettere in campo tutte le artiglierie. Quindi, continuando nella sua rotta di allontanamento verso sud, effettuò una inconcludente azione di fuoco, contro un avversario sfuggente che aumentava le distanze, e che poi si sottrasse al tiro degli incrociatori italiani (la cui ultima salva fu sparata dal *Trieste* alla distanza di 17.000 metri) ruotando intorno ai piroscafi in fiamme.

L'ammiraglio Bruno Brivonesi Comandante della 3ª Divisione Navale di base a Messina, e costituita dai quattro incrociatori pesanti *Trieste*, *Trento*, *Gorizia* e *Bolzano* e quattro cacciatorpediniere della 12ª Squadriglia *Corazziere*, *Carabiniere*, *Ascari* e *Lanciere*.

La petroliera italiana *Minatitland* in fiamme fotocafata da un aereo italiano prima di affondare il mattino del 9 novembre 1941. Era una delle sette navi mercantili del convoglio "Beta", che furono rapidamente affondate dagli incrociatori e dai cacciatorpediniere della piccola Forza K di Malta.

L'ammiraglio Brivonesi, apprezzando giustamente che la "Forza K" avrebbe diretto verso Malta dopo aver aggirato il convoglio, invertendo la rotta della 3ª Divisione ad un tempo, tentò di riprendere il contatto, dirigendo verso nord per tagliare la rotta al nemico. Ma, trovandosi illuminato dalla luce degli incendi delle navi in fiamme, e temendo di essere un bersaglio troppo visibile ad eventuali attacchi di sommergibili, e a quelli provenienti da aerosiluranti, che erano stati segnalati da Supermarina in base ad intercettazioni radiogoniometriche, e che il Comandante della 3ª Divisione Navale, tenendo conto della grande distanza che lo separava da Malta, ritenne potessero essere decollati da una portaerei – del tutto inesistente – preferì allontanarsi rapidamente verso nord-ovest, per portarsi all'alba sotto la protezione degli aerei da caccia della Sicilia. Infine, mentre si svolgeva l'opera di salvataggio dei naufraghi delle navi affondate e il rimorchio alle unità di scorta rimaste danneggiate, il mattino del 9 il sommergibile britannico *Upholder* silurò ed affondò il cacciatorpediniere *Maestrale*. Esso affondò alcune ore più tardi, portando le perdite del convoglio "Beta" ad un totale di sette mercantili e due unità di scorta. Invece, nessun danno riportarono le quattro navi britanniche.

Il successo della "Forza K" fu di grandissima portata strategica. Esso non solo incoraggiò i britannici ad aumentare gli sforzi per bloccare i rifornimenti destinati alla Libia, ma nel contempo portò ad un clima di insicurezza e di maggiore preoccupazione degli italiani, in particolare nell'ammiraglio Riccardi che, con il Promemoria n° 179 del 13 novembre, dovette giustificare presso Mussolini l'inatteso disastro notturno. Inoltre, emersero in modo drammatico, le lacune tecniche e di addestramento italiane, impietosamente esposte dai rappresentanti germanici a Roma, e confermate dagli stessi ambienti della Regia Marina. In queste condizioni, in cui veramente occorreva superare uno scoglio difficile, agli italiani non restò che sperare nell'atteso rientro della *Luftwaffe* in Sicilia, e nel contempo, causa l'urgenza di far affluire in Libia i rifornimenti, di tentare di far passare a tutti i costi un altro grosso convoglio diretto a Tripoli, con scorta ulteriormente rinforzata.

Mattino del 10 novembre 1940. L'affondamento del cacciatorpediniere italiano *Libeccio* rovesciandosi sul fianco destro. Unità di scorta del convoglio "Beta", era stato colpito da un siluro lanciato dal sommergibile britannico *Upholder*.

Il 13 novembre il generale Cavallero discusse a Roma con il generale Rommel la situazione venuta a crearsi in Cirenaica per il mancato arrivo del convoglio "Beta", ed insistette affinché i primi aerei tedeschi affluissero al più presto in Sicilia per battere le navi inglesi a La Valletta. Purtroppo i primi velivoli germanici, appartenenti ad un gruppo da bombardamento (KGr.606) proveniente dalla Francia con velivoli Ju.88, cominciarono ad arrivare a Catania soltanto il 25 novembre, e passarono altri giorni prima che fosse possibile impiegarli contro Malta. In questo frattempo la situazione sulle rotte libiche per il blocco esercitato in mare dalla "Forza K" raggiunse una fase drammatica, che inutilmente Supermarina cercò di superare sparpagliando in piccoli nuclei le unità mercantili dirette a Tripoli e a Bengasi, nella speranza che qualcuna potesse a passare. Vi riuscirono soltanto l'incrociatore *Cadorna*, con un carico di benzina, e sei piroscafi sui tredici messi in moto nel periodo tra il 19 e il 22 novembre.

Nel frattempo veniva organizzato un grosso convoglio di quattro motonavi, che si trovavano disponibili a Napoli. In relazione alle direttive di Mussolini trasmesse all'ammiraglio Riccardi dal generale Cavallero, l'operazione fu impostata con il "*carattere di massa*", assegnando alla scorta diretta cinque incrociatori della 3ª e dell'8ª Divisione che, secondo il programma operativo compilato da Supermarina, doveva permettere il "*forzamento di blocco*". Da parte sua Superaereo preparò un vasto schema di azioni aeree, da effettuare nei giorni critici dell'operazione per la scorta alle navi, la ricognizione e l'attacco contro Malta, facendo affluire rinforzi in Sicilia.

Allo scopo di permettere il concentramento nell'isola del massimo numero di velivoli, il cui trasferimento era ostacolato dal maltempo che stava anche impantanando gli aeroporti, la partenza del convoglio ebbe inizio il 21 novembre. Purtroppo esso venne avvistato nel Tirreno da un velivolo da ricognizione britannico inviato nella zona per controllare l'esattezza delle informazioni crittografiche "Ultra", e quindi nella notte sul 22 fu attaccato a sud dello Stretto di Messina da quattro aerosiluranti e dal sommergibile *Utmost*, partiti da Malta, che rispettivamente silurarono gli incrociatori *Trieste* e *Duca degli Abruzzi*.

In seguito al danneggiamento delle due unità, che riducevano la scorta al convoglio a tre soli incrociatori, Supermarina ritenne la situazione venuta a crearsi di natura talmente grave da convincerla a far sospendere la missione, dirottando i piroscafi a Taranto. Ne conseguì che le possibilità di far affluire i rifornimenti in Libia restarono affidate in quei giorni a tre soli sommergibili e ad alcuni piccoli convogli in partenza dai porti della Grecia con debole scorta, uno dei quali, costituito da due piroscafi tedeschi, fu segnalato dalla fonte "Ultra" e quindi rintracciato e affondato dalla "Forza K".

Da questo nuovo disastro ne conseguì l'arresto del traffico della Libia fino al 28 novembre, quando fu fatto salpare da Brindisi un convoglio di due piroscafi, scortato da una torpediniere e con destinazione Bengasi. Quindi, tra il 29 e il 30, vennero fatti partire, con debole scorta, altri tre mercantili, due dei quali diretti a Bengasi ed il terzo, la cisterna *Mantovani*, destinata a Tripoli. Furono anche messi in moto quattro cacciatorpediniere e un sommergibile trasportanti benzina, mentre, per proteggere tutto il vasto movimento di convogli, Supermarina dislocò tra Taranto e Bengasi la 7ª Divisione Navale, costituita da tre incrociatori leggeri e tre cacciatorpediniere, per il cui sostegno prese il mare la corazzata *Caio Duilio*, accompagnata da un incrociatore leggero e da sei cacciatorpediniere.

Questa concentrazione di forze di sostegno si era resa necessaria perché nelle prime ore del pomeriggio del 29 novembre, la ricognizione aerea aveva segnalato, due incrociatori e due cacciatorpediniere, diretti verso Malta, ove arrivarono al tramonto di quello stesso giorno, portando la consistenza della "Forza K" a quattro incrociatori e quattro cacciatorpediniere. Nel frattempo, ancora una volta il movimento dei convogli italiani non era sfuggito all'organizzazione crittografica "Ultra", ragion per cui le navi britanniche salparono da La Valletta la mattina del 30 e, ripartite in due formazioni, manovrarono per effettuare l'intercettazione.

Fortunatamente il sommergibile *Trichego*, dislocato a levante di Malta, dette l'allarme, mentre Supermarina riceveva altre informazioni sui movimenti della "Forza K" dalla ricognizione aerea. Avendo constatato che il gruppo della corazzata *Duilio*, salpato con ritardo da Taranto ed ostacolato dal mare mosso che lo aveva costretto a ridurre la velocità, non avrebbe potuto appoggiare tempestivamente la 7ª Divisione Navale, Supermarina ordinò alle navi di rientrare alle basi. Ma non tutte vi riuscirono dal momento che la "Forza K", agendo in collaborazione con l'aviazione di Malta, riuscì ad affondare due mercantili *isolati* che si stavano per avvicinando a Tripoli, uno dei quali, la moderna grande cisterna *Mantovani*, con il suo cacciatorpediniere di scorta *Alvise Da Mosto*.

L'attività in mare della "Forza K", integrata da quella dei sommergibili della 10ª Flottiglia di Malta e dai velivoli concentrati negli aeroporti dell'isola – che concretarono i loro attacchi devastatori anche contro i porti dell'Italia meridionale, della Grecia occidentale e di Tripoli – portarono ad un clima di estremo sconforto negli ambienti di Supermarina e del Comando Supremo, da indurli, su tassativa direttiva del Duce, ad organizzare un operazione di portata assai più vasta di quella che era fallita alla fine di novembre.[31]

---

[31] Per rendersi conto di quale effetto ebbe Malta sulla distruzione del traffico mercantile dell'Assedurante il 1941, occorre conoscere i seguenti dati ufficiali inglesi. Nel corso di tale anno i Sommergibili di base sull'isola affondare ventisei navi mercantili per 154.000 tonnellate, su un totale di settantasei navi per 306.000 tonnellate distrutte delle unità subacquea britanniche nell'intero Mediterraneo. Le navi di superficie operanti dall'isola affondarono a loro volta venti navi mercantili per 72.000 tonnellate. Gli aerei della R.A.F. e dell'Aviazione della Marina dislocati a Malta affondarono trenta navi mercantili per 125.000 tonnellate, su un totale di sessantadue navi per 174.000 tonnellate colate a picco dagli aerei britannici in tutto il Mediterraneo. In definitiva le forze navali ed aeree di Malta affondarono nel 1941 settantasei navi mercantili per 351.000 tonnellate, su un totale genere di duecentosettantotto navi per 628.000 tonnellate, il che significa che l'apporto dell'isola alla distribuzione del naviglio dell'Asse fu del 28%, e del 55% di quello

Questo mese era stato il più tragico della guerra. Infatti, rispetto alle già alte perdite di ottobre rappresentate da 18.000 t.s.l. di naviglio mercantile affondato e 12.800 danneggiato, che costituite da una percentuale del 63% di tutto quello impiegato, in novembre il tonnellaggio totale impiegato nei convogli per l'Africa Settentrionale riportò perdite pari al 77%. Si trattava della percentuale mensile di perdite più alta di tutta la guerra, rappresentata da 26.000 t.s.l. di naviglio mercantile affondato e da 2.100 danneggiato. L'arrivo a destinazione di 8.400 t.s.l. di naviglio mercantile rappresentò ugualmente il più basso livello mensile degli arrivi nei porti libici, mentre le perdite dei materiali e del carburante, spediti dall'Italia e dalla Grecia, furono di 50.000 tonnellate su un totale di 80.000, con una percentuale del 62% assolutamente insostenibile.

In questa immagine dei capi militari italiani in visita alla corazzata *Littorio* nel novembre 1941 vi sono in prima fila da sinistra il Comandante della Squadra Navale ammiraglio Angelo Iachino, il generale Francesco Pricolo Capo di Stato Maggiore dell'Aeronautica, il generale Ugo Cavallero Capo di Stato Maggiore Generale, l'ammiraglio Arturo Riccardi Capo di Stato Maggiore della Marina, e il comandante della *Littorio*, capitano di vascello Vittorio Bacigalupi.

Questa situazione fu prospettata dal Capo del Comando Supremo a Mussolini con un Appunto del 1° dicembre. L'indomani il generale Cavallero telegrafò al Comandante delle Forze Armate dell'Africa Settentrionale, generale Ettore Bastico, informandolo che, nonostante le perdite subite, l'invio dei rifornimenti sarebbe stato assicurato a qualunque costo. Contemporaneamente, dovendo affrontare la situazione con la massima energia, il Duce inviava ai generali Cavallero e Bastico, ai Capi di Stato Maggiore della Marina e dell'Aeronautica e ai rappresentanti tedeschi in Italia, una direttiva in cui tra l'altro sollecitava: *"preparare i convogli via mare"*.

---

avviato sulle rotte libiche. Queste cifre, che non tengono conto delle molte perdite inferte alle navi militari italiane dalle forze aeronavali di Malta, dimostrano, se ve ne fosse ancora bisogno, quale fosse stato il contributo fornito dall'isola britannica nell'economia generale della guerra aeronavale mediterranea nel corso del 1941.

Quindi, il 3 dicembre, Mussolini scriveva a Hitler per chiedere maggiori aiuti tedeschi, e tralaltro affermò: *"siamo costretti a limitare il nostro traffico con la Libia al pochissimo che può essere trasportato con mezzi eccezionali, cioè sommergibili, cacciatorpediniere e qualche incrociatore"*.

In una riunione ad alto livello tenuta il 4 dicembre al Comando Supremo, presente da parte tedesca anche il feldmaresciallo Kesselring, il generale Cavallero, dopo aver esposto la sfavorevole situazione venuta a crearsi con la presenza a Malta degli incrociatori britannici, confermò la necessità di impiegare nel trasporto dei rifornimenti navi di superficie e sommergibili. Quindi incaricò l'ammiraglio Riccardi *"di definire il programma dei prossimi trasporti"*, che prevedeva l'impiego di settesommergibili, sette cacciatorpediniere, tre torpediniere e tre incrociatori leggeri della quarta divisione navale *Cadorna*, *Da Barbiano* e *Di Giussano*. L'indomani fu fatta pervenire al feldmaresciallo Kesselring un promemoria di Supermarina, che riportava la situazione del traffico marittimo con la Libia ed esponeva le possibilità esistenti per far passare i convogli, eludendo il blocco britannico. All'ufficiale tedesco fu anche consegnato dal Comando Supremo una copia del documento *"Norme generali per la collaborazione aero-navale nel Mediterraneo"*, che doveva servire per mettere i reparti della *Luftwaffe*, già arrivati in Sicilia e quelli operanti in Grecia e in Libia, in condizione di apprendere i compiti che sarebbero stati concordati per assicurare alle unità navali la copertura e l'appoggio aereo.

Nella Mediterranean Fleet di Alessandria la situazione navale era molto inferiore a quella che si riteneva in Italia. Rimanevano, dopo il salasso di Creta del mese di maggio, due sole corazzate del tipo "Warspite", la *Queen Elizabeth* e *la Valiant*, e non quattro corazzate come ritenevano gli italiani. Nell'immagine, la visita dell'emiro Mansur, fratello del Re dell'Arabia, alla corazzata *Queen Elizabeth*. A destra vi è il comandante della Mediterranean Fleet, ammiraglio Andrew Browne Cunningham, considerato da taluni come il più prestigioso ammiraglio britannico, dopo Horatio Nelson, per le sue vittorie sulla flotta italiana nelle battaglie di Punta Stilo e di Capo Matapan e dell'attacco aereo a Taranto.

L'incrociatore pesante *Gorizia*, nave ammiraglia della 3ª Divisione Navale, alla fonda nel porto di Messina. A prora del *Gorizia* il suo idrovolante da ricognizione Ro.43.

Da sinistra l'ammiraglio Angelo Parona, nuovo comandante della 3ª Divisione incrociatori, il generale Bruno Loerzer Comandante del II Fliegerkorps in visita all'incrociatore *Gorizia*, il capitano di vascello Renato Salvatori, comandante del *Gorizia*, e altri due ufficiali.

Quindi, l'8 dicembre, Cavallero discusse con l'ammiraglio Riccardi e con il generale Rino Corso Fougier, nuovo Sottosegretario di Stato e Capo di Stato Maggiore della Regia Aeronautica, i problemi inerenti all'organizzazione dei convogli destinati a superare il blocco nemico. Si trattava di avviare in Libia tre convogli, con un totale di nove piroscafi, quattro dei quali diretti a Bengasi e gli altri cinque destinati a raggiungere Tripoli. Essi sarebbero stati scortati da quattro navi da battaglia, da tre divisioni di incrociatori e da ventisei cacciatorpediniere, mentre l'aviazione italiana avrebbe contribuito ai compiti di scorta e di appoggio con circa cinquecentotrenta aerei e quella germanica con cinque gruppi di impiego. Fu inoltre predisposto un ampio sbarramento di sommergibili italiani e tedeschi, destinati a vigilare sulle provenienze da Alessandria e da La Valletta.

Ma prima di mettere in movimento questa grande Operazione, denominata "M.41", occorreva portare urgentemente un carico di benzina a Tripoli, per permettere agli aerei italiani operanti in quella zona di poter assicurare la scorta ai convogli, dal momento che le loro scorte di carburante erano scese ad appena venticinque tonnellate. Supermarina decise di impiegare allo scopo gli incrociatori della 4ª Divisione Navale *Da Barbiano* e *Di Giussano*, al comando dell'ammiraglio Antonio Toscano. Le due unità, imbarcato parte del carico di carburante a Brindisi e il restante a Palermo, salparono per Tripoli la sera del 9 dicembre, per poi dirigere verso occidente per aggirare da nord le isole Egadi, dove nella notte furono avvistati da un ricognitore britannico.

Considerato ormai fallita la sorpresa, che era la premessa principale per la riuscita della sua missione, l'ammiraglio Toscano, volendo evitare di essere attaccato con luce lunare dagli aerei di Malta ormai allertati, se si fosse spinto ancora più a sud, invertì la rotta dirigendo verso l'Isola di Marettimo, per poi rientrare a Palermo su ordine di Supermarina, che successivamente mostrò di non condividere l'iniziativa rinunciataria presa dal Comandante della 4ª Divisione Navale.[32]

Dopo tale esperienza negativa, Supermarina decise di apportare una variante al piano operativo aggregando la torpediniera *Cigno* ai due incrociatori, che salparono nuovamente da Palermo nel pomeriggio del 12 novembre, per poi puntare su Capo Bon alla velocità di 23 nodi, in modo da transitare nelle prime ore del 13 nella strettoia di 3 miglia che separava gli sbarramenti minati italiani "S.11" dalla costa della Tunisia.

Nel frattempo, due ricognitori italiani Cant.Z.1007 bis del 51° Gruppo dell'Aeronautica Sardegna avevano avvistato alle ore 16.00, a 60 miglia ad est di Algeri, quattro cacciatorpediniere britannici che dirigevano verso levante alla velocità di 20 nodi. Si trattava delle unità della 4ª Flottiglia *Sikh*, *Maori*, *Legion* e *Isaac Sweers*, quest'ultima di nazionalità olandese, che erano salpate da Gibilterra per rinforzare ad Alessandria la *Mediterranean Fleet*, la quale, dopo la perdita della nave da battaglia *Barham*, mandata a picco il 24 novembre a nord di Sollum dal sommergibile tedesco *U-331*, era costretta a tenere in porto le due uniche corazzate superstiti per mancanza di siluranti di scorta.

La segnalazione dei quattro cacciatorpediniere britannici era perfettamente a conoscenza di Supermarina e dell'ammiraglio Toscano, ma entrambi, ritenendo che il passaggio degli incrociatori da Capo Bon si sarebbe svolto con qualche ora di vantaggio sulle unità nemiche, non si preoccuparono troppo dell'eventualità di dover incontrare quelle siluranti. Pertanto l'operazione proseguì senza apportare varianti precauzionali di aumento di velocità, che avrebbe permesso ai due incrociatori italiani di sfuggire ad un insidia fatale.

I cacciatorpediniere britannici, per l'urgenza di raggiunsere Malta da dove abvrebbero dovuto partecipare ad una ricerca di convogli italiani per la Libia segnalata

---

[32] Francesco Mattesini, *Lo scontro di Capo Bon (13 dicembre 1941)*, in *Bollettino d'Archivio dell'Ufficio Storico della Marina Militare*, settembre 1941, pagg. 51-145; Francesco Mattesini, *Il Giallo di Capo Bon. I retroscena inediti di un cumolo di errori. L'affondamento degli incrociatori "DA BARBIANO" e "DI GIUSSANO" nelle prime ore della notte del 13 dicembre 1941"*, RiStampa Edizioni, Santa Ruffina di Cittaducale (RI), Luglio 2021.

dall'organizzazxione crittografica "Ultra", avevano ricevuto alla partenza da Gibilterra l'ordine categorico di non impegnare navi nemiche incontrate durante la navigazione. Essi, procedendo dalla zona di Algeri alla velocità di 28 nodi, e non conoscendo che vi erano in navigazione per Tripoli gli incrociatori italiani; raggiunsero Capo Bon alle ore 01.00 contemporaneamente alle unità nemiche. Avvistati i due incrociatori italiani con rotta sud, i cacciatorpediniere britannici si portarono sotto la costa della Tunisia per occultarsi, ma le loro sagome furono avvistate dall'incrociatore nave ammiraglia *Da Barbiano* che, ritenendo erroneamente fossero piroscafi nemici da poter attaccare, cambiò rotta ad un tempo per 180° verso nord, seguito dal *Di Giussano*. Venendo le due unità nemiche che gli venivano incontro il comandante dei cacciatorpediniere *Sikh*, capitano di fregata Graham Henry Stokes, prese l'iniziativa di attaccare, prima che potessero farlo i due incrociatori, e ordinando l'attaco diresse contro di essi ad alta velocità, seguito dagli altri tre cacciatorpediniere della sua 4ª Squadriglia. In quel momento la torpediniera *Cigno*, in seguito all'inversione di rotta ad un tempo di cui inizialmente neppure si accorse, si trovava a poppa dei due incrociatori, e non a prora, e non potè dare ad essi alcun sostegno: I siluri lanciati dai cacciatorpediniere raggiunsero il *Da Barbiano* e il *Di Giussano*, che affondarono in un mare di benzina in fiamme e con forti perdite di vite umane.

L'*Alberto di Giussano* uno dei due incrociatori leggeri italiani da 5.000 tonnellate affondati nella notte del 13 dicembre a Capo Bon.

Nel frattempo che si svolgeva l'episodio di Capo Bon, nel corso della giornata del 12 dicembre Supermarina aveva messo in movimento l'Operazione "M.41" (motto "Tifone"), la quale fu però annullata l'indomani in seguito al siluramento a sud dello Stretto di Messina della corazzata *Vittorio Veneto*, partita da Napoli per raggiungere Taranto assieme alla corazzata *Littorio* con a bordo l'ammiraglio Iachino e all'affondamento delle motonavi *Finzi* e *Del Greco*, silurate nel Golfo di Taranto. Il siluramento della *Vittorio Veneto* fu causato dal sommergibile britannico *Urge*, e quello delle due motonavi, che trasportavano due battaglioni di carri armati uno italiano e l'altro tedesco, al sommergibile *Upright*.

All'annullamento dell'Operazione "M.41", al sera del 13, contribuì poi in maniera determinante il timore che il nemico intendesse contrastare il movimento dei convogli, già in rotta per la Libia, con le corazzate della *Mediterranean Fleet*. Ciò avvenne per una errata interpretazione del Servizio Informazioni Estere di Maristat il quale, per mezzo della radiogoniometria e per inesatte decrittazioni, ritenne che quelle navi da battaglia avessero lasciato la base di Alessandria e stessero dirigendo verso il Mediterraneo centrale, evidentemente per operare in concomitanza con la "Forza K" di Malta che risultava essere in mare.

In realtà i movimenti navali britannici esistenti nel Mediterraneo orientale erano di entità ben più modesta. Si trattò dell'uscita da Alessandria di una divisione (15ª) costituita da tre incrociatori leggeri (*Naiad, Galatea* ed *Euryalus*) e nove cacciatorpediniere, che poi nel pomeriggio del 14 dicembre, al momento di rientrare in porto, incappò in uno sbarramento di sommergibili tedeschi disposti nelle acque di Alessandria per appoggiare l'Operazione "M.41", perdendo l'incrociatore *Galatea* per siluramento effettuato dall'*U-577*.

Occorreva dire che la decisione di Supermarina di richiamare in porto le navi fu probabilmente errata, poiché gli incrociatori inglesi non potevano costituire un grosso pericolo per i convogli italiani, che erano fortemente scortati da corazzate. Avendo evidentemente perduto il controllo dei nervi, Supermarina protestò con i colleghi dell'Aeronautica che, ingiustamente, furono accusati di aver fallito con i ricognitori il compito di avvistare e segnalare navi da battaglia nemiche, assolutamente inesistenti.

Apparendo indispensabile trasportare in Libia gli importanti carichi militari imbarcati sulle navi da trasporto, sempre più necessari per arginare l'offensiva terrestre britannica in Cirenaica, si rese necessario organizzare subito una nuova Operazione, denominata "M.42", riunendo quattro piroscafi in un unica convoglio, alla cui protezione fu destinata la quasi totalità della flotta, con quattro corazzate, cinque incrociatori e ventuno cacciatorpediniere. Lo schema dell'appoggio aereo non fu molto dissimile da quello programmato per la Operazione "M.41", dal momento che si resero disponibili, per i vari incarichi, cinquecentocinquantadue aerei italiani e circa duecento tedeschi, mobilitati negli aeroporti della Sardegna, Sicilia, Puglia, Grecia, Creta, Egeo e Libia.

Furono invece approfonditi in due riunioni, tenute al Comando Supremo, i collegamenti e le modalità delle comunicazioni operative. Nella prima riunione, presieduta dall'ammiraglio Riccardi, furono esposti i dettagli che dovevano essere seguiti nelle trasmissioni radiotelegrafiche, mentre nella seconda riunione, presieduta dall'ammiraglio Fioravanzo, e a cui partecipò anche il feldmaresciallo Kesselring, le discussioni affrontarono problemi ancora più tecnici.

Il grosso del convoglio, che trasportava soprattutto carri armati e mezzi motorizzati, si mise in movimento da Taranto nel pomeriggio del 16 dicembre, e procedette con la scorta organizzata in tre gruppi, nella seguente suddivisione: otto cacciatorpediniere per la scorta ravvicinata; la corazzata *Doria*, tre incrociatori della 7ª Divisione e tre cacciatorpediniere per il sostegno; le corazzate *Littorio, Doria* e *Cesare*, due incrociatori pesanti della 3ª Divisione e dieci cacciatorpediniere per l'appoggio strategico contro provenienze da Alessandria del grosso della Mediterranean Fleet. Il potenziale offensivo della squadra britannica era stimato in tre navi da battaglia, dal momento che i Comandi dell'Asse non erano ancora al corrente dell'affondamento della *Barham*, avendo il comandante del sommergibile tedesco *U-331* (tenente di vascello Freiherr Hans-Dietrich von Tiesenhausen) riferito di aver affondato un incrociatore.

Tuttavia, nel momento stesso in cui, parallelamente allo sviluppo della "M.42", anche i britannici misero in atto una loro importante operazione navale, consistente nell'invio a Malta di una grossa nave ausiliaria *Breconshire* destinata a portare la nafta necessaria per le missioni della Forza K, il Comandante in Capo della *Mediterranean Fleet*, ammiraglio Cunningham, dovette rinunciare, per mancanza di cacciatorpediniere, ad inviare in mare le sue due uniche corazzate. Pertanto il gruppo di scorta da assegnare alla scorta della *Breconshire* fu costituito soltanto da tre piccoli incrociatori e da otto cacciatorpediniere a cui, il mattino del 17, si aggiunsero, provenienti da Malta, altri due incrociatori e sei cacciatorpediniere.

Il movimento dei due gruppi di navi inglesi, che si ricongiunsero a nord-ovest della Cirenaica, non sfuggì ai ricognitori dell'Asse. Ma dal momento che la *Breconschire*, navigando al centro della formazione, fu scambiata per le sue dimensioni per una corazzata, nel pomeriggio del 17 l'ammiraglio Iachino manovrò con il gruppo delle corazzate per intercettare quello che riteneva un temibile nemico, ordinando nel contempo il dirottamento del convoglio su una rotta più settentrionale, a circa 200 miglia a sud-est di Malta. Fu una mossa provvidenziale perché nel frattempo il Comando di Malta, potendo seguire, per le informazioni "Ultra" ricevute da Londra, lo svolgimento di tutti i movimenti italiani, aveva inviato un incrociatore e due cacciatorpediniere alla ricerca del convoglio, il quale, con il suo cambio di rotta mise le navi britanniche fuori strada, impedendole di effettuare un'eventuale pericolosissimo attacco notturno.

La corazzata Andrea Doria in navigazione durante l'Operazione "M.42".

A poppavia della corazzata *Caio Duilio* manovra un cacciatorpediniere della scorta.

Nel frattempo, tenuto sempre continuamente informato dai ricognitori dell'Asse – che però continuavano a scambiare la *Breconschire* per una nave da battaglia – il gruppo dell'ammiraglio Iachino prese contatto verso il tramonto con le unità della *Mediterranean Fleet*, nel momento in cui esse si trovavano impegnate a sostenere l'attacco inconcludente di trentasette bombardieri tedeschi Ju.88 del 1° Stormo Sperimentale (LG.1) e di dodici aerosiluranti, sei dei quali S.79 italiani e altrettanti He.111 tedeschi. Nei pochi minuti di luce ancora rimasti, le tre corazzate italiane (*Littorio*, *Doria*, *Cesare*) e i due incrociatori pesanti (*Gorizia*, *Trento*) svilupparono una breve azione di fuoco da grande distanza, sparando sui cinque incrociatori leggeri britannici che, non potendo rispondere al fuoco per l'inferiore portata della loro artiglieria, si occultarono facendo fumo, mentre i loro cacciatorpediniere di scorta effettuarono un ardito attacco con i siluri.

Il sopraggiungere dell'oscurità permise alle navi britanniche di liberarsi da un'incomoda situazione senza riportare alcun danno, mentre la flotta italiana, per non trovarsi impegnata da pericolosi attacchi siluranti in un combattimento notturno in cui l'esperienza aveva ampiamente dimostrato la superiorità del nemico, tornò verso il proprio convoglio, per aumentarne la protezione ravvicinata nel corso della notte.

I cannoni da 203 mm di poppa dell'incrociatore *Trento* in una foto del 1936. Potevano sparare fino a una distanza di 28.000 metri, mentre i 152 mm degli incrociatori britannici della classe "Arethusa", cui appartenevano l'*Aurora* e il *Penelope*, non superavano i 22.000 metri, e ancora più modesta era la distanza di tiro dei cannoni da 133 mm degli incrociatori *AjAx* e *Euryalus* della classe "Dido". Per non parlare poi del peso dei proiettili, a netto vantaggio del *Trento* e *Gorizia*.

L'apertura del fuoco con i cannoni da 381 mm della corazzata *Littorio* dando inizio alla breve 1ª Battaglia della Sirte.

Subito dopo il disimpegno, le unità della *Mediterranean Fleet*, invertirono la rotta per rientrare ad Alessandria, lasciando alla "Forza K" il compito di scortare la nave ausiliaria, che arrivò a La Valletta nel pomeriggio del 18. Subito dopo essersi riforniti tre incrociatori (*Neptune*, *Aurora*, *Penelope*) e quattro cacciatorpediniere ripartirono nella notte con l'intenzione di intercettare prima dell'alba il convoglio italiano, il quale, dopo aver navigato nelle ore diurne sotto una continua protezione svolta dai velivoli dell'Aeronautica della Libia, trovandosi il porto di Tripoli soggetto ad una incursione della R.A.F., ricevette l'ordine di sostare fino all'alba del 19 ad una decina di miglia dalla costa.

Con tale discutibile decisione sembrava proprio che gli italiani intendessero agevolare il nemico a distruggere le proprie preziose navi mercantili, una delle quali, la motonave *Napoli*, fu danneggiata dal siluro di un velivolo Albacore dell'828° Squadron decollato da Malta. I danni sarebbero stati certamente molto maggiori se, nell'avvicinarsi al porto di Tripoli, le unità della "Forza K" non fossero entrate nello sbarramento "T", posato nel precedente mese di luglio dagli incrociatori della 7ª Divisione Navale, le cui mine determinarono l'affondamento dell'incrociatore *Neptune* e del cacciatorpediniere *Kandahar*, mentre gravi danni riportarono gli altri due incrociatori della formazione britannica, *l'Aurora* e il *Penelope*.[33]

L'incrociatore britannico *Neptune*, che, assieme al cacciatorpediniere *Kandahar*, affondò il 19 novembre 1940 sugli sbarramenti minati di Tripoli..

Lo stesso giorno 19 dicembre in cui si verificava il disastro della "Forza K", che tanti danni aveva causato agli italiani, una catastrofe di ben maggiori proporzioni strategiche si abbatteva sulla *Mediterranean Fleet*. Le corazzate *Queen Elizabeth* e *Valiant*, che erano state trattenute ad Alessandria per mancanza di cacciatorpediniere di scorta, vennero gravemente danneggiate, assieme alla petroliera *Sagona*, nella loro base da mezzi d'assalto della Regia

---

[33] Francesco Mattesini, *La prima battaglia della Sirte*. Prima parte: *Genesi e fallimento dell'operazione M. 41 e pianificazione dell'operazione M. 42*; Parte seconda: *Lo svolgimento dell'operazione M. 42 e le perdite navali britanniche sugli sbarramenti di Tripoli*, Bollettino d'Archivio della Marina Militare, marzo e giugno 2004. Francesco Mattesini, *La prima battaglia navale della Sirte (17 dicembre 1941). Genesi e fallimento dell'operazione "M.41 e la pianificazione e il fortunato successo dell'operazione "M.42*, Luca Cristini Editore, Zanica (BG), Ottobre 2200.

Marina, trasportati in prossimità del porto dal sommergibile *Scire*, comandato dal capitano di corvetta principe Junio Valerio Borghese.

La corazzata britannica *Valiant*, nel porto di Alessandria nel 1941. Assieme alla corazzata gemella *Queen Elizabeth* il 19 novembre fu gravemente danneggiata dal mezzo d'assalto S.L.C. del tenente di vascello Duran de La Penne, della X Flottiglia Mas, nel porto di Alessandria.

La corazzata *Queen Elizabeth*, abbassata di poppa, dopo i danni strutturali e di galleggiamento seguiti all'esplosione della carica dell'LSC-223 del tenente di vascello Antonio Marceglia e del sottocapo palombare Spartaco Schergat. All'estrema poppa è alzata l'insegna del Comandante in Capo della Mediterranean Fleet ammiraglio Andrew Browne Cunningham. Le fotografie servivano a causa proèpagandistica, per c opnvincere il nemico che la nave ammiraglia della Mediterranean Fleet, che aveva un grosso squarcio sotto lo scafo, era perfettamente efficiente.

28) Bilancio dell'attività bellica

Vediamo ora di fare un bilancio di quale fu il costo dell'attività dei cacciatorpediniere della Regia Marina della Libia e dei sommergibili italiani nel Mediterraneo nei primi sette mesi di guerra, dal 10 al 31 dicembre 1940.

Dopo il massiccio impiego delle unità nei primi due mesi di guerra durante la quale si si ebbero ben 177, l'attività scese dall'agosto agosto a dicembre a 182 missioni, e passò da un impiego di ben 97 sommergibili nei venti giorni di giugno ai 25 sommergibili negli ultimi due mesi dell'anno. A ciò contribuì la partenza per l'Oceano Atlantico, con base a Bordeaux, di 27 sommergibili oceanici, la perdita di altri 14, la radiazione perché troppo vetusti di altri 2 sommergibili, fattori tutti questi che portarono il numero disponibile dei sommergibili dai 108 che si trovavano nel Mediterraneo al 10 giugno 1940 ai 65 del 31 dicembre 1940. Di essi alcuni erano stati assegnati alla costituita Scuola per i sommergibili di Pola, ed altri, i più grossi rimasti nel Mediterraneo, erano adibiti alle missioni di trasporto materiali.

Dei 14 sommergibili perduti nel Mediterraneo, soltanto 2 (Diamante e *Argomauta*) erano del 6° Gruppo di Tobruk, inizialmente costituito da 10 unità delle Squadrigli 61ª e 62ª, mentre invece riguardo ai 7 cacciatorpediniere delle due squadriglie di Tobruk (1ª e 2ª), le loro perdite furono particolarmente severe, rappresentate da 6 unità: *Espero*, affondato in mare da incrociatori della Royal Navy, e *Zeffiro*, *Ostro*, *Nembo*, *Borea* e *Aquilone*, andati perduti in seguito ad attacchi degli aerei dell'aviazione navale britannica. Si salvò soltanto l'*Euro*, che danneggiato da siluro aereo fu rimorchiato in Italia, per poi rientrare in servizio, dopo le riparazioni, alla fine di marzo 1941.

Con l'avanzata delle truppe britanniche, in seguito all'offensiva iniziata l'8 dicembre a Marsa Matruh (Operazione "Compass"), il porto di Tobruk e successivamente quello di Bengasi, furono abbandonati da tutto il naviglio ancora in grado di navigare, mentre l'incrociatore corazzato *San Giorgio*, dopo aver sparato con tutti i suoi cannoni contro il nemico, si autoaffondò nel porto di Tobruk il 22 gennaio 1941, all'arrivo delle forze australiane.

Da quel momento nelle basi della Regia Marina in Libia nessun cacciatorpediniere e sommergibile vi sarebbe stato nuovamente dislocato in un costituito gruppo d'impiego; e il loro servizio si sarebbe svolto in continuazione fino alla perdita della Tunisia del 12-13 maggio 1943, soltanto per la scorta ai convogli italo-tedeschi e per il trasporto dei rifornimenti urgenti, in partenza dall'Italia e dalla Grecia, e con rotta inversa.

22 gennaio 1941. L'autoaffondamento dell'incrociatore corazzato *San Giorgio* entro il suo recinto di protezione retale.

BIBLIOGRAFIA

Barnett C., Engage the enemy more closely, Londra, 1991.
Bernotti R., La guerra sui mari, volume 2° (1941-1943), Livorno, 1948.
Bernotti R., Storia della guerra nel Mediterraneo, Roma, 1960.
Bertini M., I sommergibili in Mediterraneo, Tomo II, Dal 1° gennaio 1942 all'8 settembre 1943, Ufficio Storico della Marina Militare, Roma, 1968.
Bragadin M., Che ha fatto la Marina?, Milano, 1955.
Bragadin M. Il dramma della Marina italiana 1940-1945, Milano, 1968.
British Admiralty, Ships of the Royal Navy, statement of losses, Londra, 1947.
Britsh Admiralty, British and foreign merchant wessels lost or damaged by enemy action, second world war, from 3 September 1939 to 2dr September 1945 (non in commercio), Londra, 1945.
British Admiralty, Submarines, volume II: Operations in the Mediterranean (non in commercio), Volume II, Londra, 1955.
Butler J.R.M. – Gwyer J.M.A., Grand Strategy, Volume III, Londra, 1960.
Cameron I., Red duster, white ensign. The story of Malta convoys, Londra, 1959.
Cavallero U., Diario 1940-1943 (completo nel testo ma privo dei numerosissimi documenti allegati che si possono trovare nella copia del Diario di Cavallero custodita nell'Archivio dell'Ufficio Storico dello Stato Maggiore dell'Esercito), Cassino, 1984.
Churchill W., La seconda guerra mondiale, Volume IV, Milano, 1965.
Comité d'histoire de la 2ª G.M., La guerra en Mediterranèe 1939-1945, Parigi, 1971.
Connell G.G., Mediterranean maelstrom. HMS Jervis and the 14th Flotilla, Londra, 1987.
Cunningham. A.B., L'odissea di un marinaio, Milano, 1952.
Denis R. – Saunders H, Royal Air Force, Volume 2°, Londra, 1953.
Dönitz K., Dieci anni e venti giorni, Milano, 1960.
Fioravanzo G., Le azioni navali in Mediterraneo. Dal 1° aprile 1941 all'8 settembre 1943, Volume V, Ufficio Storico della Marina Militare, Roma, 1970.
Gabriele M., Operazione C. 3: Malta, Roma, 1965.
Greene J. – Massignani A., Naval war in the Mediterranean 1940-1943, Londra, 1998.
Giorgerini G., La guerra italiana sul mare. La Marina tra vittoria e sconfitta. 1940-1943, Milano, 2001.
Hinsley F.H. e altri, British Intelligence in the Second World War, Volume II, HMSO, Londra, 1981.
Iachino A, Operazione mezzo giugno, Milano, 1955.
Iachino A., Tramonto di una grande Marina, Milano, 1959.
Kesselring A., Memorie di guerra, Milano, 1954.
Liddell Hart B.H., Storia militare della seconda guerra mondiale, Milano, 1970.
Llewellyn-Jones M., The Royal Navy and the Mediterranean Convoy. A Naval Staff History (relazioni dell'Ammiragliato britannico), Londra, 2007.
Macintyre D., La battaglia del Mediterraneo, Firenze, 1965.
Mac Millan N. The Royal Aior Force in the world war, Volume II, Londra, 1949.
Mattesini F., Navi da guerra e mercantili della Gran Bretagna e nazioni alleate affondate e danneggiate in Mediterraneo (19 giugno 1940 – 5 maggio 19045), in Archivio Ufficio Storico Marina Militare, monografie e saggi storici, cartella XI, fascicolo 9.
Mattesini F. – Santoni A., La partecipazione tedesca alla guerra aeronavale nel Mediterraneo (1940-1945), Roma 1980. Seconda edizione, collana Storia Militare, Parma 2005.

Mattesini F., Le direttive tecnico-operative di Supermarina, Volume I e Volume II Stato Maggiore Aeronautica Ufficio Storico, Roma, 1992.

Mattesini F., Immagini della nostra ultima guerra sul mare, Parte 5ª: 1° Gennaio – 31 marzo 1942, Bollettino d'Archivio dell'Ufficio Storico della Marina Militare, 2002.

Mattesini F., Luci e ombre degli aerosiluranti italiani e tedeschi nel Mediterraneo – Agosto 1940. Settembre 1943, RiStampa Edizioni, Santa Ruffina di Cittaducale (RI), Agosto 2019.

Mattesini F., La prima battaglia navale della Sirte (17 dicembre 1941). Genesi e fallimento

Mattesini F., La storia del radar in Italia prima e durante la guerra 1940-1945, Luca Cristini Editore, Zaniga (BG), 2020.

Mattesini F., Il Giallo di Capo Bon. I retroscena inediti di un cumulo di errori. L'affondamento degli incrociatori "DA BARBIANO" e "DI GIUSSANO" nelle prime ore della notte del 13 dicembre 1941, RiStampa Edizioni, Santa Ruffina di Cittaducale (RI), Luglio 2021.

Mattesini F., Il blocco di Malta e l'Esigenza C.3, RiStampa Edizioni, Santa Ruffina di Cittaducale (RI), 2021.

Mattesini F., "U-Boot tedeschi nel Mediterraneo (Settembre 1941-Aprile 1942), 1ª e 2ª Parte, Editore Luca Cristini, Zanica (BG), Roma, 2020-2021.

Playfair I.S.O. e altri, The Mediterranean and Middle East, Volumi I e II, HMSO, Londra, 1960.

Pricolo F., La Regia Aeronautica nella seconda Guerra mondiale, Milano, 1971.

Rohwer J – Hummelchen, Cronology of the War at Sea 1939 – 1945, Volume I, Londra, 1972.

Roskill S.W., The war at sea, Volumi I e II, Londra, 1954 e 1956.

Santoni A., Il vero traditore, Il ruolo documentato di Ultra nella guerra del Mediterraneo, Milano, 1981.

Santoro G., L'Aeronautica italiana nella seconda guerra mondiale, Volume II, Roma, 1970.

Shankland P. – Hunter A., Malta convoy, Londra, 1961.

Spooner T., Supreme Gallantry. Malta Role in the Allied Victory 1939-1945, Londra, 1996.

Stato Maggiore dell'Esercito Ufficio Storico, Verbali delle Riunioni tenute dal Capo di SM Generale, Volumi I e II, (10 giugno 1940 – 31 dicembre 1941), a cura di A. Bigiani A., F. Frattolillo F., e Maccarelli S., Roma, 1985.

Stato Maggiore dell'Esercito Ufficio Storico, Diario Storico del Comando Supremo, 1940 – 1941, a cura di Biagini A. e Frattolillo F., Roma, 1996.

Vian P., Action this day, Londra, 1960.

Lupinacci P.L., La Guerra di mine (2ª Edizione, revisionata da Pagano G.P.), Ufficio Storico della Marina Militare, Roma, 1988.

Weichold E., La Marina italiana in guerra. Opinioni di un ammiraglio tedesco, Roma, 1955.

Woodman R., Malta Convoy 1940-1943, Londra, 2003.

INDICE DEI CAPITOLI

Introduzione. Pag. 3
1) La preparazione alla guerra. Pag. 6
2) L'organizzazione di Supermarina. Pag. 10
3) Attribuzione e direttive di Supermarina. Pag. 16
4) La preparazione della Marina tra il 1934 e il 1940 e la strategia di Supermarina nei primi sette mesi di guerra. Pag. 20
5) L'avvicendamento ai vertici della Regia Marina e la fine della guerra parallela – La difesa del Canale d'Otranto. Pag. 43
6) L'attività dei sommergibili e del naviglio leggero. Pag. 47
7) Conclusioni sull'attività della Regia Marina nel 1940. Pag. 52
8) L'organizzazione di Supermarina nell'anno 1941. Pag. 54
9) I programmi navali all'inizio del 1941 e la dislocazione delle corazzate. Pag. 56
10) Il bombardamento navale britannico di Genova e il mancato intervento della Squadra Navale italiana. Pag. 60
11) Il Convegno Navale italo tedesco di Merano. Pag. 63
12) Il trasferimento del Deutsch Afrikakorps dall'Italia in Libia e i problemi inerenti le scorte navali ai convogli tedeschi. Pag. 66
13) La scelta delle basi per la Squadra Navale e le ricognizioni aeree per tenere sotto controllo la Flotta britannica nel Mediterraneo centro-orientale. Pag. 73
14) La battaglia di Matapan. Pag. 76
15) Il trasporto in Libia della 15ª Divisione corazzata germanica e il trasferimento dalla Sicilia in Grecia del X Fliegerkorps. Pag. 82
16) La mancata realizzazione delle operazioni di sbarco in Corsica a Prevesa e a Cefalonia. Pag.86
17) La partecipazione della Regia Marina alla conquista della Jugoslavia della Grecia e di Creta. Pag. 89
18) Progetti operativi per la conquista di Malta e per la difesa contraerea e antinave della Libia. Pag. 95
19) Il contrasto antisommergibile. Pag. 99
20) Il progetto di azione aeronavale a massa contro la Flotta inglese nel Mediterraneo. Pag. 101
21) Il progetto dell'Alto Comando della Marina Germanica per sostituirsi a Supermarina nella condotta unitaria della guerra navale dell'Asse nel Mediterraneo. Pag. 109
22) Le richieste francesi per ottenere libertà di movimento alla propria Flotta e l'estensione della ricognizione aerea lungo le coste del Nord Africa
23) La crisi del traffico con la Libia nell'estate del 1941
24) Il fallimento dell'Operazione "B" per il minamento difensivo del porto di Bengasi e la pianificazione, non realizzata, di incursioni della Squadra Navale italiana a nord della Cirenaica. Pag. 117
24) Il fallimento dell'Operazione "B" per il minamento difensivo del porto di Bengasi e la pianificazione, non realizzata, di incursioni della Squadra Navale italiana a nord della Cirenaica. Pag. 126
25) L'offensiva della Regia Aeronautica della Sicilia contro Malta e l'invio nel porto maltese di La Valletta della "Forza K" britannica. Pag. 129
26) Le cause del fallimento della guerra subacquea italiana nel "Mare nostrum" e l'aiuto di Adolf Hitler con il trasferimento dall'Atlantico di sommergibili tedeschi nel Mediterraneo. Pag. 135
27) Dalla distruzione del convoglio "Beta" ("Duisburg") alla prima battaglia navale della Sirte, e un nuovo aiuto tedesco all'Italia con il trasferimento nel Mediterraneo della 2ª Flotta Aerea tedesca (Luftflotte 2.). pag. 141
28) Bilancio dell'attività bellica. Pag.158
Bibliografia. Pag. 160

SOLDIERSHOP - COLLANA STORIA

www.ingramcontent.com/pod-product-compliance
Lightning Source LLC
LaVergne TN
LVHW070522070526
838199LV00072B/6675